Die Bestimmungen
über die
bayerische Rindviehzucht.

Kommentar zum Gesetze vom 5. April 1888
betreffend die
Haltung und Körung der Zuchtstiere
nebst den dazu gehörigen Vollzugsbestimmungen.

Anleitung zur Haltung und Beurtheilung der Zuchtstiere.

Anleitung zur Gründung und zum Betriebe von Zuchtgenossenschaften.

Kurze Beschreibung der einzelnen Rindviehschläge Bayerns.

Maßregeln gegen die Tuberkulose (Perlsucht) des Rindes.

Zum Gebrauche
für Gemeinde-, Verwaltungs- und Justizbehörden, Thierärzte, landwirthschaftliche Lehranstalten und Vereine, Mitglieder der Körausschüsse, Viehzüchter und Viehhändler bearbeitet
von

Martin Reuter,
Bezirksthierarzt.

München.
J. Schweitzer Verlag (Jos. Eichbichler)
1896.

Vorwort.

Die staatliche Fürsorge erstreckt sich in Bayern auch auf die Erhaltung, Hebung und Förderung der landwirthschaftlichen Thierzucht. Und unter den heutigen Zeitverhältnissen kann dieselbe nicht hoch genug angeschlagen werden, weil kein Zweig der Landwirthschaft eine solch einträgliche und sichere Rente bei rationellem Betriebe abzuwerfen vermag, als gerade die Thierzucht. Den Mittelpunkt derselben bildet die für den Nationalwohlstand so unentbehrliche Rindviehzucht. Mit Rücksicht auf die Wichtigkeit derselben enthält das bayerische Budget mehrere sehr bedeutende Positionen, welche zur Förderung des genannten Betriebszweiges, wie auch zur Vergütung von Viehverlusten durch staatlich entschädigungspflichtige Viehseuchen bestimmt sind. Außerdem leistet die Staatsregierung noch den ansehnlichen Betrag von 500,000 Mark als Grundstock, sowie einen jährlichen sehr beträchtlichen Zuschuß für die staatliche Viehversicherung. Auch diese Summen sind fast ausschließlich für die Erhaltung und Förderung der Rindviehzucht bestimmt, da sich fragliche Versicherungsanstalt nur auf Rinder und Ziegen erstreckt und für erstere Thiergattung wohl am meisten in Anspruch genommen wird. In Bayern ist es aber nicht bloß der Staat, der die Rindviehzucht unterstützt, sondern auch die Kreise und Distrikte, sowie die landwirthschaftlichen Bezirks- und Kreisvereine sind bemüht, bei der Förderung der Rindviehzucht mitzuwirken. Die seit dem Jahre 1857 zur Hebung dieser Zucht erlassenen staatlichen Vorschriften sind Aeußerungen von der gemeinsamen Auffassung der großen Bedeutung dieses Wirthschaftszweiges. Allein es wäre verfehlt, alles Heil von den staatlichen Gesetzen und Beihilfen erwarten zu wollen, dieselben können nur da eingreifen und selbst in diesem Falle auch nur bis zu einem Grade, wo das allgemeine Interesse an der Zucht am meisten in Betracht kommt, nämlich bei der Aufstellung der männlichen Zuchtthiere. Die in dieser Hinsicht unter obrigkeitlicher Kontrolle zur Ausführung kommenden Direktiven sollten daher zugleich als Norm für die gesammte Zuchtrichtung dienen und den Viehzüchtern ein Fingerzeig dafür sein, wie dieselben auch bei den zur Zucht zu verwendenden weiblichen Viehstücken, für welche eine solche staatliche Beaufsichtigung nicht bestehen kann, zu verfahren haben. Wenn nach beiden Richtungen das vom Gesetze vorgezeichnete Verfahren befolgt und beachtet wird, so kann ein entsprechender Erfolg ebenso wenig ausbleiben, wie im umgekehrten Falle, wenn nur in Bezug auf Zuchtbullen, weil hier gesetzliche Vorschriften dazu zwingen, diesen entsprechend, bei der Zucht der weiblichen Viehstücke aber unrationell und jenen Grundsätzen zuwiderlaufend verfahren wird, die Zucht nicht prosperiren wird.

Ich war daher bemüht, zunächst die gesetzlichen Vorschriften an der Hand der amtlichen Materialien eingehend zu beleuchten und gleichzeitig auch praktische Anleitungen in Bezug auf Beurtheilung und Haltung der Zuchtstiere, wie der weiblichen Rinder zu geben. Durch diese Gegenüberstellung des gesetzgeberischen und des technischen Theiles glaubte ich am besten den Gegenstand sowohl für die mit dem Vollzuge des Gesetzes betrauten Organe als auch für die Viehzüchter behandelt zu haben. Bei der Wichtigkeit eines genossenschaftlichen Zuchtbetriebes wurde auch diesem unter Berücksichtigung der einschlägigen Verhältnisse in den einzelnen Regierungsbezirken und der in Betracht kommenden Viehschläge eine entsprechende Erörterung zu Theil. Endlich wurden noch die für die Rindviehzucht so bedeutsamen Maßregeln gegen die Tuberkulose angeführt und erläutert.

Werden die gegebenen Anleitungen und Ausführungen von den Viehbesitzern entsprechend beachtet, so halte ich den

Zweck vorstehender Arbeit, die ein Erzeugniß meiner der bayerischen Viehzucht gewidmeten Berufsthätigkeit ist, für erreicht und überlasse daher dieselbe einer wohlgeneigten Beurtheilung hauptsächlich jenen Kreisen, welche deren Inhalt im praktischen Leben zu erproben haben.

Hierbei habe ich auch einer angenehmen Pflicht Genüge zu leisten, indem ich mir gestatte, Herrn Dr. von Hauck, k. Oberstaatsanwalt a. D. am Verwaltungsgerichtshofe in München, für die bei der Bearbeitung gewährte Unterstützung meinen innigsten Dank auszusprechen. Derselbe hatte die Güte, das Manuskript, insoweit solches den verwaltungsrechtlichen Theil betrifft, einer sorgsamen Durchsicht zu unterziehen und außerdem die Verwerthung seines in der „Bayerischen Gemeindezeitung“ erschienenen mustergiltigen Artikels „Die rechtlichen Verhältnisse bezüglich der Rindviehzucht in Bayern“ für die vorliegende Bearbeitung zu gestatten.

Besonderer Dank gebührt außerdem Herrn Oekonomierath Professor May, Generalsekretär des landwirthschaftlichen Vereins in Bayern, für die geneigte Begutachtung des technischen Theiles und für die mir hiebei erteilten gütigen Ratschläge, sowie den sämmtlichen landwirtschaftlichen Kreisausschüssen Bayerns für die bereitwillige Uebermittelung der in Bezug auf Zuchtvereine eingeführten Statuten.

Karlstadt a. Main im Februar 1896.

M. Reuter.

Inhalts-Verzeichniß.

Erklärung der Abkürzungen.

A. a. O. = am angegebenen Orte.
Abg. = Abgeordneten.
Abs. = Absatz.
Anm. = Anmerkung.
Art. = Artikel.
Bd. = Band.
Ber. — Bericht.
betr. = betreffend.
E. = Entscheidung.
Entschl. = Entschließung.
K. A. V. = Königliche Allerhöchste Verordnung.
K. d. J. = Kammer des Innern.
Min. = Ministerial.
l. c. = am bezeichneten Orte.
P.-St.-G.-B. = Polizeistrafgesetzbuch.
s. = siehe.
S. = Seite.
Sten. = Stenographisch.
S. v. V. G. E. = Sammlung von Entscheidungen des bayerischen Verwaltungsgerichtshofes.
Vgl. = Vergleiche.
Verh. = Verhandlungen.
Ziff. = Ziffer.

Einleitung.

Die Erzielung einer zur Hebung der Rindviehzucht dienlichen tüchtigen Zuchtstierhaltung ist in Bayern schon seit langer Zeit Gegenstand staatlicher Fürsorge.

Einen bemerkenswerthen Schritt der neueren Zeit bilden in dieser Beziehung die beiden Verordnungen vom 17. Februar 1855, die Hebung der Rindviehzucht in der Pfalz, hier die Anschaffung und Unterhaltung der Zuchtstiere in den Gemeinden betr. (Kreisamtsblatt der Pfalz S. 139 ff.), und vom 4. Mai 1857, die Hebung der Rindviehzucht in den Gemeinden der Regierungsbezirke dießseits des Rheins betr. (Regierungsblatt S. 661 ff.).

Hiernach sollten in jeder Gemeinde die erforderlichen Zuchtstiere aufgestellt werden; die Anzahl derselben war nach der Zahl der vorhandenen faselbaren Kühe und Kalben zu bemessen; auf einen Zuchtstier durften in der Regel nicht mehr als 100, in der Pfalz nicht mehr als 80 Stücke faselbaren Viehes treffen. Bei der Auswahl der Zuchtstiere sollte darauf Bedacht genommen werden, daß dieselben nicht nur an sich vollkommen zuchttauglich, sondern daß sie auch dem in der Gemeinde herrschenden Viehschlage anpassend und, wenn dieser nicht entspräche, zur Verbesserung desselben geeignet wären. Die Zuchtstierhaltung durfte nur tüchtigen und verlässigen Viehhaltern übertragen werden. Im Uebrigen sollten eigene Aufsichtskommissionen bestellt werden, welche die Zuchtstierhaltung in den einzelnen Gemeinden zu überwachen und die zur Zucht bestimmten Stiere einer Prüfung (Körung) zu unterziehen hatten. Die Verwendung nicht approbirter Zuchtstiere zur Viehzucht einer Gemeinde oder zur gewerbsmäßigen Bedeckung fremder Kühe war unter Strafe verboten.

Bezüglich der Aufbringung der Kosten für die gemeindliche Zuchtstierhaltung bestanden im rechtsrheinischen Bayern und in der Pfalz verschiedene Grundsätze. Während dieselbe in den rechtsrheinischen Landestheilen im Allgemeinen — unbeschadet der in vielen Gemeinden begründeten besonderen Rechtsverhältnisse — als Aufgabe der Gemeinden angesehen wurde, war diese Angelegenheit in der Pfalz durch das Gemeindeumlagengesetz vom 17. November 1837 in der Weise geregelt, daß die Bestreitung der Kosten der Zuchtstierhaltung, soweit nicht die Gemeinde dieselben — bei vollkommen zureichendem Gemeindevermögen — freiwillig auf die Gemeindekasse übernahm, den Viehbesitzern oblag.

Man darf behaupten, daß diese beiden Verordnungen bereits angefangen hatten, einen vortheilhaften Einfluß auf die Zuchtstierhaltung und auf die Rindviehzucht zu äußern, als deren Vollzug durch die neuere Gesetzgebung unterbrochen wurde.

Nach Art. 221 des Polizeistrafgesetzbuches vom 10. November 1861, welcher im Wesentlichen unverändert in Art. 111 des Polizeistrafgesetzbuches vom 26. Dezember 1871 übergegangen ist, konnten und können nur mehr jene Zuchtstiere dem Körzwange unterstellt werden, welche zur Benützung für die Viehzucht einer Gemeinde bestimmt sind.

Die Folge war, daß in einer großen Anzahl von Gemeinden, wo die Voraussetzungen dieser Gesetzesbestimmung nicht zutrafen, die Zuchtstierkörung überhaupt unterbleiben mußte, während in anderen Gemeinden neben den approbirten Stieren nicht approbirte Stiere verwendet wurden, so daß die Möglichkeit, allenthalben eine den örtlichen Verhältnissen entsprechende planmäßige Verbesserung der Zuchtstierhaltung zur Durchführung zu bringen und so allmählich eine allgemeine Hebung der Rindviehzucht herbeizuführen, großentheils als ausgeschlossen erscheint.

Weiterhin hat die Verpflichtung zur Zuchtstierhaltung durch Art. 55 der Gemeindeordnung für die Landestheile diesseits des Rheins vom 29. April 1869 und Art. 40 der Gemeindeordnung für die Pfalz vom nämlichen Tage eine neue Regelung — wesentlich im Anschlusse an die in dieser Beziehung bis dahin in der Pfalz in Geltung gewesenen Bestimmungen — erfahren.

Nach Art. 55/40 a. a. O. gehört der Aufwand für Anschaffung und Unterhaltung der Zuchtthiere in Ermangelung besonderer Rechtstitel nicht zu den Gemeindeausgaben. Wenn die Betheiligten die hiefür nöthigen Einrichtungen nicht unmittelbar treffen und deren Kosten unter sich aufbringen, so ist die Gemeindeverwaltung befugt und auf Antrag eines Betheiligten verpflichtet, nach Vernehmung eines unter Leitung des Bürgermeisters von den Betheiligten aus ihrer Mitte zu wählenden Ausschusses von drei bis fünf Mitgliedern die nothwendigen Anordnungen zu treffen und über den erforderlichen Aufwand zu beschließen. Liegt eine anderweite Uebereinkunft nicht vor, so sollen die Ausgaben nach dem Viehstande vertheilt werden. Die Uebernahme der Kosten für die Zuchtstierhaltung auf die Gemeindekasse ist nur insoweit gestattet, als dies „ohne Einführung neuer oder Erhöhung bestehender Umlagen“ geschehen kann, oder, wie sich die Gemeindeordnung für die Pfalz ausdrückt, nur „bei vollkommen zureichendem Gemeindevermögen“.

Mit Rücksicht auf diese veränderte gesetzliche Grundlage wurden sodann die beiden Verordnungen vom 17. Februar 1855 und vom 4. Mai 1857 durch eine für den Gesammtumfang des Königreiches geltende neue Verordnung vom 17. November 1875, die Hebung der Rindviehzucht in den Gemeinden, hier den Vollzug des Art. 111 Abs. 1 des Polizeistrafgesetzbuches betr. (Gesetz- und Verordnungsblatt S. 673), ersetzt.

Nach § 1 dieser Verordnung ist ein Erlaubnißschein nur für jene Zuchtstiere erforderlich, welche für die Viehzucht einer

Gemeinde verwendet oder auf Gemeindeweiden getrieben werden wollen.

Gemäß § 2 darf der Erlaubnißschein nur für solche Zuchtstiere ertheilt werden, welche sich vermöge ihrer gesammten körperlichen Beschaffenheit und ihres Alters zur Züchtung eignen.

Im Uebrigen enthält die Verordnung eine Reihe von Bestimmungen über das Körverfahren und die Bildung der Körkommissionen; über die Verpflichtung zur Haltung der erforderlichen Zuchtstiere dagegen enthält dieselbe nichts.

Seit dem Inkrafttreten dieser Verordnung sind nahezu zwölf Jahre verflossen, und es hat sich gezeigt, daß die Bestimmungen derselben, bezw. die als gesetzliche Grundlage dienenden Bestimmungen des Art. 111 Abs. 1 des Polizeistrafgesetzbuches nicht genügend sind, um eine zweckentsprechende Zuchtstierhaltung herbeizuführen.

Die Beschränkung des Körzwanges auf die zur Benützung „für die Viehzucht einer Gemeinde" bestimmten Zuchtstiere hat sich als ein erhebliches Hinderniß der allgemeinen Durchführung einer befriedigenden Zuchtstierhaltung erwiesen, und nicht minder fühlbar machte sich das Fehlen entsprechender Normen über die Verpflichtung zur Beschaffung und Unterhaltung der nöthigen Zuchtstiere, da die Bestimmungen in Art. 55/40 der beiden Gemeindeordnungen in Ansehung der Zuchtstierhaltung in Ermangelung dießbezüglicher Anträge der Betheiligten nur in verhältnißmäßig seltenen Fällen zur Anwendung kamen.

Es hat sich daher auch in den Kreisen der Landwirthe seit Jahren mehr und mehr das Verlangen nach einer neuen, gesetzlichen Regelung dieses Gegenstandes kundgegeben.

So hat u. A. die Centralversammlung des landwirthschaftlichen Vereines schon unterm 8. Oktober 1883 beschlossen, es sei an die k. Staatsregierung die Bitte zu richten, dem Landtage einen Gesetzentwurf über die Gemeindezuchtstierhaltung unter thunlichster Anlehnung an das Württembergische Gesetz über die Farrenhaltung vom 16. Juni 1882 vorzulegen, und das Generalkomitee des landwirthschaftlichen Vereines hat in seiner Plenarsitzung vom 9. Oktober desselben Jahres diesem Beschlusse zugestimmt.

Auch ist in neuerer Zeit eine Reihe anderer Staaten mit dem Beispiele einer durchgreifenden gesetzlichen Regelung der Zuchtstierhaltung vorangegangen. Namentlich sind in dieser Beziehung zu erwähnen:

Gesetz für das Großherzogthum Baden vom 3. August 1837, die Haltung des Faselviehes und die Ablösung dieser Last betr., Regierungsblatt S. 206, sowie die Vollzugsverordnung hiezu vom 26. Dezember 1865, Regierungsblatt 1866 S. 3;

Gesetz für Elsaß-Lothringen vom 9. April 1878, die Verwendung von Zuchtstieren betr., Gesetzblatt S. 41;

Gesetz für das Herzogthum Koburg vom 25. Mai 1880, die Zuchtstierhaltung betr., Gesetzsammlung S. 39;

Gesetz für das Herzogthum Oldenburg vom 29. Dezember 1881, die Beförderung der Rindviehzucht betr., Gesetzblatt S. 171;

Gesetz für das Königreich Württemberg vom 16. Juni 1882, die Farrenhaltung betr., Regierungsblatt S. 205;

Gesetz für das Königreich Sachsen vom 19. Mai 1886, die Bildung von Zuchtgenossenschaften und die Körung von Zuchtbullen betr., Gesetz- und Verordnungsblatt S. 106;

Gesetz für das Land Vorarlberg vom 25. Dezember 1869, die Haltung von Zuchtstieren betr., Gesetz- und Verordnungsblatt von 1870, S. 31;

Gesetz für die Gefürstete Grafschaft Tirol vom 1. Februar 1876, die Haltung von Zuchtstieren betr., Gesetz- und Verordnungsblatt S. 12;

Auf Veranlassung von Seite des k. Staatsministeriums des Innern hat nun das Generalkomitee des landwirthschaftlichen Vereines in Bayern die sämmtlichen Bezirkskomitees, sowie die Kreiskomitees dieses Vereines gutachtlich einvernommen. Dieselben haben nahezu einstimmig das Bedürfniß einer neuen gesetzlichen Regelung dieses Gegenstandes anerkannt, und das Generalkomitee hat sich auf Grund eingehender Berathungen auf's Neue mit Entschiedenheit in diesem Sinne ausgesprochen.

Der Gesetzentwurf entspricht im Wesentlichen den gutachtlichen Vorschlägen des Generalkomitees des landwirthschaftlichen Vereines.

Derselbe theilt sich in zwei Hauptabschnitte; der erste handelt von der Haltung, der zweite von der Körung der Zuchtstiere. Die Bestimmungen des ersten Abschnittes sind vorwiegend verwaltungsrechtlicher, die des zweiten Abschnittes polizeilicher Natur.

Die Bestimmungen über die Zuchtstierhaltung schließen sich im Grundgedanken an Art. 55/40 der beiden Gemeindeordnungen an: Die Aufbringung des Bedarfes für die Zuchtstierhaltung ist nicht Sache der Gemeinde, sondern der betheiligten Viehbesitzer; wenn aber diese letzteren nicht unmittelbar im Wege freier Vereinbarung das Nöthige vorkehren, oder auf andere Weise, z. B. in Folge einer privatrechtlichen Verbindlichkeit, für die Zuchtstierhaltung genügende Fürsorge getroffen ist, so obliegt es der Gemeindebehörde, unter Mitwirkung eines Viehbesitzerausschusses, die erforderlichen Einleitungen und Anordnungen zu treffen und die Einhebung der Kosten von den betheiligten Viehbesitzern zu bethätigen. Dabei unterscheidet sich jedoch der Entwurf von den Bestimmungen der Gemeindeordnung — abgesehen von anderen weniger erheblichen Abweichungen — wesentlich dadurch, daß die Beschaffung und Unterhaltung der erforderlichen Zuchtstiere, soweit für solche nicht anderweitig gesorgt ist, den betheiligten Viehbesitzern schlechthin auferlegt ist, und daß es den Gemeindeverwaltungen zur Pflicht gemacht ist, von sich aus — gleichviel ob aus dem Kreise der Viehbesitzer ein dießbezüglicher Antrag gestellt ist oder nicht — für eine entsprechende Zuchtstierhaltung auf Kosten der betheiligten Viehbesitzer Sorge zu tragen, wenn oder soweit dieß nicht seitens der letzteren ohnehin geschieht.

Die Bestimmungen des zweiten Abschnittes des Entwurfes unterscheiden sich von den gegenwärtig geltenden Vorschriften hauptsächlich dadurch, daß nicht blos die für die Viehzucht einer Gemeinde bestimmten Zuchtstiere, sondern alle Zuchtstiere, welche zur Bedeckung fremder Kühe verwendet werden wollen, dem Körzwange unterstellt werden.

Der Entwurf stellt sich hiernach, sowohl was die Zuchtstierhaltung als was die Zuchtstierkörung betrifft, lediglich als eine dringenden Bedürfnissen Rechnung tragende Fortentwicklung des zur Zeit geltenden Rechtsbestandes dar, und es ist mit Grund anzunehmen, daß die vorgeschlagene gesetzliche Regelung dazu dienen würde, ohne allzu tiefen Eingriff in das bestehende Recht und ohne zu große Belästigung der Betheiligten eine wesentliche Verbesserung der Rindviehzucht herbeizuführen.

Wenn man sich hiebei zugleich vergegenwärtigt, daß die jüngste im Jahre 1883 vorgenommene Viehzählung für das Königreich Bayern einen Stand von 3 037 098 Rindern, darunter 1 584 456 Kühe und 23 233 Zuchtbullen mit einem auf 561 756 373 ℳ veranschlagten Verkaufswerthe ergeben hat, so möchte die weitere Hoffnung berechtigt erscheinen, daß eine sachgemäße gesetzliche Regelung der Zuchtstierhaltung in Verbindung mit anderen den Zwecken der Landwirthschaft dienenden neueren Gesetzen eine günstige Wirkung auf den Stand der Landwirthschaft im Allgemeinen äußern wird. (Motive S. 239 ff.)

Der Gesetzesentwurf hat bei den Verhandlungen der beiden Kammern des Landtags einige Abänderungen erfahren, welche sich auf die Haltung der für den eigenen Bestand eines Viehbesitzers aufgestellten Zuchtstiere, ferner auf die Verwendung nicht gekörter Zuchtstiere in Nothfällen, sowie auf die Kostentragung für die thierärztlichen und distriktiven Mitglieder der Körausschußmitglieder beziehen. Vgl. die Art. 4, 8, 11 des Gesetzes nebst den hiezu gegebenen Erläuterungen.

Das Gesetz erhielt nach eingehenden Berathungen der beiden Kammern, welche unterm 21. März, bezw. 15. und 16. Februar 1888 eine Vereinbarung über dessen Fassung bethätigt hatten, am 5. April 1888 die Allerhöchste Sanktion. Das Nähere hierüber weisen die Berichte über die Verhandlungen der XXXI. Landtagsversammlung 1887/88 und zwar jener der Kammer der Abgeordneten in den Beilagen 4, 84. 100, 151, 197, 204, 260 und 261, ferner die Stenographischen Berichte Nr. 6, 22, 23, 24, 25 und 62, dann jener der Kammer der Reichsräthe in den Protokollen Bd. I Nr. 5 und Bd. II Nr. 9 aus.

Das Gesetz selbst zerfällt in zwei Abschnitte:

I. In die Zuchtstierhaltung als solche, deren Beurtheilung nach Besoldung, Aufbringung der Mittel, Verpflichtungen des Halters, dann in Hinsicht auf Anzahl der aufzustellenden Zuchtstiere, deren Körperform, Regelung der Haltungsverhältnisse unter den Besitzern, sowie im Streitfalle, Ausnahme von der Beitragsleistung, Modus der Zuchtstiervergebung, Aufsichtsverfahren und Ueberwachung des gemeindlichen Faselviehes.

II. In die Körung der Zuchtstiere, unter welchen Verhältnissen solche vorzunehmen ist, deren Bedeutung, ferner deren Modus, Tragweite, Vergütung, sowie Verstöße gegen dieselbe und deren Ahndung.

Das Gesetz betrachtet das Faselviehwesen als eine eigentliche Gemeindesache. Es stellt den Grundsatz auf, daß die Gemeindeverwaltung über dasselbe zu wachen hat nach Maßgabe der einzelnen Bestimmungen in Hinsicht auf Beischaffung, Zahl, Verpflegung und Benutzung der Zuchtstiere. Dementsprechend bildet dasselbe einen Bestandtheil des verwaltungsrechtlichen Ressorts, weil der Vollzug dieser den Gemeindeverwaltungen auferlegten Verpflichtung der staatlichen Aufsicht durch die Organe der inneren Verwaltung, Bezirksämter, der unmittelbaren Magistrate, Kreisregierungen und des k. Staatsministeriums des Innern beziehungsweise des Verwaltungsgerichtshofes unterstellt ist. Die Gemeindeverwaltungen sind jedoch innerhalb des Rahmens ihrer Competenz berechtigt, selbst die Art der Haltung, sowie die Aufbringung der Mittel festzusetzen, ohne daß es hiefür in jedem Falle einer Genehmigung durch die Verwaltungsbehörde bedarf. Die Gemeinden sind demnach nicht gehindert, die Bullen in Pacht, Turnus (jedoch mit der wohlmeinenden Modification in Artikel 5 des Gesetzes), dann in Regie, auch auf dem Wege der Erfüllung dinglicher Lasten, als des Servituts oder Realrechts, welche Leistungen durch das Gesetz (Art. 14) nicht berührt werden, zu halten. Das Einschreiten der Verwaltungsbehörde (Distriktspolizeibehörde) hat zunächst da zu erfolgen, wo die genügende Zahl von Bullen nicht vorhanden ist, untaugliche Exemplare zu verwenden beabsichtigt werden, wenn hinsichtlich der Aufbringung der Mittel unter den Betheiligten Differenzen bestehen und die Art der Unterhaltung mit den Bestimmungen in Artikel 55/40 der beiden Gemeindeordnungen und Artikel 2, 3, 4, 5, 6 und 7 des Gesetzes nicht im Einklange stehen. In der Regel wird in solchen Fällen von den betheiligten Viehbesitzern das Eingreifen der Verwaltungsbehörde schon von selbst angerufen. Das Gesetz will aber den Viehzüchtern in dieser Hinsicht möglichst weitgehende Befugnisse eingeräumt wissen, daher die Regelung pro primo deren eigener Initiative überlassen, — dementsprechend begünstigt dasselbe auch die genossenschaftliche Vereinigung derselben für den gedachten Zweck, um ein gleichheitliches Interesse für die Sache zu erwecken und zu befestigen — und sieht das Eingreifen der Verwaltungsbehörde in die Interessensphäre eigentlich mehr als Ausnahmefall, der möglichst vermieden werden soll, vor; ja, das Gesetz gestattet sogar, soweit es ohne Einführung neuer oder Erhöhung bestehender Umlagen geschehen kann, die Zuchtstierhaltung auf Gemeinderechnung zu übernehmen oder Zuschüsse zu derselben zu gewähren. Dementsprechend ist es fast durchgehends in gutsituirten Gemeinden, welche keine Umlagen erheben, so eingerichtet, daß alle auch für das Faselvieh benöthigte Kosten einfach aus der Gemeindekasse bestritten werden und daher von dem im Gesetze vorgesehenen Modus der Kostenbeibringung ein Gebrauch nicht gemacht wird. Außerdem sind die Gemeinden berechtigt, durch förmlichen Gemeindebeschluß nach Art. 47 der rechtsrheinischen und Art. 37 der pfälzischen Gemeindeordnung festzustellen, daß gemeindliche Grundstücke, welche zur Zeit der Wirksamkeit des Gesetzes den Zuchtstierhaltern überlassen waren, fernerhin überlassen und Geldbeiträge, welche zur Zeit der Wirksamkeit des Gesetzes für die Zuchtstierhaltung geleistet wurden, auch fernerhin gewährt werden, wenn auch in Folge dessen neue Umlagen erhoben oder schon bestehende Umlagen erhöht werden müssen (Art. 6 des Gesetzes).

Die Berechtigung, Zuchtstiere zur Zucht verwenden zu dürfen oder die Bestimmung, untaugliche von der Zucht auszuschließen, wird durch den Vorgang der Körung festgestellt. Zu dem Zwecke ist nach dem Gesetze für jeden Distrikt ein Körausschuß bezw. verstärkter Körausschuß vorgesehen, welcher seinen Verpflichtungen nach Maßgabe der Art. 8—10 des Gesetzes und der hiezu erlassenen Allerhöchsten Vollzugsverordnung, sowie etwa noch weiter von Seite der einschlägigen Kreisregierungen ergangenen Entschließungen gerecht zu werden und über die Tauglichkeit beziehungsweise Untauglichkeit der körpflichtigen Bullen endgiltig zu entscheiden hat.

Im Namen Seiner Majestät des Königs.

Luitpold,

von Gottes Gnaden Königlicher Prinz von Bayern,

Regent.

Wir haben nach Vernehmung des Staatsrathes mit Beirath und Zustimmung der Kammer der Reichsräthe und der Kammer der Abgeordneten beschlossen und verordnen, was folgt:

I.

Das Gesetz vom 5. April 1888, die Haltung und Körung der Zuchtstiere betr.

(Gesetz- und Verordnungsblatt 1888 S. 235.)

I. Zuchtstierhaltung.

Art. 1.

Die Beschaffung und Unterhaltung der erforderlichen Zuchtstiere, sowie der hiefür nöthigen Einrichtungen obliegt in jeder Gemeinde, unbeschadet der etwa durch besondere Rechtstitel begründeten Verpflichtungen Dritter, der Gesammtheit der Besitzer faselbaren Rindviehes, d. i. der Besitzer von Kühen und über ein Jahr alten Kalbinnen. Hiebei ist der jeweilige Besitzstand vom 1. Februar jeden Jahres für die Dauer des letzteren maßgebend. Durch Beschluß der Gemeindeverwaltung (Magistrat, Gemeindeausschuß, Gemeinderat) kann jedoch für die Aufnahme des Besitzstandes ein anderer Tag bestimmt oder auch angeordnet werden, daß diese Aufnahme halbjährig stattfinde.

Die Zahl der aufzustellenden Zuchtstiere hat sich nach dem jeweiligen Bedarfe für das faselbare Rindvieh, mit Rücksicht auf das Alter der Zuchtstiere und auf ihre Gebrauchsweise zu bemessen.

Bei der Aufstellung der Zuchtstiere ist einerseits auf eine entsprechende Rasse der Zuchtstiere und andererseits auf die in der Gemeinde vorherrschenden Viehschläge Rücksicht zu nehmen.

Erläuterungen. 1. Der Artikel 1 enthält die grundlegenden Bestimmungen für die Zuchtstierhaltung als solche. Dieselben gruppieren sich in jene, welche sich auf die gesetzlichen Verhältnisse der Viehbesitzer und des Viehbesitzerausschusses erstrecken und in jene, die auf die civilrechtlichen Verpflichtungen zur Zuchtstierhaltung Bezug haben.

Die Beschaffung und Unterhaltung der Zuchtstiere ist von der Anordnung des Viehbesitzer-Ausschusses abhängig. Derselbe kann in eigener Person selbst, durch einen Bevollmächtigten oder sonst aufgestellten Sachverständigen die Beschaffung oder Aufstellung der Zuchtstiere besorgen, er kann aber auch mittelbar, wie es wohl in der Mehrzahl der Fälle gehalten wird, auf dem Wege der Verpachtung oder sonstigen Vergebung an einen Halter die Beschaffung bewirken lassen. Das erstere Verfahren, welches sich auf ein unmittelbares Eingreifen des Viehbesitzer-Ausschusses, als Repräsentanten der Gesammtheit der Viehbesitzer gründet, käme einer Regiehaltung gleich. Beschaffung und Unterhaltung, also Auswahl, Aufstellung, dann Pflege, Fütterung, Unterbringung der Zuchtstiere in geeignete Räumlichkeiten, Verhütung vor Beschädigung derselben, wie von Gefahren für Menschen und Thiere durch die zu haltenden Zuchtstiere soll also in jeder Gemeinde der Gesammtheit der Viehbesitzer überwiesen sein. Das Gesetz spezialisirt jedoch die Eigenschaft der zur Zuchtstierhaltung gehörenden Viehbesitzer dahin, daß darunter die innerhalb eines abgegrenzten Bezirkes wohnenden Personen zu rechnen sind, welche Kühe und über ein Jahr alte Kalbinnen, also weibliches Faselvieh, besitzen. Der Besitz solcher Thiere ist hiefür allein ausschlaggebend; ganz ohne Belang wäre die Frage, ob die betr. Viehbesitzer in der Gemeinde nur vorübergehend wohnhaft, im Genusse des Heimaths- und Bürgerrechts sind oder nicht. Nach Art. 55/40 der beiden Gemeindeordnungen sind alle Rindviehbesitzer, sohin auch die Besitzer männlicher Thiere, in Ansehung der Zuchtstierhaltung beitragspflichtig. Das Gesetz schränkt jedoch in seinem Art. 1 Abs. 1 und Art. 2 Abs. 2 die Beitragspflicht auf die Besitzer faselbarer weiblicher Thiere ein. Nach den Motiven wurde es nicht für räthlich erachtet, zwischen solchen Kühen und Kalbinnen, welche zur Zucht verwendet werden und solchen, welche zur Mast oder zur Milchgewinnung bestimmt sind, beziehungsweise von der Zucht ausgeschlossen werden, zu unterscheiden, da auch die Besitzer der letzteren ein Interesse an der Zuchtstierhaltung haben und zeitweise in der Lage sein werden, den Zuchtstier für einzelne Thiere zu gebrauchen. Durch die Erhebung von Sprunggeldern (Art. 2) ist ohnehin die Möglichkeit gegeben, diejenigen Viehbesitzer, welche ihre Kühe belegen lassen, zu besonderen Leistungen heranzuziehen.

2. Um die Weiterungen zu vermeiden, welche sich aus den im Laufe des Jahres eintretenden Veränderungen hinsichtlich des

Rindviehstandes der einzelnen Besitzer, sowohl was die Zahl der Thiere als was das Alter der Kalbinnen betrifft, ergeben können, empfiehlt es sich, einen bestimmten Tag, beziehungsweise den an demselben vorhandenen Besitzstand als für die Konkurrenzpflicht des treffenden Kalenderjahres maßgebend zu bezeichnen. Als solcher Tag ist mit Rücksicht auf den Beginn der üblichen Sprungzeit der 1. Februar in Anschlag gebracht. Es wird hiernach in jenen Gemeinden, in welchen nicht anderweitig für die Zuchtstierhaltung gesorgt ist, alljährlich ein Verzeichniß aufzustellen sein, in welches die Namen der Viehbesitzer nebst der Zahl der in ihrem Besitze befindlichen Kühe und über ein Jahr alten Kalbinnen nach dem Stande des 1. Februar einzutragen sind. Dieses Verzeichniß hat sodann für die Dauer des treffenden Kalenderjahres in Kraft zu bleiben. (Mot. z. Ges. S. 241.) Von dieser Statuirung kann jedoch, wenn es die wirthschaftlichen Verhältnisse oder andere Gründe bedingen, abgegangen werden und ein anderer Termin für die Zählung gewählt werden. Es wird dies auch dann nothwendig werden, wenn im Laufe des Jahres unverhältnißmäßig mehr oder weniger weibliche Rinder, als am 1. Februar vorhanden sind und demnach eine abermalige Feststellung des Bestandes veranlaßt ist.

Das Gesetz will möglichst dem freien Übereinkommen der Viehbesitzer unter einander die Regelung der Zuchtstierhaltung überlassen haben. Nur in dem Falle, in welchem auf diese Weise den thatsächlichen und wirthschaftlichen Verhältnissen für das Faselviehwesen nicht Rechnung getragen würde, sieht das Gesetz einen Zwang vor.

3. Die Verpflichtungen Dritter zur Haltung von Zuchtstieren sollen unberührt bleiben. Demnach erleiden die durch besondere Rechtstittel begründeten Leistungen, wonach die Haltung der Zuchtstiere eine Reallast oder ein Servitutrecht bildet, durch vorstehendes Gesetz keine Abänderung. (Vgl. Art. 14 des. Gesetzes) Amtliche Erhebungen haben ergeben, daß unter 32,590 Zuchtstieren im Königreiche Bayern 472 auf Grund von Reallasten gehalten werden, 4124 als Gegenleistung für Nutzungen von Gemeinderechten dienen. Die dinglichen Verpflichtungen liegen sehr verschieden in den einzelnen Regierungsbezirken; es sind z. B. in der Pfalz nur 5, in Niederbayern 23, in Oberbayern 39, in der Oberpfalz 39, in Oberfranken 13, in Mittelfranken 74, in Unterfranken 165, in Schwaben und Neuburg 113 Reallasten nachgewiesen (vergl. sten. Ber. der Abg.-K. Verh. 1892 Bd. VIII. N. 212). Die strengeren Anforderungen, welche im Laufe der Zeit mit dem Steigen der Viehpreise überhaupt, sowie mit der Statuierung besonderer Verordnungen über die Aufstellung der Zuchtstiere an die Haltungen gestellt werden mußten, waren auch der Anlaß zu einer Reihe von Rechtsstreitigkeiten. Die Verpflichteten wollten in Folge dieser durch das Gesetz begründeten Anforderungen vielfach höhere Besoldungen, als solche die Gerechtsame fixirte. Das oberste Landesgericht hat in einem Urtheil vom 3. Februar 1886 Folgendes entschieden:

„Die Verordnung (von 1857, jetzt 1875), durch welche das Halten der Zuchtstiere unter die Aufsicht und Kontrolle der Verwaltungsbehörden gestellt wurde, während die Angelegenheit vor dem Jahre 1857 dem Verfügungsrechte der Betheiligten anheimgegeben war, hat die Förderung der einheimischen Viehzucht zum Zwecke. Sie gehört dem öffentlichen Rechte an. In derselben wird dem Viehhalter eine Reihe von Verpflichtungen auferlegt, welche naturgemäß von dem Civilrecht unberührt bleiben, aber auch an den obwaltenden Privatrechtsverhältnissen eine mit civilrechtlicher Wirkung versehene Änderung nicht herbeizuführen vermögen. Wenn indessen die Verpflichtungen, welche der beklagten Anwesensbesitzerin hierdurch auferlegt werden, nicht schon in der Reallast, so weit im gegebenen Falle deren Umfang aus der Ausübungsweise während der Ersitzungszeit hervorgeht, enthalten sind und wenn der klagenden Gemeinde durch die infolge der Verordnung bewirkte Verbesserung ihrer Viehzucht eine versio in rem zugeht, so bleibt es den Zuchtstierhaltern überlassen, von der Gemeinde Ausgleichung nach den Grundsätzen des Civilrechts durch Geltendmachung eines Entschädigungsanspruches zu verlangen."

4. Wie bereits erwähnt wurde, ist nach den Motiven in Art. 1 der Begriff „faselbares Rindvieh" der Einfachheit wegen und um deßfallsige Streitigkeiten zu verhüten, dahin bestimmt, daß darunter ohne weitere Unterscheidung alle Kühe und über ein Jahr alte Kalbinnen zu verstehen sind. Demzufolge wäre es ohne Ausschlag, ob die Thiere in Folge von Krankheit oder sonstiger veränderter Organzustände nicht als faselfähig beziehungsweise „faselbar" gelten, weil sie nicht zur Zucht verwendet werden können oder ob wirthschaftliche und andere Interessen, wie Mast, Milchgewinnung, Handel 2c., die Ausschließung von der Zucht als glaubhaft erscheinen lassen; es genügt für alle Fälle, daß Thiere der bezeichneten Art sich überhaupt im Besitze befinden. Als „Besitzer" im Sinne dieser Gesetzesbestimmung ist derjenige gedacht, welcher — sei es als Eigenthümer oder als Pächter oder sonstwie — die thatsächliche Herrschaft über das betreffende Vieh hat. Dieselbe kann demnach eine dauernde oder auch nur eine temporäre oder vorübergehende sein. Maßgebend für die daraus erwachsenden Verpflichtungen ist der Umstand, daß zur Zeit der Zählung der Besitz festgestellt worden ist.

In dieser Hinsicht ist ein Erkenntniß des Verw.-Gerichtshofes v. 24. Mai 1895 „Die Beschwerde des Viehhändlers Jonathan Bernet gegen den Beschluß des Stadtmagistrats Bamberg wegen Heranziehung zu den Kosten der gemeindlichen Zuchtstierhaltung betr." bemerkenswerth. B. besaß am 1. Februar (dem Termine der Aufnahme des weibl. Faselviehes) vier Kühe und wurde daher vom Stadtmagistrat zur Zahlung von 3 ℳ 60 ₰ Zuchtstier-Umlage angehalten. Der hiegegen erhobene Einspruch wurde von der oberfränkischen Kreisregierung als begründet erachtet und dementsprechend der magistratische Beschluß außer Wirksamkeit gesetzt. Die hiegegen vom Stadtmagistrat an den Verw.-Gerichtshof eingelegte Beschwerde hatte Erfolg, es wurde der ursprüngliche Beschluß desselben wiederhergestellt und B. zur Zahlung der statuirten Zuchtstierumlagen an die Gemeindekämmerei, sowie sämmtlicher Kosten des Verfahrens verurtheilt. Nach den umfassenden Entscheidungsgründen sind die Voraussetzungen der Artikel 1—5 des Gesetzes über die Haltung und Körung von Zuchtstieren gegeben, indem sämmtliche Besitzer von faselbaren Viehstücken umlagepflichtig sind ohne Unterschied, ob sie ihre Kühe zur Viehzucht verwenden, oder ob sie damit Handel treiben. Sie alle sind an einer tüchtigen Viehzucht interessirt und ist im Gesetze auch kein Unterschied gemacht zwischen den einzelnen Kategorien von Viehbesitzern. Jene, welche ihre Kühe belegen lassen, haben außerdem auch noch ein bestimmtes Sprunggeld zu entrichten, während die Verpflichtung zur Zahlung von Zuchtstierumlagen alle Besitzer von faselbaren Viehstücken umfaßt. Art. 4 nimmt nur jene Viehbesitzer von dieser Verpflichtung aus, welche einen eigenen zuchttauglichen Stier halten und daher auf die Benützung eines anderen für ihr faselbares Vieh nicht angewiesen sind. (S. v. V. G. E. Bd. XVI S. 276).

Die Rechte und Pflichten der Viehbesitzer sind in den Artikeln 2—7 des Gesetzes normirt.

5. Der Termin vom 1. Februar für Feststellung des weiblichen Faselviehes ist deswegen gewählt, weil in den meisten Regierungsbezirken in die Frühjahrsmonate die frequenteste und eigentlichste Sprungzeit fällt, daher von da an in der Regel ihren Ausgang nimmt. Allein es können hievon auch Abweichungen eintreten, so namentlich in Gegenden mit Milch- und Molkereibetrieb, wo die eigentliche Sprungzeit mehr in den Beginn der Wintermonate fällt. In Berücksichtigung dieser Verhältnisse gestattet der Gesetzgeber nach einem förmlichen Rechtsverfahren (Beschlüsse der Gemeindeverwaltung als unmittelbare Aufsichtsbehörde) auch einen andern Tag (Monat rc.) für die Aufnahme des Faselviehstandes, ja, es kann, wenn es nothwendig wird, dieselbe auch in halbjährigen Zwischenräumen vorübergehend oder selbst dauernd erfolgen. Außerdem ist die mittelbare Aufsichtsbehörde befugt, wenn dieselbe irgendwie Zweifel an der Richtigkeit des aufgenommenen Bestandes hegt oder aus sonstigen Gründen eine erneute Aufnahme und Zählung des Bestandes vornehmen zu lassen.

Diese Erhebung bildet ev. die Grundlage für die Beitragspflicht der Viehbesitzer. Es ist daher eine möglichst genaue Aufnahme sowohl im Interesse der Besitzer selbst wie der Haltung als solcher, um die nöthige Anzahl der Zuchtstiere bestimmen zu können, gelegen, es würde einer niederen Denkungsart entsprechen, wollte man bei der Zählung absichtlich, um damit auf irgend eine Weise einen unberechtigten Vortheil herauszuschlagen, vorhandene Viehstücke weglassen. Die Zählung ist für alle Fälle für die Konkurrenzpflicht des betreffenden Kalenderjahres maßgebend. So würde bei mehrmaliger Zählung der Viehstücke, wenn bei der zweiten gegenüber der ersten Zählung ein Plus von Viehstücken eruirt wurde, der Besitzer mit diesem Ueberschuß zur Kostenleistung herangezogen werden. Umgekehrt würde bei einem Minus gegenüber der ersten Zählung auch diese letztere in Anschlag kommen. Auf diese Weise kann den besonderen örtlichen Verhältnissen und etwaigen Schwankungen in der Größe der Viehhaltung Rechnung getragen werden. (Vgl. Sten. Ber. der Abg.-K. S. 371.)

Die Zählung, sowohl die reguläre, wie die durch besondere Umstände veranlaßte, ist von verlässigen (gemeindeamtlichen Organen) Personen vorzunehmen; zu dem Zwecke wird eine Liste hergestellt, in welcher die Namen der einzelnen Viehbesitzer und die Anzahl ihrer Kühe und über ein Jahr alten Kalbinnen einzutragen sind. Diese Liste ist gemäß Ziff. 2 der Vollzugsinstruktion zum Körgesetze zur Einsichtnahme und allenfallsigen Erinnerung öffentlich (etwa 8—14 Tage) aufzulegen und dieses Verfahren in der Gemeinde vorher gleichfalls öffentlich bekannt zu geben. Bei wiederholter Zählung während eines Jahres wäre ebenso zu verfahren.

Die Beitragspflicht der Viehbesitzer zum Unterhalte der Zuchtstiere ist Verwaltungsrechtssache und keine eigentliche Gemeindeangelegenheit im Sinne des Art. 163 d. Gem.-Ordn. diesſ. d. Rheins. Resultirt diese Beitragspflicht aus einer freiwilligen Vereinbarung der Viehbesitzer unter sich, also ohne förmlichen Gemeindebeschluß, so ist dieselbe nach einem Erkenntniß des Verwaltungsgerichtshofes vom 28. November 1890, betreffend die Haltung des Zuchtstiers zu Wöllersbach, Gemeinde Gottfriedsreuth, nicht geeignet, öffentlich rechtlich verfolgbare Verpflichtungen der Viehbesitzer zu erzeugen. Sie fällt dann vielmehr unter die civilrechtlichen, nur von den Gerichten verfolgbaren Bestimmungen über Verträge.

6. Die Zahl der aufzustellenden Zuchtstiere bemißt sich naturgemäß nach dem Bedarfe, wie sich solcher einestheils aus der Anzahl der zu belegenden Kühe und Rinder und anderentheils nach der Leistungsfähigkeit der Zuchtstiere, sowie nach ihrer Gebrauchsweise (Dauer der Sprungzeit, Weidebetrieb u. s. w.) ergibt. Motive z. Ges. Demnach wird weder eine Minimal- noch eine Maximalzahl bestimmt. Man ging bei der Statuirung des Gesetzes von der Anschauung aus, daß sich eine solche Zahl nicht ein für allemal festsetzen lasse, ohne große Ungerechtigkeiten im einzelnen Fall herbeizuführen; denn, wenn man eine Maximalzahl festsetzen und sie beispielsweise mit 100 Kühen im Gesetze bemessen wollte, so würde schon bei der 101. Kuh ein zweiter Zuchtstier nothwendig werden. Um das zu verhüten, hat man sich auf den Ausdruck: „nach dem jeweiligen Bedarfe" beschränkt und wollte damit Härten vermeiden. Wenn hienach ein Zuchtstier vorhanden ist, der den Bedarf deckt, so ist kein zweiter anzuschaffen. (Sten. Ber. S. 379.)

Das Gesetz bestimmt also die Zahl der Stiere nicht, es wurde bei dessen Berathung anerkannt, daß sich der Bedarf nicht nach Ziffern feststellen lasse, sondern in jedem einzelnen Fall erwogen werden müsse: 1) je nach der Brauchbarkeit und dem Alter der Zuchtstiere und 2) im Allgemeinen nach der Zahl der faselbaren Rinder. In letzterer Beziehung kommt namentlich in Betracht, ob nicht einzelne Viehbesitzer noch eigene Stiere halten. Wenn da rigoros vorgegangen wird, so liegt das nicht im Sinne des Gesetzes. Es wird vielmehr zunächst den betheiligten Viehbesitzern überlassen, die Zahl der aufzustellenden Zuchtstiere zu bestimmen; ein Eingreifen der Gemeindeverwaltung bezw. der Aufsichtsbehörde wird nur dann einzutreten haben, wenn ein offenbares Mißverhältniß besteht und die Betheiligten sich weigern, Abhilfe zu schaffen. In diesem Sinne äußerte sich der Herr Staatsminister Seine Excellenz Freiherr v. Feilitzsch gelegentlich der Kammerverhandlungen 1893|94, als von Seite eines Abgeordneten darüber Klage geführt wurde, daß einzelne Bezirksämter die Bestimmungen zu ängstlich handhaben und die Aufstellung eines zweiten Zuchtstieres verlangen, sobald in einer Gemeinde etwas mehr als 100 faselbare Rinder wären. Das Gesetz selbst treffe über die Zahl der aufzustellenden Zuchtstiere keine Bestimmung; es sage, dieselbe richte sich nach dem jedesmaligen Bedarf für das faselbare Rindvieh mit Rücksicht auf Alter und Gebrauchsweise. Darnach verstehe sich von selbst, daß die Sache in den verschiedenen Gemeinden auch verschieden behandelt werden müsse, daß man strenge verfährt da, wo vorwiegend Aufzucht getrieben wird, werthvolles Zuchtvieh zum Verkauf gezogen wird und weniger strenge da, wo die Thiere wegen des allgemeinen Nutzens gehalten werden und wo man nur den eigenen Bedarf aufzieht. Ein Unterschied wäre auch darnach zu machen, ob in einer Gemeinde die Kühe größtentheils zu derselben Zeit zum Kalben gelangen, z. B. im Winter oder Frühjahr, oder ob sich das Kalben auf das ganze Jahr vertheile. (Vgl. Sten. Ber. 57. Sitzung v. 16. Januar 1894.)

Eine gewisse Norm hinsichtlich der Zahl der aufzustellenden Zuchtstiere gibt die Vollzugs-Bekanntmachung in Ziffer 3. Es heißt dort, daß einem Zuchtstiere auch unter günstigen Verhältnissen in der Regel nicht mehr als 100 Kühe und Kalbinnen zuzuweisen sind, wobei es selbstverständlich ist, daß der Viehstand derjenigen Viehbesitzer, welche ihre Kühe und Kalbinnen durch eigene Zuchtstiere bedecken lassen, nicht in Anschlag zu bringen ist. Außerdem hebt die Ziffer 3 noch hervor, daß die Zahl der aufzustellenden Zuchtstiere nach den besonderen Verhältnissen des einzelnen Falles zu bemessen und daß es zunächst den betheiligten Viehbesitzern zu überlassen ist, diese Zahl zu bestimmen.

Diese Aufstellungen haben für die zuständige Aufsichtsbehörde den Maßstab zu bilden, welcher den Entscheidungen zu Grunde zu legen ist, wenn hinsichtlich der Zahl der aufzustellenden Zuchtstiere und dem weiblichen Faselvieh Differenzen bestehen. Die Festsetzung ist daher primär dem freien Ermessen der Viehbesitzer bis zu einem gewissen Grade anheimgegeben. Hat die Verwaltungsbehörde aus irgend einem

Grunde, z. B. wenn ein offenbares Mißverhältniß zwischen der Zahl des weiblichen und männlichen Zuchtviehes besteht oder wenn die Gemeindeverwaltung in dieser Hinsicht bestehenden Mängeln nicht abhilft, in die Regelung dieser Frage einzugreifen, so liegt auch für diese eine Ermessens- und keine eigentliche Verwaltungsrechtssache vor. Das Eingreifen als solches qualificirt sich als eine staatsaufsichtliche Verfügung und ist hier Artikel 7 Abs. 1 des Körgesetzes beziehungsweise Art. 10 Ziff. 2 des Gesetzes vom 8. August 1878 die Errichtung eines Verwaltungsgerichtshofes betr. maßgebend. Es können also Beschwerden gegen derartige Beschlüsse auf dem Instanzenwege zum königl. Staatsministerium des Innern gebracht werden. Will der Verwaltungsgerichtshof von der Gemeindeverwaltung nach Art. 10 Ziff. 2 des Verwaltungsgerichtshofes angerufen werden, so finden nicht die im Gesetze für Verwaltungsrechtssachen gegebenen Vorschriften, sondern jene in Art. 45 Anwendung. Nach Art. 45 Abs. 2 des Gesetzes vom 8. August 1878 müssen aber Beschwerden in solchen Fällen innerhalb 14 Tagen ausschließender Frist bei derjenigen Behörde eingereicht werden, welche den beschwerenden Beschluß erlassen hat.

Vgl. Entsch. d. Verw.-Gerichtsh. v. 11. Nov. 1889, sowie eine weitere vom 6. Mai 1894:

„Gegen die Zuchtstierhaltung in Förbau hat die dortige Gemeindeverwaltung Einspruch erhoben, da in Folge der vorjährigen Futternoth der Bestand an Vieh und Kalbinnen erheblich zurückgegangen sei, und für die Aufstellung eines Zuchtstieres daher kein dringendes Bedürfniß vorliege, ganz abgesehen von dem weiteren Umstande, daß durch die Beschaffung eines solchen die Viehbesitzer unverhältnißmäßig belastet würden. Dieser gemeindliche Einspruch wurde jedoch sowohl vom Bezirksamte Hof, wie von der oberfränkischen Kreisregierung verworfen, wogegen die Gemeindeverwaltung Beschwerde einlegte, die wegen mangelnder Zuständigkeit des Gerichtshofes zurückgewiesen wurde. Nachdem in der Beschwerde die gesetzliche Zulässigkeit der angefochtenen Aufstellung eines Zuchtstieres nicht bestritten wird, sondern lediglich die Nothwendigkeit in Frage gestellt wird und die Kostenfrage des Näheren als Beschwerdeeinwand sich darstellt, so mußte nach den Entscheidungsgründen die Zuständigkeit des Gerichtshofes verneint werden, da über Gegenstände des administrativen Ermessens dem Gerichtshofe keinerlei Kompetenz eingeräumt ist."

Nachdem also die Zahl der aufzustellenden Zuchtstiere lediglich eine Ermessensfrage für die maßgebenden Instanzen bildet, wird dieselbe im concreten Falle auch eine verschiedene Beurtheilung erfahren müssen.

Unter manchen Fällen wird die Zahl 100 der weiblichen Faselviehstücke dementsprechend eine Modifikation als Norm für die einschlägigen wirthschaftlichen Verhältnisse erleiden müssen. In Gemeinden mit sehr intensiver Zucht wird diese Zahl eher schon für zu hoch als zu niedrig angesehen werden müssen. So bestimmt die badische

Verordnung über das Gemeindezuchtstierwesen, daß ein Stier nicht mehr als 80 Kühe im Jahre decken darf und wenn in einem Stalle 3 und mehr Stiere gehalten werden und diese im Sprunge abwechseln, darf die Zahl der zu deckenden Kühe auf 100 steigen. Allein es können auch Fälle vorkommen, in welchen das gemeindliche weibliche Faselvieh nur zum Theile oder nur vorübergehend einen Zeitraum im Jahr zur Zucht benutzt wird; hier kann ein weiterer Spielraum eintreten oder es könnte selbst die Maßnahme getroffen werden, daß nur für einen Theil des Jahres (etwa für die Sommermonate, wie dies z. B. in vielen Gemeinden Unterfrankens der Fall ist) ein oder einige Bullen mehr als im anderen Theile des Jahres gehalten werden. Jedenfalls darf aber eine solche Abminderung in der Zahl der zu haltenden Stiere gegenüber dem weiblichen Zuchtvieh nicht so weit gehen, daß die Zucht und der bei ihr zu verfolgende Zweck (Milch-, Fleisch- oder Zugergiebigkeit) offenbar Schaden leidet; denn dann würde ein derartiges Verfahren mit dem jeweiligen Bedarfe nicht harmoniren können. Eine übermäßige Benutzung der Bullen hat immer ihre Nachtheile im Gefolge und ist daher eine thunlichste Schonung derselben, namentlich bei hohem Zuchtwerthe, wie solche bei genügendem Vorrathe leichter zu ermöglichen ist, nur im Interesse der Viehzucht selbst gelegen. Ganz merkwürdig erscheint daher die Thatsache, daß Viehbesitzer und Gemeindeverwaltungen oft mit einer ganz erstaunlichen Hartnäckigkeit dem auf die Anschaffung hinreichender Bullen abzielenden Aufsichtsverfahren Trotz zu bieten suchen und selbst kostspielige und, wie in der Natur der Sache liegen muß, völlig aussichtslose Processe hiegegen anzustrengen nicht scheuen. Ein züchterischer Grundsatz sagt sogar: „Soll der Bulle seine volle Vererbungskraft äußern, so benütze man ihn nicht mehr als einmal während eines Tages." Diese Regel kann jedoch nur dann befolgt werden, wenn ein entsprechender Vorrath von Bullen zu Gebote steht.

7. Von gleicher Wichtigkeit wie die Zahl ist auch die Auswahl der aufzustellenden Zuchtstiere und zwar

1) in Rücksicht auf eine entsprechende Rasse,
2) in Hinsicht auf die in der Gemeinde vorherrschenden Viehschläge.

Dieser Passus war in der Regierungsvorlage nicht enthalten und verdankte seine Entstehung erst der kommissionellen Berathung des Gesetzes. Ein Grundgedanke des neuen Gesetzes sollte die Stärkung und Erhaltung der heimischen Viehschläge sein. Dieser Auffassung soll schon in dem ersten Artikel Ausdruck gegeben und derselbe somit als grundlegendes Princip angesehen werden. Die bestehenden Verhältnisse rechtfertigen immerhin eine gewisse Bezugnahme auf die Rasse der Zuchtstiere hinsichtlich der Zahl derselben, indem z. B. beim Milchwirthschaftsbetrieb, wie im Algäu, sich die Anforderungen an das männliche Thier sehr verstärken, da die Kühe in verhältnißmäßig kurzer Frist alle zum Stier geführt werden müssen, so daß in dieser Zeit die sprungfähigen Stiere mehr zu leisten haben als in Gegenden, wo sich diese Thätigkeit der Stiere auf das ganze Jahr gleichmäßig vertheilt. (Beil. 84, S. 624, kommissioneller Bericht.)

Diese aus wirthschaftlichen Gründen erhöhte Zuchtleistung kann, abgesehen von der Haltung und Fütterung der Thiere, auch hauptsächlich durch eine geeignete Rasse erreicht werden. Demnach sollen die Bullen einen ausgesprochenen Rassetypus erkennen lassen. Dieselben müssen entweder in züchterischer Hinsicht zu dem vorhandenen Viehschlage passen, mit demselben sich kreuzen lassen — es darf keine Abart, heterogene, die Ertragsfähigkeit der Zucht gefährdende Rasse sein — oder sie sollen dem in der Gemeinde beziehungsweise in dem Zuchtbezirke, welcher oft über den Gemeinde- und selbst über den Verwaltungsbezirk hinaus sich erstrecken kann, vorherrschenden Viehschlage entsprechen. Es ist also eine zweifache Eventualität denkbar, es kann sowohl eine fremde, nicht einheimische Rasse zur Verwendung kommen, — dieselbe muß jedoch entsprechend sein, also trotz des Importes mit den einheimischen in Bezug auf Zuchtzweck harmoniren — oder aber es kann auch ein einheimischer Viehschlag, wie solcher gang und gäbe ist, in dem Körbezirke als die zulässige Rasse figuriren. Der Gesetzgeber gibt keinerlei Direktiven darüber, daß die Aufstellung von Bullen, welche innerhalb des Gemeindebezirkes gezogen worden sind, in diesem Rayon untersagt sein soll. Die Frage hinsichtlich der in Folge zu naher Verwandtschafts- und Inzucht zu befürchtenden Gefahren würde vom zuständigen Körausschuß zu prüfen und zu entscheiden sein. Nach dem Gesetze ist dieselbe eine offene, die je nach der Sachlage bald in diesem und bald in jenem Sinne entschieden werden kann.

Im Sinne des Gesetzes ist es aber gelegen, daß die einheimischen, werthvollen Viehschläge gepflegt und kultivirt werden sollen und nicht, wenn gerade ein anderer Viehschlag in Mode ist, diese Mode mitzumachen und vielleicht zu Kreuzungen zu schreiten, die im Endresultat unzweckmäßig und unrentabel sind. Wenn es nun auf der einen Seite Schläge gibt, die aus sich selbst heraus einer Verbesserung fähig sind (also durch Reinzucht), so gibt es auf der anderen Seite wieder Schläge, die im Niedergange begriffen sind, und denen unter Umständen mit einer Kreuzung aufgeholfen werden muß. Dementsprechend muß es hier den Viehbesitzerausschüssen, Gemeindeverwaltungen, sowie ganz besonders den Körausschüssen überlassen bleiben, in jedem Falle das Geeignete zu finden. Nach dem Gesetze ist die In- oder Reinzucht sowenig für alle Fälle ausgeschlossen oder statuirt, als umgekehrt die Kreuzung oder Einführung fremder Rinderrassen verboten ist, wenn solche zur Hebung und Förderung des einheimischen Viehschlages sich als nothwendig erweist. Allerdings soll in letzterer Hinsicht, um einer planlosen und unmotivirten Kreuzung vorzubeugen und dadurch Schädigungen der einheimischen Zucht zu begegnen, der Zuchtstier von „entsprechender Rasse“ sein, d. h. von einer solchen, welche nach züchterischen

Erfahrungen zu dem vorhandenen Viehschlage paßt und aus der Züchtung einen Nutzen erwarten läßt. Es ist also in solchen Gemeinden, in welchen ein offenbar konstanter Viehschlag nicht vorhanden ist, die Aufstellung von Zuchtstieren angängig, welche durch gute Rasse eine Kreuzung erzielen werden, die annähernd ebenfalls wieder zur Besserung der gemeindlichen Viehzucht beiträgt. (Sten. Ber. S. 374 ff.)

Die näheren Bedingungen, welche für die Aufstellung der Zuchtstiere (Ankörung) maßgebend sind, sind in § 8 Abs. 2 der Kgl. Allerh. Verordnung zum Körgesetze enthalten. Nach demselben hat die Körung den Zweck festzustellen, ob die zu untersuchenden Zuchtstiere zur Zucht für den (Kör-) Bezirk (Gemeinde, Ortschaft, Weiler, selbst Distrikt), in welchem sie zur Verwendung kommen sollen, tauglich sind. Im Sinne des Gesetzes Art. 1 Abs. 2 und 3 sind nach genanntem Paragraphen nur solche Zuchtstiere von den Körausschüssen als tauglich anzuerkennen, welche gesund und nach ihrer ganzen Körperbeschaffenheit, sowie nach ihrem Alter zur Zucht geeignet sind und auch den bezüglich der Rasse zu stellenden Anforderungen, insbesondere mit Rücksicht auf die in dem betreffenden Bezirke vorherrschenden Viehschläge entsprechen.

Diese Vollzugsbestimmung gibt demnach den Körausschüssen eine Norm, nach welcher solche den Voraussetzungen des Artikels 1 Abs. 2 und 3 gerecht werden sollen. Dieselben haben bei der Ankörung der Zuchtstiere somit lediglich die örtlichen Verhältnisse zu berücksichtigen und wenn es diese erheischen, können dieselben sowohl dem Principe der In- oder Reinzucht (durch Ankörung von Bullen des einheimischen Schlages) als auch dem der Kreuzung (durch Aufstellung einer geeigneten und entsprechenden fremden Rasse) Rechnung tragen. Das Gesetz räumt in dieser Hinsicht den maßgebenden Sachverständigen vollkommen freie Hand ein. Niemals würde es sich aber auf Grund der Gesetzesbestimmung rechtfertigen lassen, auch Zuchtstiere von notorisch ungeeigneten Viehschlägen aufzustellen oder anzukören, die zu dem einheimischen Viehschlage nicht passen können, denselben in seinem Ertrage beeinträchtigen, wie z. B. die Einführung einer Mastviehrasse in Gemeinden, die Gangvieh züchten und demselben Erfolge verdanken oder einer Milchviehrasse in Gemeinden, welche auf Arbeitsvieh angewiesen sind.

Ein Einwand der Viehbesitzer oder der gemeindlichen Aufsichtsbehörde hinsichtlich der Aufstellung eines Zuchtstieres von einer bestimmten Rasse kann im Verwaltungsrechtsverfahren nicht gewürdigt werden. In diesem Sinne sind Erkenntnisse des Verwaltungsgerichtshofes vom 11. März 1895 „die Beschwerde der Gemeindeverwaltungen Riedenheim und Herchsheim gegen den Bescheid der unterfränkischen Kreisregierung wegen Aufstellung eines dritten einer bestimmten Rasse angehörigen Zuchtstieres betr." erlassen worden. Die Beschwerden wurden wegen Unzuständigkeit des Gerichtshofes kostenfällig (d. h. unter Aufbürdung auf die betheiligten Viehbesitzer nach Kopftheilen) zurückgewiesen. Nach den Entscheidungsgründen wird in den beiden Beschwerden zwar ein ungesetzlicher Eingriff in das gemeindliche Selbstverwaltungsrecht, sowie die Auferlegung einer gesetzlich nicht begründeten Last behauptet, und wäre auch der Gerichtshof zur Verbescheidung dieser Beschwerden zuständig, wenn es sich um die Entscheidung einer Rechtsfrage und nicht einer Ermessensfrage handeln würde. Die Frage der Rasseangehörigkeit des aufzustellenden Zuchtstieres ist nach den besonderen Verhältnissen des einzelnen Falles zu würdigen und bildet somit einen Gegenstand des freien administrativen Ermessens; von einem im Beschwerdeweg verfolgbaren Rechtsanspruch kann hienach keine Rede sein.

Vgl. auch Ziff. 1—4 der Vollzugsinstruktion.

Art. 2.

Die Erfüllung der in Art. 1 Abs. 1 bezeichneten Verpflichtungen ist zunächst der freien Vereinbarung der betheiligten Viehbesitzer, insbesondere im Wege der Genossenschaftsbildung, anheimgegeben.

Kommen die Viehbesitzer einzelner Gemeinden oder Ortschaften ihren Verpflichtungen in Bezug auf die Zuchtstierhaltung nicht oder nicht in genügender Weise nach, so hat die Gemeindeverwaltung (Magistrat, Gemeindeausschuß, Gemeinderath) nach Vernehmung eines unter der Leitung des Bürgermeisters von den betheiligten Viehbesitzern der Gemeinde oder der treffenden Ortschaften aus ihrer Mitte zu wählenden Ausschusses von drei bis fünf Mitgliedern die nothwendigen Anordnungen zu treffen, sowie über den erforderlichen Aufwand zu beschließen. Zu diesem Behufe kann dieselbe nach Bedarf die Erhebung von Sprunggeldern, dann, insoweit der Ertrag der letzteren, sowie etwaige sonstige Einnahmen nicht zureichen, die Erhebung von Umlagen, welche in Ermanglung einer anderweitigen Uebereinkunft auf die betheiligten Viehbesitzer nach Verhältniß ihres faselbaren Rindviehstandes auszuschlagen sind, für den ganzen Gemeindebezirk oder für einzelne Gemeindetheile anordnen.

Erläuterungen: 1. Nachdem Art. 1 die Verpflichtung der betheiligten Viehbesitzer zur Beschaffung und Unterhaltung der erforderlichen Zuchtstiere sowie der hiefür nöthigen Einrichtungen grundsätzlich ausgesprochen hat, enthält Art. 2 nähere Bestimmungen über die

Erfüllung dieser Verpflichtung, über die Deckung des hiedurch erwachsenden Aufwandes und über das zu beobachtende Verfahren.

Auch hier lehnt sich das Gesetz thunlichst an die Bestimmungen in Art. 55/40 der beiden Gemeindeordnungen an.

Demnach ist der Satz vorangestellt, daß es zunächst den betheiligten Viehbesitzern anheimgegeben bleibt, die Erfüllung ihrer gesetzlichen Verpflichtungen im Wege freier Vereinbarung ohne behördliche Mitwirkung herbeizuführen, wobei ganz besonders an die bereits bestehenden oder an noch zu bildende Zuchtstiergenossenschaften gedacht ist. (Mot. S. 241.) Das Gesetz gestattet also in Art. 2 Abs. 1 den Viehbesitzern der Verpflichtung, das taugliche Zuchtstiermaterial in hinreichender Zahl (nach der Vollzugsinstruktion Ziff 3 in der Regel auf 100 faselbare Thiere ein Zuchtstier) anzuschaffen, für dessen richtige Pflege und Fütterung, sowie Haltung in geeigneter Stallung nebst abgeschlossenem Sprungplatz zu sorgen und die dazu erforderlichen Kosten aufzubringen, im Wege freier Vereinbarung zu genügen und bezeichnet als vorzüglichen Weg hiefür die Bildung von Genossenschaften. Ueber die Form, in welcher solche Vereinbarungen abzuschließen sind, enthält das Gesetz keinerlei Bestimmung; hiefür sind die jeweils einschlägigen civil- und statutarrechtlichen Bestimmungen maßgebend. Es ist selbstverständlich, daß auch hiebei die auf civilrechtlicher Verpflichtung (Realrecht) beruhende unentgeltliche Haltung von Zuchtstieren die freiwilligen Leistungen der Gemeinde nach Art. 6 des Gesetzes den Viehbesitzern zu Gute kommen. Das Genossenschaftswesen hat sich wie auf industriellem Gebiete überhaupt, so auch auf dem der Landwirthschaft, namentlich zur Kreditvermittlung und in neuerer Zeit auch auf dem der Thierzucht allenthalben Bahn gebrochen und eingebürgert, um den Betrieb zu fördern, gemeinsame Bestrebungen im Zuchtverfahren wachzurufen, bestehende Mängel desselben zu beseitigen und so eine Vervollkommnung der Zucht herbeizuführen. Dr. von Hauck äußert sich hierüber auf S. 66 ff. der bayer. Gemeindezeitung, Jahrgang 1891 in folgender Weise: „Genossenschaftsbildung ist auch eine Form der freiwilligen Erfüllung der Erfordernisse zur Hebung der Rindviehzucht. Es haben solche Genossenschaften insbesondere Stammzuchtsgenossenschaften, zur Einhaltung reiner, guter Viehschläge schon vor Erlassung des Gesetzes sich gebildet und Günstiges gewirkt. Deßwegen wendet ihnen das Gesetz besondere Rücksicht zu; insbesondere, wenn sie den Zweck des Gesetzes erfüllen. Solche Genossenschaften sind zunächst civilrechtlicher Natur und unterliegen, wenn sie besonderen gesetzlichen Schutz erlangen wollen, den Bestimmungen des Reichsgesetzes vom 1. Mai 1889 betreffend die Erwerbs- und Wirthschaftsgenossenschaften — Reichsgesetzblatt 1889 S. 55 ff. —. Nach diesem Gesetze sind alle Verhältnisse civilrechtlicher Natur und unterliegen Streitigkeiten der Austragung vor den Civilgerichten. Nur die Zwangsauflösung einer Genossenschaft erfolgt im Verwaltungsrechtsweg, und zwar nach § 79 des Gesetzes, wenn eine

Genossenschaft sich gesetzwidriger Handlungen oder Unterlassungen schuldig macht, durch welche das Gemeinwohl gefährdet wird, oder wenn sie andere als im Gesetz § 1 bezeichnete Zwecke (also hier nach § 1 Ziff. 6 Hebung der Rindviehzucht) verfolgt. Bei einer solchen Auflösung findet ein Anspruch auf Entschädigung nicht statt. Nach dem Gesetz vom 5. April 1888 sind sie von der Ankörung ihrer Zuchtstiere nicht befreit, wenn ihre weiblichen Thiere nicht im gemeinsamen Besitze der Genossen sich befinden. Im Allgemeinen befreit sie auch das Gesetz nicht von der Beitragsleistung zur gemeindlichen Zuchtstierhaltung, wenn ihre Einrichtungen einer geordneten, dem Gesetze entsprechenden gemeindlichen Zuchtstierhaltung im Wege stehen. Die Vollzugsinstruktion wendet in Ziff. 6 den Genossenschaften besondere Berücksichtigung zu, indem sie ein Zwangsvorgehen nach Art. 2 Abs. 2 des Gesetzes gegen die Genossenschaftsmitglieder nur dann will, wenn durch die Genossenschaft eine solche Absonderung eines Theiles der Gemeinde stattfindet, daß in dem restigen Theile eine entsprechende Zuchtstierhaltung ohne zu große Belastung der Betheiligten nicht zu ermöglichen wäre."

Die Haltung der Zuchtstiere kann daher auf zweierlei Weise zu Stande kommen, nämlich auf dem der freiwilligen Vereinbarung und auf dem der obligatorischen Verpflichtung von Seite der Besitzer faselbarer Viehstücke. In einem wie in dem anderen Falle ist jedoch von denselben nicht blos das zu erfüllen, was in ihrer privatrechtlichen Verpflichtung oder in dem freiwillig getroffenen Uebereinkommen liegt, sondern auch dem nachzukommen, was das Gesetz vom 5. April 1888, insbesondere Art. 1 Abs. 1 und 3 und Artikel 8, sowie die dazu erlassenen Vollzugsbestimmungen fordern. Dagegen haben die Viehbesitzer den über die privatrechtliche Verpflichtung hinausgehenden Aufwand zu vergüten, soferne nicht die Gemeinde nach Art. 6 des Körgesetzes dafür eintritt. (Erkenntniß des obersten Landesgerichtes v. 3. Febr. 1886 und Art. 14 Abs. 3 des Gesetzes v. 5. April 1888). Demzufolge sollten alle Pachtverträge, Vergebungen von gemeindlichen oder genossenschaftlichen Faselhaltungen gegen Entgelt, Reichnisse, Naturalien 2c. stets so statuirt sein, daß sie den Anforderungen nach beiderlei Richtungen gerecht werden. Die betheiligten Viehbesitzer wie der Halter müssen durch das Statut in ihren Obliegenheiten, Leistungen und Ansprüchen genau präcisirt sein, so daß also sowohl in civilrechtlicher Hinsicht als auch in Verfolgung der Bestimmungen des Körgesetzes die Haltung genügen muß. Die Pachtverträge und sonstigen Abschlüsse bei Zuchtbullenvergebungen sollen daher in dieser Hinsicht stets genau von der Aufsichtsbehörde geprüft und in jedem Falle nur dann genehmigt und als vollziehbar erklärt werden, wenn das darin Enthaltene den Gesetzes-Anforderungen thatsächlich entspricht und Halter wie Viehbesitzer gleichmäßig damit bestehen können. Auf diese Weise können Differenzen und Streitigkeiten, namentlich oft recht kostspielige

Civilprocesse leicht verhütet, wie umgekehrt im Nichtbeachtungsfalle, gefördert werden.

2. Absatz 2 dieses Paragraphen gibt den Modus an, nach welchem die Aufstellung der Zuchtbullen geregelt werden soll, wenn der in Absatz 1 für die freiwillige Vereinbarung vorgesehene Weg nicht zur Geltung gekommen ist. Derselbe erkennt die Befugniß zur Erhebung von Sprunggeldern und von Umlagen an und bezeichnet zugleich den Maßstab, nach welchem die letzteren — soferne nicht durch Uebereinkunft, d. i. unter Zustimmung aller Betheiligten, ein anderer Maßstab bestimmt wird — auch die betheiligten Viehbesitzer (die Besitzer von Kühen und über ein Jahr alten Kalbinnen) auszuschlagen sind. Es wird sodann das Verfahren bestimmt, welches zu beobachten ist, wenn die betheiligten Viehbesitzer nicht von sich aus durch freies Uebereinkommen ihren Verpflichtungen in Bezug auf die Zuchtstierhaltung nachkommen und deren Kosten unter sich aufbringen. Es soll die Gemeindeverwaltung nicht blos befugt, sondern — auch wenn von keinem der Betheiligten ein bezüglicher Antrag gestellt ist — verpflichtet sein, nach Einvernahme des zu diesem Behufe zu wählenden Viehbesitzerausschusses diejenigen Anordnungen, welche zur Erfüllung jener Obliegenheiten nothwendig erscheinen, zu treffen und über die Deckung des dadurch erwachsenden Aufwandes zu beschließen, wobei sie berechtigt ist, nach Maßgabe des Absatzes 2 die Erhebung von Sprunggeldern, sowie von Umlagen anzuordnen. —

Aufgabe der Gemeindeverwaltung wäre es hiernach zunächst, zu prüfen, ob die Viehbesitzer der Gemeinde ihre Verpflichtungen hinsichtlich der Zuchtstierhaltung in genügender Weise erfüllt haben; findet dieselbe, daß dies nicht der Fall ist, so hat sie nach Anhörung des Viehbesitzerausschusses die erforderlichen Anordnungen zu treffen. Diese Anordnungen können sich unter Umständen auf einzelne Gemeindetheile — Ortschaften — beschränken, wenn in den übrigen genügende Vorsorge getroffen und durch die Absonderung der letzteren eine entsprechende Zuchtstierhaltung in den ersteren nicht ausgeschlossen oder beeinträchtigt ist. Auch soll die Gemeindeverwaltung befugt sein, veranlaßten Falles nicht bloß die Aufstellung mehrerer Zuchtstiere an mehreren Orten anzuordnen, sondern auch dementsprechend besondere Konkurrenzbezirke innerhalb der Gemeinde zu bilden. (Mot. S. 241 u. 242).

Die Gemeindeverwaltungen spielen demnach die hervorragendste Rolle in der Handhabung des Gesetzes; sie sind es, welche (auch bei freiwilliger Vereinbarung)

1) die Anzahl des weiblichen faselbaren Viehes (durch Zählung der Kühe und über ein Jahr alten Kalbinnen) festzustellen haben,
2) gegen die ihre Pflicht nicht erfüllenden Viehbesitzer auf Grund des Gesetzes vorzugehen,
3) die Zahl, Pflege, Haltung und Fütterung, sowie die Benutzungsweise der Zuchtstiere zu reguliren haben.

Pro primo sind es jedoch gleichwohl immer die Viehbesitzer als solche, welche zu diesen Leistungen herangezogen werden; und zwar geschieht dies durch Vermittlung der Gemeindeverwaltungen. Würde eine Gemeindeverwaltung eigenmächtig und ohne die Viehbesitzer vorher zu vernehmen, die Bullenhaltung vergeben, so würde die von derselben angeordnete Umlagenerhebung für die Viehbesitzer nicht rechtsverbindlich sein. (Samml. d. Entsch. d. Verw.-Gerichtshofes XII. Bd. 1891 S. 199.)

Auch dann, wenn die Gemeindeverwaltung in gesetzlich zulässiger Weise an Stelle der Viehbesitzer die Beschaffung der erforderlichen Zuchtstiere vorgenommen hat, bleibt es zunächst noch der freien Vereinbarung der Viehbesitzer überlassen, nach welchem Maßstabe die zur Deckung der Anschaffungskosten nothwendigen Umlagen auf die betheiligten Viehbesitzer ausgeschlagen werden sollen.

3. Wenn die freie Vereinbarung der Viehbesitzer zu einem der Intention des Gesetzes entsprechenden Endziel nicht geführt hat, tritt der Viehbesitzerausschuß in Aktion. Derselbe stellt eine Vermittlungsstelle zwischen der Gesammtheit der Viehbesitzer und der gemeindlichen Aufsichtsstelle dar. Nach dem Kommissionsbericht zu dem Gesetze soll die Einigung der Viehbesitzer unter sich das erste Erforderniß zu einer geeigneten Gestaltung der Viehzucht sein. Sei eine solche nicht zu erzielen und kämen die Viehbesitzer ihren Verpflichtungen nicht in genügender Weise nach, dann trete die Gemeindeverwaltung korrigirend ein. Damit sei die Autorität der Gemeindeverwaltung aufrecht erhalten und auch das Eingreifen der Aufsichtsbehörde möglichst vermieden.

Die Viehbesitzerausschüsse bilden als berathende Organe der Gemeindeverwaltung die Vertretung der Gesammtheit der Viehbesitzer. Dieselben stehen daher nicht in einem unbedingten Coordinationsverhältnisse mit der Gemeindeverwaltung als der Aufsichtsstelle und haben dieser gegenüber unter Umständen sogar Beschwerderecht zur Distriktspolizeibehörde, um eventuell unliebe Beschlüsse derselben hintanzuhalten. Demnach sollen auch nur solche Viehbesitzer in jene Ausschüsse berufen werden, welche selbst ein Interesse an der Zuchtstierhaltung haben und außerdem das nöthige Verständniß besitzen, um den hiefür erforderlichen Aufwand, die Fütterung, Pflege, die nöthige Zahl, die Körperbeschaffenheit und das Alter der Zuchtstiere beurtheilen zu können. Ueber alle diese Fragen haben die Viehbesitzerausschüsse an die Gemeindeverwaltung maßgebendes Gutachten zu erstatten. Würde solches mit den gesetzlichen Anforderungen nicht übereinstimmen, wie z. B. bei Begutachtung einer zu niederen Zahl von Bullen im Gegensatze zu dem vorhandenen Faselstand oder bei Aufstellung eines notorisch ungeeigneten Halters u. dgl. mehr, so kann die Gemeindeverwaltung sowohl in eigener Competenz, wie auf Veranlassung der zuständigen höheren Aufsichtsstelle entgegen dem Ansinnen des Viehbesitzerausschusses Beschluß fassen. Ein Beschwerderecht gegen die Beschlüsse der Gemeindeverwaltung oder der Aufsichtsbehörden steht dem Viehbesitzerausschuß als solchem im Allgemeinen nicht zu, höchstens dann, wenn er von den einzelnen Viehbesitzern ausdrücklich hiezu ermächtigt und legitimirt ist. Eine solche Ermächtigung müßte aber in jedem Falle gleich bei der Wahl des Ausschusses durch eine ausdrückliche Erklärung der Wählenden und Aufnahme ins Protokoll mittels Unterschrift durch die Viehbesitzer dokumentirt werden. Ebensowenig hat der Viehbesitzerausschuß an der Beschlußfassung der Gemeindeverwaltung Theil zu nehmen. Eine solche Theilnahme würde den Beschluß der Gemeindeverwaltung unwirksam machen können. (Vgl. Erk. des Verw.-Gerichtshofes vom 5. Dezember 1890 „Zuchtstierhaltung in Großwallstadt" betr.) Bei der commissionellen Berathung des Gesetzes wurde diese Frage zwar angeregt, allein von dem Vertreter der Staatsregierung wurde hiegegen folgendes eingewendet: Man habe sich bei der Aufstellung des Regierungsentwurfes von dem Gedanken leiten lassen, sich von den Bestimmungen in Art. 55/40 der beiden Gemeindeordnungen nicht weiter zu entfernen, als im Interesse der Sache nothwendig sei. Schon dieser formale Gesichtspunkt spreche dagegen, den Mitgliedern des Viehbesitzerausschusses entscheidende Stimme einzuräumen, sei es, daß man das Einverständnis des Viehbesitzerausschusses als Ganzes fordern, oder daß man die Mitglieder dieses Ausschusses mit den Mitgliedern der Gemeindeverwaltung gemeinsam abstimmen lassen wolle. Beides würde eine sehr wesentliche Abweichung von den Bestimmungen der Gemeindeordnungen in sich schließen. Auch würde ein zweckentsprechendes Vorgehen der Gemeindeverwaltungen durch das gedachte Stimmrecht wesentlich erschwert werden; in Landgemeinden, welche hier hauptsächlich in Betracht kämen, seien die Mitglieder des Gemeindeausschusses größtentheils selbst Viehbesitzer. Man dürfe daher voraussetzen, daß sie die Interessen der Viehbesitzer entsprechend wahren und berechtigte Wünsche der letzteren berücksichtigen; trete aber der Fall ein, daß die Viehbesitzer sich gegen die im Interesse der Viehzucht nothwendigen Maßnahmen ablehnend verhielten, so könne es, wenn man den von ihnen gewählten Mitgliedern eine entscheidende Stimme einräume, leicht dahin kommen, daß durch dieselben eine sachgemäße Beschlußfassung ermittelt werde. Dann würde nichts erübrigen, als daß die Staatsaufsichtsbehörde eingreife. Es würde also in einer Reihe von Fällen an Stelle selbstthätigen Vorgehens der Gemeindeverwaltung aufsichtlicher Zwang treten. Dieses Ergebniß steht aber mit dem Geiste beider Gemeindeordnungen, welche auf dem Grundsatze der gemeindlichen Selbstverwaltung aufgebaut sind, nicht im Einklange. (L. T. V. 1887, Beil. 84, S. 625 u. 626).

Im Artikel 2, Abs. 2 kommt den Viehbesitzerausschüssen somit lediglich das Attribut eines technischen Beirathes zu, dem aber nirgends eine Befugniß eingeräumt ist, maßgebende Beschlüsse zu fassen; auch die in Ziff. 10, Abs. 2 der Vollzugsinstruktion vorgesehene Bestimmung, wonach vor Ertheilung einer Dispens von der gemeinsamen Zuchtstierhaltung nach Art. 4, Abs. 2 der Viehbesitzerausschuß gehört werden muß, steht hiemit in Einklang. Der Viehbesitzerausschuß kann daher als Aggrediens einer Vollzugsbehörde nicht selbstständig und in eigener Zuständigkeit gegen staatsaufsichtliche Erlasse im Sinne des Art. 10 Ziff. 2 des Gesetzes v. 8. August 1878 Beschwerde zum k. Verwaltungsgerichtshof ergreifen. Das Recht der Beschwerdeführung gegen staatsaufsichtliche Verfügungen in Sachen der Zuchtstierhaltung steht nur der Gemeindeverwaltung zu, nicht dem Viehbesitzerausschusse, auch nicht einzelnen Viehbesitzern oder der Gesammtheit derselben. (Samml. von Entsch. des Verw.-Gerichtshofes Bd. XII, S. 891, S. 112).

4. Der für die Zuchtstierhaltung zu leistende Aufwand begreift zunächst den Ankauf oder Erwerb der Zuchtstiere, dann die Fütterung, Verpflegung, Reinigung derselben, außerdem die Unterbringung in einem geeigneten, gesunden Stall, endlich auch noch einen passenden Verwendungs- oder Sprungplatz für dieselben, so daß die Bedeckung mit Leichtigkeit, ohne Beschädigung der Thiere, stattfinden kann und daß derselbe durch Absperrung gegen neugieriges Zuschauen den Rücksichten der öffentlichen Sittlichkeit entspricht. Hiebei spielt noch eine Rolle die Verwendung von verlässigen und sorgsamen Wärtern, da ein besonderes Geschick zur Führung und Behandlung dieser Thiere erforderlich ist und um Beschädigungen und Verletzungen durch dieselben hintanzuhalten, auch die Anwendung außerordentlicher Vorsichtsmaßregeln, wie das Anlegen eines Nasenringes und dergl. mehr nothwendig werden kann. Nach dem allgemeinen Haftpflichtgesetze hätte der Halter für Versehlen der letzteren Art aufzukommen. Es ist daher keineswegs gleichgültig, ganz abgesehen davon, daß durch eine falsche, ungeeignete Behandlung auch der beste und gutmüthigste Bulle verdorben werden kann, welches Personal für die Haltung dieser Thiere zur Verwendung kommt und sollte dieser Punkt weit mehr, als es der Fall ist, um Kosten und Unannehmlichkeiten zu vermeiden, bei der Vergebung der Bullen in Berücksichtigung gezogen werden.

5. Der Artikel 2 gibt nun in seinem zweiten Absatz in fakultativer, also keineswegs für alle Fälle rechtsverbindlicher Form — mangels einer sonstigen Vereinbarung unter den betheiligten Viehbesitzern — einen Modus an, wie der für die Zuchtstierhaltung erforderliche Aufwand zu beschaffen ist, nämlich

1. durch Erhebung von Sprunggeldern und
2. durch Erhebung von Umlagen.

Unter Sprunggeld versteht man eine Zahlung für die Bedeckung eines weiblichen Rindes — ob mit oder ohne Erfolg d. h. mit nachfolgender und augenscheinlicher Trächtigkeit oder Befruchtung ist hier zunächst nicht von Belang — durch den Zuchtstier. In vielen Gemeinden ist es Brauch, für einen zweiten oder sogenannten Nachsprung, wenn also beim ersten Sprung eine Befruchtung nicht eingetreten und das weibliche Thier nach einer gewissen Zeit wieder rindrig oder brünstig geworden ist, eine ermäßigte Gebühr oder auch keine weitere mehr zu erheben. Ferner wird neben dem eigentlichen Sprunggeld für die Vorführung des Zuchtstieres zum Sprung noch eine kleine Gabe als eine Art Trinkgeld verabreicht. Letzteres hat aber nicht den Charakter einer observanzmäßigen oder verpflichteten Leistung und kann nicht dem Sprunggeld gleichgestellt werden, solange es nicht eine zur Bestreitung der Ausgaben für die Zuchtstierhaltung vorgesehene und daher zu verrechnende Abgabe darstellt. Im letzteren Falle würde solches einen Bestandtheil des Sprunggeldes bilden. Die Erhebung von Sprunggeldern wird in gewissem Sinne eine Beschränkung der Beitragsleistung der Viehbesitzer involviren, da nur der Viehbesitzer Sprunggelder zu leisten hat, der seine Kühe dem Bullen zuführt, während bei anderweiter Regulirung die Viehbesitzer d. i. die Besitzer von Kühen und über ein Jahr alten Kalbinnen (cf. Art. 1), gleichviel ob sie solche zur Zucht verwenden oder nicht, die Unterhaltung der Lasten gemeinsam zu tragen haben. Der Gesetzgeber stellt daher, um eine zu große Belastung für solche Viehstücke, die zur Mast oder zum Verkaufe, also nicht zur Zucht bestimmt sind, zu umgehen, die Erhebung von Sprunggeldern voran und gestattet dementsprechend auch neben der übrigen Reichnisse z. B. durch Erhebung von weiteren Umlagen von Seite der Viehbesitzer dieselben. Dadurch wird für den die Haltung nicht oder nur in beschränktem Umfange benützenden Viehzüchter eine Art Äquivalent geschaffen, weil er gegenüber denjenigen, welche von derselben durch stärkere Benutzung des Bullens mehr Vortheil ziehen, auch nur einen geringeren Beitrag zu leisten hat.

Demnach würde es als eine vom Gesetze nicht gewollte Unbilligkeit erscheinen, wenn eine Gemeindeverwaltung bei der Haltung von Zuchtstieren nur Umlagen anordnen würde, da bei diesen auch für jene faselbaren weiblichen Rinder zu zahlen wäre, welche des Zuchtstieres nicht bedürfen. Die Festsetzung des Sprunggeldes liegt der Gemeindeverwaltung beziehungsweise der freien Vereinigung der Viehbesitzer (Genossenschaft) ob. Wenn die Gemeindeverwaltung zur Beschlußfassung des Aufwandes berufen ist, hat dieselbe nicht blos zu bestimmen, daß Sprunggeld erhoben wird, sondern auch dessen Höhe festzusetzen; derselben ist hier freier Spielraum gelassen, allein es ist selbstredend, daß das Sprunggeld in gleichmäßiger Höhe für alle Viehzüchter festgesetzt sein muß und Vergünstigungen in dieser Hinsicht für den einen oder den anderen nicht eingeräumt werden sollen. Je nach dem Aufwande, der außer dem Sprunggelde für die Zucht geleistet wird, der mehr oder weniger großen Wohlhabenheit der Viehbesitzer und der zu verfolgenden Zuchtrichtung wird der Betrag zu bemessen sein. Am höchsten würde sich dasselbe jedenfalls dann gestalten, wenn der Aufwand ausschließlich nur aus dem Sprunggelde geleistet werden müßte.

Die Art der Beitreibung, Ablieferung und Verwerthung des Sprunggeldes sollte in jedem Falle genauestens durch die Gemeindeverwaltung beschlußmäßig festgesetzt werden. In Ermanglung präciser Bestimmungen können hinterher die größten Mißhelligkeiten und selbst Processe entstehen, von welchen es nach der Art des Vertrages sogar zweifelhaft sein kann, ob solche auf dem Verwaltungsrechtswege oder auf dem Civilrechtswege auszutragen sind. Auch ist es zweckmäßig, im Beschlusse festzustellen, ob das Sprunggeld für jeden (befruchtenden oder nicht erfolgreichen) Sprung zu zahlen ist oder ob bei wiederholten Sprüngen, wenn also der oder die unmittelbar vorhergegangenen erfolglos geblieben sind, eine Ermäßigung oder Nachlaß des Sprunggeldes einzutreten hat. Rekrutirt sich die Besoldung des Halters ausschließlich oder zum größten Theile aus dem Erträgnisse der Sprunggelder, und ist dasselbe nach Maßgabe des vorhandenen Faselviehbestandes so bemessen, daß der Halter nur dann ohne Verlust seinen übernommenen Verpflichtungen nachkommen kann, wenn die Viehbesitzer auch wirklich dem Bullen ihre Kühe zuführen, nicht in auswärtige Gemeinden treiben oder mittlerweile, ungeachtet der eingegangenen Verpflichtungen, sich eigene Stiere für ihren Bedarf (nach Art. 4 des Gesetzes) aufstellen, so wäre die Aufnahme in dem Beschlusse am Platze, daß die betreffenden Viehbesitzer trotz der umgangenen Benutzung des Bullens eine bestimmte Summe oder das in Folge dessen hinterzogene Sprunggeld für die Haltung zu leisten hätten.

7. Die Erhebung der Umlagen wird bei der Bestreitung des Aufwandes wohl dahin aufzufassen sein, daß damit der ungedeckte Rest (insoweit Sprunggelder und sonstige gemeindliche Leistungen nach Art. 6 des Gesetzes nicht hinreichen) der Ausgaben bestritten werden soll. Bezüglich des Umlagenmaßstabes ist es zunächst der Uebereinkunft der Viehbesitzer überlassen, solchen festzustellen. Es ist kein bestimmter Maßstab primär im Gesetze enthalten. Der Artikel 2 bestimmt in seinem 2. Absatz jedoch, daß, wenn eine solche Vereinbarung über den Maßstab der Beitragsleistung nicht erfolgt, die Zahl des faselbaren Rindviehstandes als maßgebend erscheinen soll. Diese Anordnung ist zugleich bindend für die Beschlußfassung der Gemeindeverwaltung. Das freiwillige Uebereinkommen der Viehbesitzer muß einstimmig, d. h. mit ausdrücklicher Zustimmung aller Viehbesitzer erfolgen; in einem solchen Falle könnte dann auch ein anderer als der gesetzliche Maßstab für die Umlagenfestsetzung statuirt werden, z. B. Ausscheidung des nicht zur Zucht verwendeten weiblichen Faselviehes von der Beisteuer etc. Ist jedoch ein solches Uebereinkommen nicht vorhanden, so hat zu den Umlagen für jede über ein Jahr alte Kalbin oder eine Kuh der Viehbesitzer des Zuchtstierbezirkes gleichmäßig beizutragen, ob der Zuchtstier für dieselben gebraucht wird oder nicht. Aber auch dann, wenn die Gemeindeverwaltung in gesetzlich zulässiger Weise an Stelle der Viehbesitzer die Beschaffung der erforderlichen Zuchtstiere vorgenommen hat, bleibt

es zunächst noch der freien Vereinbarung der Viehbesitzer überlassen, nach welchem Maßstabe die zur Deckung der Anschaffungskosten nothwendigen Umlagen auf die betheiligten Viehbesitzer ausgeschlossen werden sollen. Eine im Widerspruche hiemit von der Gemeindeverwaltung angeordnete Umlagenerhebung ist für die Viehbesitzer nicht rechtsverbindlich. (Entsch. d. Verwaltungsgerichtshofes v. 3. März 1890, Samml. 1891 XII. Bd. S. 1119).

Es ist selbstverständlich, daß die auf civilrechtlicher Verpflichtung beruhende unentgeltliche Haltung von Zuchtstieren, die freiwilligen Leistungen der Gemeinde nach Art. 6 des Gesetzes den Viehbesitzern hiebei zu Gute kommen.

Der Artikel 2 gibt also zwei Modalitäten den Gemeindeverwaltungen an die Hand, um die Kosten für die Zuchtstiere festzusetzen. Dieselben sind an diese keineswegs gebunden und können je nach den wirthschaftlichen und herkömmlichen Verhältnissen hier noch eine Reihe anderer in Betracht kommen, nach welchen die Sache zur Zufriedenheit der betheiligten Viehbesitzer und ohne daß der Vollzug des Gesetzes dadurch alterirt wird, geregelt wird. Doch werden die im Gesetze ausdrücklich genannten Normen wohl in der Mehrzahl der Fälle in Anwendung zu kommen haben, weil sie auch schon vor dem Erlaß des Gesetzes am meisten gang und gäbe waren und auch den thatsächlichen Verhältnissen am ehesten gerecht werden. Die Anordnungen der Gemeindeverwaltungen in Bezug auf die Zuchtstierhaltung, sowie über die Aufbringung der Kosten werden sich in der Regel auf den ganzen Gemeindebezirk zu erstrecken haben. Indeß kann es vorkommen, daß einzelne Viehbesitzer für sich oder zu der Gemeinde gehörige Ortschaften und Weiler eigens ihre Zuchtstiere halten. In solchen Fällen käme dann für die Anordnungen der Gemeindeverwaltung nur der restige Theil der Gemeinde in Betracht, bei welchem es an der erforderlichen Zuchtstierhaltung fehlt; hier sind dann die erwachsenden Kosten nur von den Viehbesitzern dieses Gemeindetheiles aufzubringen. Auch können sich ohne förmliche Genossenschaftsbildung eine Mehrzahl von Viehbesitzern der Gemeinde zu einer dem Gesetze entsprechenden Zuchtstierhaltung vereinigen. In diesem Falle werden die übrigen Viehbesitzer, wenn sie es ohne zu großer Belästigung vermögen, gleichfalls zu einer gemeinschaftlichen Zuchtstierhaltung zu vereinigen sein. Ist dies wegen deren erheblicher Belästigung nicht möglich, und die Benützung der Zuchtstiere der vereinigten Viehbesitzer für die faselbaren Rinder der restigen Viehbesitzer nicht zu erreichen, sei es, daß die ersteren es verweigern oder die Anzahl der faselbaren Rinder zu groß wurde, so hat die Gemeindeverwaltung ohne Rücksicht auf die vereinigten Viehbesitzer über die Gesammtzuchtstierhaltung in der Gemeinde Beschluß zu fassen. (Dr. v. Hauck, die gesetzlichen Verhältnisse bezüglich der Rindviehzucht in Bayern, Bayer. Gemeindezeitung 1891 S. 375.) Aus diesen Darlegungen ergibt sich von selbst, in welcher Weise die Gemeindeverwaltungen gegenüber den in der Gemeinde etwa bestehenden Zuchtstiergenossenschaften, Zuchtvereinen oder ähnlichen Verbänden, welche für ihren Bedarf eigene Faselstiere halten, zu verfahren haben. Die Genossenschaftsbildung soll nach den Ausführungen der kgl. Staatsregierung bei Berathung des Gesetzes (cf. Sten. Ber. S. 387, 396, 404) durch dasselbe im Allgemeinen begünstigt werden. Wenn die Genossenschaft die ganze Gemeinde umfaßt, so ist selbstverständlich für die Sache gesorgt und kann kein Zweifel darüber bestehen. Wenn aber die Genossenschaft nur einen Theil der Gemeinde umfaßt und ein Theil der Viehbesitzer übrig bleibt, so wird es in einem solchen Falle den letzteren anheimzugeben sein, ob sie der Genossenschaft beitreten, oder ob sie einer anderen Gemeinde sich anschließen wollen. Geschieht das, so ist die Sache wieder erledigt und die Genossenschaft wird gar nicht berührt. Wenn aber diesem restigen Theile der Viehbesitzer in einer Gemeinde das Eine oder das Andere absolut nicht möglich ist, dann wird die Gemeindeverwaltung in Erfüllung ihrer Verpflichtungen und zwar im Benehmen mit der Genossenschaft dafür Sorge zu tragen haben, daß für die Haltung eines Zuchtstieres für diesen restigen Theil gesorgt wird. In welcher Weise dies zu geschehen hat, um einen die verschiedensten Interessen befriedigenden Ausgleich herbeizuführen, wird eine einsichtige Gemeindeverwaltung zu reguliren wissen. Nur im äußersten Falle, wenn die Genossenschaft sich ablehnend gegen die übrigen Viehbesitzer verhalten sollte, könnte die Gemeindeverwaltung sich dazu verstehen müssen, ihre Anordnungen ohne Rücksicht auf die Genossenschaft für den ganzen Gemeindebezirk zu treffen.

Die gleichen Verhältnisse würden auch Platz greifen, wenn in einer Gemeinde ein realverpflichteter Gemeindeangehöriger nur für einen Theil der Viehbesitzer, der sog. Gemeinderechtler, die Bullenhaltung zu versehen hat und der restige Theil entweder durch gewährten Anschluß auf dem Wege des freiwilligen Uebereinkommens und wenn dies nicht zu ermöglichen ist, auf dem der Umlagenerhebung mittelst Gemeindebeschluß für eine besondere Faselhaltung zu sorgen hat. Im letzteren Falle kann es vorkommen, daß die realberechtigten Viehbesitzer, deren Zuchtbedürfniß durch die in der Gemeinde bestehende Reallast schon gedeckt ist, dennoch zur Leistung von Umlagen für den neu aufgestellten Zuchtstier herangezogen werden. Nach einem Erkenntnisse des Verw.-Gerichtshofes v. 31. Juli 1890, betr. die Beitragspflicht zu den Kosten eines Zuchtstieres, hier Beschwerde des Oekonomen J. G. von R., stellt die Beitragspflicht realberechtigter Viehbesitzer zum Unterhalte eines weiteren Zuchtstieres eine Verwaltungsrechtssache und keine eigentliche Gemeindeangelegenheit im Sinne des Art. 163 der Gemeindeordnung dar.

7. **Rückständige Beiträge** (Sprunggelder, Umlagen und sonstige Reichnisse) für die Faselhaltung durch die Viehbesitzer sind nach den Erklärungen der k. Staatsregierung in der Abgeordnetenkammer (Sten. Ber. S. 387) wie **rückständige Gemeindeumlagen** nach

Maßgabe der Art. 48 und 57 der diesrheinischen Gemeindeordnung, beziehungsweise Art. 38 Abs. 2 der pfälzischen Gemeindeordnung durch die Gemeindeverwaltung beizutreiben. In diesem Sinne hat sich auch eine Entscheidung des k. Verwaltungsgerichtshofes v. 11. August 1883 (Samml. v. Entsch. Bd. IV S. 426) ausgesprochen. Dies Verfahren wird beim Vollzuge des Art. 2 Abs. 2 des Gesetzes in gleicher Weise zu beobachten sein.

Eine solche Behandlung trifft also zu für Faselhaltungen, welche nach gemeindeamtlichem Beschluß durch die Statuirung von Sprunggeldern und anderen Umlagen unterhalten werden. Anders verhält es sich bei den Rechtsansprüchen, welche sich aus der freien Vereinbarung der Viehbesitzer, also ohne daß es zu einem Eingreifen der Gemeindeverwaltung bei der Festsetzung der gemeindlichen Faselverhältnisse gekommen ist, ergeben können. Nach einem Erkenntnisse des Verwaltungsgerichtshofes vom 28. November 1890, betreffend die Haltung des Zuchtstieres zu Wöllerbach, Gemeinde Gottfriedsreuth, ist die freie Vereinbarung der Viehbesitzer nicht geeignet, öffentlich rechtlich verfolgbare Verpflichtungen der Viehbesitzer zu erzeugen. Sie fällt vielmehr unter die civilrechtlichen nur von den Gerichten verfolgbaren Bestimmungen über Verträge. Daraus folgt, daß auch civilrechtlich nur diejenigen Viehbesitzer belangt werden können, welche der Vereinbarung zugestimmt haben. Die freie Vereinbarung berührt also das öffentliche Recht nicht weiter, als daß sie von demselben zur Erfüllung einer in ihm begründeten Verbindlichkeit zugelassen und anerkannt wird. Die freiwillige Vereinbarung soll die Regel bilden, für diese setzt aus naheliegenden Gründen das Gesetz keinen Modus fest; kommt eine solche nicht zu Stande, so ist der Art. 2 Abs. 2 maßgebend, der die Erhebung von Sprunggeldern und Umlagen einräumt. Nach demselben erlangt dann die Sache einen allgemeinrechtlichen, gemeindeamtlichen Charakter. Dieser Weg im Sinne des Absatzes 2 des Art. 2 wird auch dann einzuschlagen sein, wenn nicht alle Viehbesitzer einer politischen oder Ortsgemeinde zu einer Vereinbarung gebracht werden können, sei es, daß sie zu den Versammlungen der Viehbesitzer nicht erscheinen oder eine Erklärung verweigern oder widersprechen. Ein weiteres Auskunftsmittel wäre noch, wenn die nicht Zustimmenden nur wenige sind, denselben die Zulassung zum Zuchtstiere von der Gewährung eines erhöhten Sprunggeldes abhängig zu machen.

8. Nachdem die Anordnung von Umlagen im Sinne der Art. 55 und 40 der beiden Gemeindeordnungen nur der Gemeindeverwaltung eingeräumt ist, so ist auch die **Beitreibung** derselben ein nothwendiger Bestandtheil des gemeindlichen Verfahrens. Es würde im Vergleiche zu diesen Bestimmungen einer Neuerung gleichgekommen sein, würde man den Viehbesitzern eingeräumt haben, daß für die Beitreibung ihrer Ausschläge bei der freiwilligen Vereinbarung das für Gemeindeumlagen eingerichtete Verfahren (Art. 48 bez. 38 der Gemeindeordnung)

Platz greife. (Samml. d. Entsch. d. Verw.-Ger. Bd. XII 1891 S. 116.) Nach der Rechtsprechung des Verwaltungsgerichtshofes fallen daher Streitigkeiten unter Viehbesitzern einer Gemeinde oder Ortschaft aus freien Vereinbarungen, die dieselben im Sinne des Art. 2 Abs. 1 d. Ges. vom 5. April 1888 ohne Einleitung des in Abs. 2 bezeichneten Verfahrens bezüglich der Zuchtstierhaltung unter einander getroffen haben, nicht unter die Bestimmung des Art. 7 Abs. 2 des angeführten Gesetzes.

9. Sobald die Zwangsvorschriften des Gesetzes zur Anwendung kommen, bestehen die Rechte der Viehbesitzer (d. i. der innerhalb eines zur Zuchtstierhaltung abgegrenzten Bezirkes, einer politischen Gemeinde oder Ortsgemeinde oder Verbindung von solchen wohnenden Personen, welche über ein Jahr alte weibliche Rinder besitzen) nur darin, einen Viehbesitzerausschuß von drei bis fünf Mitgliedern aus ihrer Mitte zu wählen; hiebei ist es ihnen unbenommen, vor der Wahl die Anzahl der Viehbesitzerausschußmitglieder aber nicht unter drei und nicht über fünf festzustellen, möglicherweise noch durch einen mit allseitiger Zustimmung gefaßten Beschluß den Kostendeckungsmaßstab zu bestimmen und das Beschwerderecht auszuüben.

Der Viehbesitzerausschuß hat nun das Recht, aber auch die Pflicht, vor der Beschlußfassung der Gemeindeverwaltung über die Zahl der zu haltenden Zuchtstiere, über Verpflegung und Verwendung derselben und über die Beitragsleistung der einzelnen Viehbesitzer zur Zuchtstierhaltung sein Gutachten abzugeben.

In einem Erkenntniß des V.-G.-H. vom 12. Juli 1895 die Beschwerde des Gutspächters Frz. Fischer in Giebelstadt gegen den Beschluß des Bezirksamts Ochsenfurt wegen Heranziehung zu den Kosten der gemeindlichen Zuchtstierhaltung wurde der angefochtene Beschluß dahin abgeändert, daß F. öffentlich rechtlich nicht verpflichtet sei, zu den fraglichen Kosten beizutragen. Nach den Entscheidungsgründen hat der Viehbesitzerausschuß in vorwürfiger Angelegenheit in gesetzlich unzulässiger Weise an Stelle des allein zur Beschlußfassung und Ausführung von Beschlüssen zuständigen Gemeindeausschusses die dem gemeindlichen Organe obliegenden Geschäfte besorgt, in Folge dessen die betreffenden Beschlüsse und Anordnungen für die Viehbesitzer nicht rechtsverbindlich sind, da eine derartige Geschäftsübertragung überhaupt nicht zulässig ist. Daher kann auch ein öffentlich rechtlicher Anspruch gegen Beschwerdeführer auf Beitragsleistung nicht geltend gemacht werden. Es war hienach ohne weiteres Eingehen auf die weiteren Beschwerdepunkte der bezirksamtliche Beschluß im Sinne des Beschwerdeantrags abzuändern.

Vgl. noch Ziffer 5 und 6 der Vollzugsinstruktion.

Art. 3.

Die betheiligten Viehbesitzer mehrerer benachbarter Gemeinden können sich im Wege freier Vereinbarung zu gemeinsamer Haltung der erforderlichen Zuchtstiere vereinigen.

In Ermanglung einer solchen Vereinbarung können dieselben zu dem bezeichneten Zwecke durch übereinstimmende Beschlüsse der Gemeindeverwaltungen nach Einvernahme der Viehbesitzerausschüsse vereinigt werden.

Die Vertheilung der für die gemeinschaftliche Zuchtstierhaltung erwachsenden Kosten unter die betheiligten Gemeinden erfolgt durch Vereinbarung der betreffenden Gemeindeverwaltungen nach Einvernahme der Viehbesitzerausschüsse, in Ermanglung einer solchen Vereinbarung nach Verhältniß des faselbaren Rindviehstandes.

Die Aufbringung der Kostenantheile innerhalb der einzelnen Gemeinden erfolgt nach Maßgabe der Bestimmungen des Art. 2.

Erläuterungen: 1. Es kann hin und wieder vorkommen, daß die Viehbesitzer kleiner Gemeinden für sich allein außer Stande sind, ihrer Aufgabe in Ansehung der Zuchtstierhaltung ohne unverhältnißmäßige Ueberbürdung nachzukommen. Art. 3 beabsichtigt daher, die Möglichkeit der Vereinigung mehrerer Gemeinden zu gemeinsamer Zuchtstierhaltung, sei es durch freie Vereinbarung aller Betheiligten oder durch übereinstimmende Beschlüsse der betreffenden Gemeindeverwaltungen anzubahnen. Die Ausübung eines aufsichtlichen Zwanges zur Vereinigung ist nach dem Wortlaute des Art. 3 als ausgeschlossen zu erachten. (Motive.)

Der Art. 3 wendet die in Art. 2 statuirten Bestimmungen auf die Vereinigung mehrerer Gemeinden zu einer gemeinsamen Zuchtstierhaltung an. Es haben also die dort für Einzelhaltungen gegebenen Aufschlüsse auch für die combinirten d. h. auf mehrere Gemeinden oder Ortschaften sich erstreckenden Haltungen sinngemäße Anwendung zu finden. Demnach ist auch hier die freiwillige Vereinbarung der betheiligten Viehbesitzer vorgesehen; im Falle eine solche nicht zu Stande kommt, wäre durch übereinstimmenden, von jeder Gemeindeverwaltung besonders zu fassenden gemeindeamtlichen Beschluß der einzelnen betheiligten Gemeinden die Vereinigung herbeizuführen, während die Art der Aufbringung der Kosten (Sprunggelder und Umlagen neben ev. weiteren Reichnissen nach Art. 6 d. G.) durch Vereinbarung der betheiligten Gemeindeverwaltungen festzusetzen ist. Die freiwillige Vereinbarung erfordert auch hier die allseitige Zustimmung der Viehbesitzer einer Gemeinde, so daß die Gemeindeverwaltungen nach Art. 2 Abs. 2 des Gesetzes zu verfahren hätten, wenn auch nur ein Viehbesitzer nicht zustimmen würde.

2. Als betheiligte Gemeinden sind im Sinne des Gesetzes nach den Erklärungen der Staatsregierung die Gesammtheit der Viehbesitzer jeder betheiligten Gemeinde zu verstehen. (Sten. Ber. Beil. 84 S. 626.)

Wenn benachbarte Gemeinden (d. h. wohl politische, da die Vereinigung von Ortsgemeinden derselben politischen Gemeinde nur einen Zuchtstierbezirk bildet) zu einer Zuchtstierhaltung sich vereinigt haben, so ist es nach dem Gesetze in Abs. 2 des Art. 3 zulässig und auch ratsam, daß die Gemeindeverwaltungen, wenn sie einzugreifen haben, oder die freiwillig sich vereinigenden Viehbesitzer zugleich eine Vereinbarung über die Beitragspflicht jeder Gemeinde zu den Kosten der Zuchtstierhaltung treffen, sonst hat jede Gemeinde nach der Zahl der faselbaren Rinder beizutragen. Der Ausschlag in der einzelnen Gemeinde erfolgt dann entweder durch einstimmigen Beschluß der Viehbesitzer derselben oder durch Beschlußfassung der Gemeindeverwaltung, wie solche zu erfolgen hat für Zuchtstierbezirke der eigenen Gemeinde. (Dr. v. Hauck, l. c. S. 380.)

3. Die Anwendung aufsichtlichen Zwanges zur Vereinigung mehrerer Gemeinden für die Zwecke der Zuchtstierhaltung ist nach der Vollzugsvorschrift (Ziff. 8) unstatthaft. Hinsichtlich des Rayons und der Ausdehnung solcher mehrere benachbarte Gemeinden umfassenden Körbezirke ist nach dem Gesetze an bestimmte Grenzen nicht fixirt. So steht kein Hinderniß im Wege, wenn eine in einem anderen Verwaltungsdistrikt, welcher auch einen eigenen Kördistrikt bildet, sich nicht an den zuständigen, sondern an eine Gemeinde, welche in jenem gelegen ist, mit der Zuchtstierhaltung anschließt. Solchem Anschluß steht weder der Wortlaut des Art. 3 noch die Vorschrift in § 8 Abs. 4 der Vollzugsverordnung entgegen. Nur die Regulierung hinsichtlich der Giltigkeit der Körscheine hat zu erfolgen. Die Giltigkeitserklärung des Körscheines ist räumlich begrenzt und kann dieselbe in keinem Falle über den Rayon des Kördistrikts hinaus ausgedehnt werden, wenigstens nicht von dem für denselben nicht zuständigen Körausschuß. Es wäre daher in jenen Fällen, in welchen die Zuchtbullen für Gemeinden, welche verschiedenen Verwaltungs- oder Kördistrikten angehören, zur Benutzung bestimmt sind, die Körung auch von den verschiedenen Körausschüssen vorzunehmen. Selbstredend dürfen die Körausschußmitglieder nur in jenen Ausschüssen als Sachverständige fungiren, für welche sie vom betreffenden Distrikt beziehungsweise von der betr. Gemeinde bestimmt sind. Eine weitergehende Verwendung außerhalb dieses Rayons, z. B. etwa um Kosten zu ersparen in Hinsicht auf Zuziehung der weiter entfernt wohnenden des anderen Distrikts, wäre hier sowohl wie in allen anderen Fällen unzulässig. Sollte der zwar seltsame aber immerhin mögliche Fall eintreten, daß der Zuchtbulle einer solch combinirten Haltung für den einen Distrikt angekört und für den anderen aber abgekört würde, so darf derselbe für den letzteren zur Bedeckung nicht zugelassen

werden. (Vgl. auch oberstrichterliches Erkenntniß des k. Oberlandesgerichts München vom 12. Januar 1895 in der Sache gegen M. F. v. H. wegen Uebertretung des Körgesetzes, Amtsblatt des k. Staatsminist. d. J. S. 6.) Das faselbare Vieh der einen Gemeinde kann bei gemeinsamer Haltung zur Deckung in eine andere innerhalb des gleichen Kördistriktes oder auch in eine solche außerhalb dieses Distriktes nur dann geführt werden, wenn in dem Körschein diese Gemeinde ausdrücklich für die Benutzung vorgesehen ist und daher der betr. Bulle im letzteren Falle auch noch der Körung für den auswärtigen Distrikt unterstellt worden ist. Denn die Ankörung ist nach dem obigen Erkenntnisse keine unbedingte, allgemein giltige, es ergibt sich auch aus Art. 1 Abs. 3, worin der Grundgedanke des Gesetzes, die Stärkung und Erhaltung der heimischen Viehschläge, ausgesprochen ist — Verhandlungen der Kammer der Abgeordneten 1887/88 Beil. I. S. 624 —. Es ist hienach bei der Aufstellung der Zuchtstiere einerseits auf eine entsprechende Rasse der Zuchtstiere und andrerseits auf die in der Gemeinde vorherrschenden Viehschläge Rücksicht zu nehmen, diese Rücksichtnahme aber findet ihren Ausdruck im Körschein, der nach Art. 9 Abs. 4 (cf. denselben) nur für den darin bezeichneten Bezirk Geltung hat und die Motive rechtfertigen dies ausdrücklich damit, daß bei der Körung nicht blos die Zuchttauglichkeit der betreffenden Stiere im Allgemeinen, sondern insbesondere auch deren Tauglichkeit mit Rücksicht auf die im betreffenden Bezirke vorherrschenden Viehschläge zu prüfen sei. (Vgl. indeß auch autograph. Entschließung des k. Staatsministeriums des Innern vom 17. Juni 1889.) Die Bestimmungen in Artikel 3 können jedenfalls auch als eine vom Gesetzgeber gewährte Erleichterung aufgefaßt werden, welche darin besteht, daß bei gemeinsamer Betheiligung von Seite mehrerer Gemeinden die Zuchtstierhaltung oftmals eher ermöglicht wird, als wenn solche nur auf eine einzige mit weniger zahlreichem Faselbestande angewiesen werden muß. Im Uebrigen hat auch hier wie bei der Einzelhaltung die Ermittlung des weiblichen Faselviehes und die Feststellung der Anzahl der aufzustellenden Zuchtstiere zunächst durch die Viehbesitzer, in zweiter Linie durch die Gemeindeverwaltungen und endgiltig durch die Staatsaufsichtsbehörden zu erfolgen.

4. Nach dem Gesetze wird bei der Verpflichtung der Viehbesitzer zur Faselhaltung der Nachweis ihrer Leistungsfähigkeit nicht verlangt. Nach einer Entscheidung des Verwaltungsgerichtshofes vom 14. März 1892, betr. die Zuchtstierhaltungen in den Gemeinden J. K. M. und R. könnte die Leistungsfähigkeit daher nur als Richtpunkt für die von den Behörden der aktiven Verwaltung zu bemessenden Anordnungen in Betracht kommen und entzieht sich daher der Würdigung des k. Verwaltungsgerichtshofes.

Nach einem Erkenntniß des Verwaltungsgerichtshofes vom 29. November 1895, betr. die Beschwerde des Stadtmagistrates Eschenbach gegen das Bezirksamt Gunzenhausen wegen Ansprüche gegen die Gemeinde Reutern aus der gemeinsamen Zuchtstierhaltung, liegt bei combinirter Haltung kein privates Uebereinkommen zwischen den betheiligten Viehbesitzern über die Haltung von Zuchtstieren vor, sondern eine gemeindebehördliche Regelung dieser Angelegenheit im Sinne der Art. 3 und 7 des Gesetzes vom 5. April 1888 über die Haltung und Körung von Zuchtstieren. Vom Bezirksamte waren die Ansprüche des Stadtmagistrates wegen mangelnder Zuständigkeit der Verwaltungsbehörden zur Entscheidung an die Civilgerichte verwiesen worden. Der Verwaltungs-Gerichtshof erklärte nach Lage der Sache eine öffentlich-rechtliche Streitfrage gegeben, worüber nicht die Civilgerichte, sondern der Verwaltungsgerichtshof zu entscheiden habe und wies unter Aufhebung des Beschlusses des Bezirksamtes diese Stelle an, nach entsprechender Ergänzung der gepflogenen Erhebungen sachlichen Bescheid über den vom Beschwerdeführer erhobenen Anspruch zu erlassen.

Vgl. noch Ziff. 7 und 8 der Vollzugsinstruktion.

Art. 4.

Einzelne Viehbesitzer, welche die für ihren eigenen Viehstand erforderlichen, zur Zucht tauglichen Stiere selbst halten und hierüber Nachweis beibringen, sind von der Verpflichtung zur Theilnahme an der gemeinschaftlichen Zuchtstierhaltung befreit.

Die Gemeindeaufsichtsbehörden sind befugt, unter besonderen örtlichen Verhältnissen, insbesondere wo Alpenbetrieb oder Vereinödung vorherrschen, nach Einvernahme von Sachverständigen die Viehbesitzer einzelner Ortschaften von der Verpflichtung der gemeinschaftlichen Zuchtstierhaltung zu entbinden.

Erläuterungen: 1. Der Artikel 4 hatte im Entwurfe die Fassung, daß diejenigen Viehbesitzer, welche die für ihren eigenen Viehstand erforderlichen Zuchtstiere selbst halten, ohne weitere Einschränkung, also ohne hierüber besonderen Nachweis in Hinsicht auf Tauglichkeit zu erbringen, Befreiung von der Theilnahme an dem gemeinschaftlichen Aufwand für die Zuchtstierhaltung in Anspruch nehmen können.

Die Motive sagen hiezu: „Es dürfte der Billigkeit entsprechen, demjenigen Viehbesitzer, welcher die für seinen eigenen Viehstand erforderlichen Zuchtstiere selbst hält, das Recht auf Befreiung von der Verpflichtung zur Theilnahme an der gemeinschaftlichen Zuchtstierhaltung bezw. an den Kosten derselben einzuräumen.

Auf dieser Erwägung beruht Art. 4 Abs. 1 des Entwurfes. Auf diejenigen Fälle, in welchen mehrere Viehbesitzer gemeinschaftlich einen Zuchtstier halten, bezieht sich diese Bestimmung nicht.

Außerdem können da und dort, namentlich bei Alpenbetrieb und Vereinödung, besondere örtliche Verhältnisse bestehen, welche es als billig erscheinen lassen, die Viehbesitzer einzelner Ortschaften, welche außer Stande sind, von dem gemeinschaftlichen Zuchtstiere Gebrauch zu machen, von der Theilnahme an den Kosten der gemeinschaftlichen Zuchtstierhaltung zu entbinden. Nach der Vorlage des Art. 4 Abs. 2 soll dies dem billigen Ermessen der Gemeindeaufsichtsbehörde in Würdigung aller einschlägigen Verhältnisse und nach Einvernahme von Sachverständigen, wobei in erster Linie das Bezirkskomitee des landwirthschaftlichen Vereins in Betracht kommen wird, anheimgestellt sein. Daß in solchen Fällen der Beschlußfassung der Aufsichtsbehörde auch die Einvernahme der treffenden Gemeindeverwaltung und des Viehbesitzerausschusses voranzugehen hat, darf wohl als selbstverständlich bezeichnet werden."

2. Dem Rechte des einzelnen Viehbesitzers auf Befreiung von der Verpflichtung zur Theilnahme an der gemeinschaftlichen Zuchtstierhaltung steht die Verpflichtung gegenüber, daß derselbe einen wenigstens für seine Zucht oder seinen Stall tauglichen Zuchtstier effektiv besitzt. Er seinerseits hat den Nachweis zu liefern, daß diese Tauglichkeit vorhanden ist, nicht umgekehrt die Gemeinde oder die Genossenschaft, welche sich in derselben gebildet hat, hat den Beweis der Untauglichkeit zu führen. Die Tauglichkeit des Zuchtstieres wird hier nicht von so weitgehenden Anforderungen abhängig zu machen sein, als bei der gemeindlichen (öffentlichen) und für einen weiteren Kreis bestimmten Haltung. Es genügt für den Zweck, wenn der Besitzer den Nachweis liefert, daß der Zuchtstier wenigstens für seinen Stall tauglich ist, den wirthschaftlichen Anforderungen für seinen Viehbestand entspricht und gerecht wird.

In welcher Weise dieser Nachweis geliefert wird, sagt das Gesetz nicht; es ist dies zunächst dem Zuchtstierbesitzer anheimgegeben, dann aber auch Sache der Gemeinde, beziehungsweise der staatlichen Aufsichtsbehörden, auf welche Weise sie einen Beweis hiefür als erbracht ansehen. In den meisten Fällen wird bei den Einzelhaltungen der Privatzuchtstiere der Nachweis überhaupt gar nicht gefordert werden, sondern die Gemeinde wird sich zufrieden geben, nachdem sie den Bullen kennt und weiß, daß derselbe zuchttauglich ist und daß er den Anforderungen des Gesetzes entspricht. Sollte aber ein weitergehender Nachweis gefordert werden und sollten sich Differenzen hinsichtlich desselben ergeben, so entscheidet zunächst die Distriktsverwaltungsbehörde darüber. Unzuläßige Belästigungen sind hiebei ausgeschlossen. Der Zweck der Bestimmung ist lediglich der, eine Umgehung des Gesetzes hintanzuhalten. (Verh. der K. d. R.-R. Bd. II, Nr. 9 S. 51, 1888.)

Der Nachweis wird demnach auf verschiedenfache Weise geliefert werden können. Zunächst liegt auf der Hand, daß, wenn die Kühekonskription, also die Aufnahme des weibl. Faselviehbestandes, stattfindet, der Besitzer eines eigenen Zuchtstieres der hiemit betrauten Kommission dies mittheilt und gleichzeitig beantragt, daß seine Viehstücke nicht in der Liste aufgenommen werden, weil er ja selbst einen tauglichen Stier hat. Der nächste Erfolg wird sein, daß die Aufnahmekommission oder die Gemeindeverwaltung oder Vorstandschaft einer Genossenschaft, welche sich mit der Frage befaßt, sich vergewissert, ob der Zuchtstier tauglich ist oder nicht. Nimmt sie an, er ist tauglich, dann ist die Sache erledigt; überzeugt sie sich aber vom Gegentheil und sagt, das ist blos ein Scheinzuchtstier, dann muß der Betreffende ihr nothwendig einen bessern Beweis bringen oder es wird zu einem Streitfalle kommen. Allein dieser wird nicht vor dem Civilrichter, sondern vor den Verwaltungsbehörden ausgetragen. Wird also die Zuchttauglichkeit des privaten Stieres nicht anerkannt, so geht die Beschwerde an das Bezirksamt. Dieses hat Beweis zu erheben, und da genügt nur ein vollständiger Beweis der Zuchttauglichkeit. Es wird sich zunächst an den Körausschuß wenden und vom Bezirksamte aus ginge dann die Sache an den Verwaltungsgerichtshof. Dieser kann zwar nicht selbst Beweis erheben vor dem Gerichtshof, aber er kann Beweiserhebung anordnen und da kann der Kreisthierarzt und möglicher Weise auch der Landesthierarzt als Sachverständiger vernommen werden. Rede des Abgeordneten Dr. v. Hauck. (Sten. Ber. II. Bd. 1888 S. 441.)

3. Gemäß Art. 8 des Gesetzes dürfen zur Bedeckung fremder Kühe und Kalbinnen nur solche Zuchtstiere verwendet werden, welche durch den Körausschuß als zur Zucht tauglich anerkannt (angekört) sind. Insoweit jedoch lediglich die Befreiung von der Umlage für die gemeinschaftliche Zuchtstierhaltung in Frage kommt und die betreffenden Zuchtstiere zur Bedeckung fremder Thiere nicht verwendet werden wollen, kann der Beweis der Zuchttauglichkeit auch auf andere Weise geliefert werden. (Erk. d. Verw.-Gerichtshofes v. 15. März 1891, betr. die Beitragspflicht des Mühlbesitzers J. M. von der R.-Mühle in der Gem. M. B. A. Kaiserslautern.)

Es wäre daher wohl der Fall denkbar, daß sogar ein vom Körausschuß abgekörter und demnach als untauglich erklärter Zuchtstier unter Umständen dazu geeignet sein könnte, den Besitzer von den Umlagen zur Zuchtstierhaltung zu entbinden. Dieser Fall wäre dann gegeben, wenn in anderer maßgebender Weise die Zuchttauglichkeit des Bullens entgegen dem Gutachten des Körausschusses erbracht wird. In welcher Weise dies geschehen kann, wurde bereits oben erwähnt, außerdem wäre hiebei noch der thatsächliche Nachweis, daß der betreffende Besitzer den Bullen effektiv und mit Erfolg zur Bedeckung seines eigenen Viehstandes verwendet, daher die gemeindliche Faselhaltung in keiner Weise in Anspruch zu nehmen genöthigt ist, und überdies das

Gutachten des Körausschusses als auf subjektiver Anschauung beruhend und den thatsächlichen Verhältnissen nicht entsprechend sich erweist.

Ziff. 9 der Vollzugsinstruktion sagt, daß der Nachweis der Zuchttauglichkeit vom Gesetze zu dem Zwecke gefordert ist, um zu verhindern, daß sich einzelne Viehbesitzer der Verpflichtung zur Theilnahme an der gemeinschaftlichen Zuchtstierhaltung dadurch entziehen, daß sie Stiere aufstellen, welche entweder noch nicht sprungfähig oder nach ihrer sonstigen Beschaffenheit zur Zucht ungeeignet sind. In der Freiheit der Wahl der Rasse soll der Besitzer hiedurch nicht beschränkt werden.

Gerade diese letztere Bestimmung, welche für die Beurtheilung durch den Körausschuß im Hinblick auf Art. 1 Abs. 3 des Gesetzes, Ziff. 17, Abs. 4, 5 und 6 der Vollzugsinstruktion keineswegs bindend ist, im Gegentheil eher eine Modifikation erleiden wird, läßt die Auffassung zu, daß ein vom Körausschuß abgekörter Bulle eines Privatzuchtstierhalters gleichwohl noch für diesen als tauglich sich erweisen kann, weil hier die weitgehenden Anforderungen in Hinsicht auf Rasse, Körperform, Alter 2c., wie solche bei den öffentlich zur Zucht für Gemeinden oder Genossenschaften aufgestellten Bullen gestellt werden müssen, nicht immer Platz zu greifen haben. Auf eine Anfrage hin, wie es sich mit der Ankörung solcher nur dem Zuchtzwecke eines einzelnen Viehhalters dienenden Zuchtstiere, mit Bezug auf die in Art. 1 Abs. 3 geforderte Beeigenschaftung des anzukörenden Stieres zu dem in der Gemeinde vorherrschenden Viehschlage verhalte, wurde von Seite der k. Staatsregierung dahin Aufschluß gegeben, daß bei Ankörung solcher Stiere den Zuchtverhältnissen des einzelnen Viehhalters Rechnung zu tragen ist. (Beil. 84 S. 627, Kommissionsbericht.) Ist daher der Stier für das Vieh seines Eigenthümers, aber nicht für die im Allgemeinen vorhandene Rasse der Gemeinde tauglich, so ist der Körschein auf das entsprechende Vieh zu beschränken.

Vgl. noch die weiteren Bestimmungen in Ziff. 9 der Vollzugsinstruktion zum Körgesetze.

Ein Antrag in Art. 4 Abs. 1 am Schlusse beizufügen: „Den gleichen Anspruch haben die Mitglieder von Zuchtstiergenossenschaften" wurde seitens der Abgeordnetenkammer abgelehnt. (Vgl. die Sten. Ber. S. 396, 408 I. Bd. 1887.)

4. Nach Abs. 5 Ziff. 9 der Vollzugsinstruktion findet jedoch Art. 4 Abs. 1 des Gesetzes inhaltlich der Motive auf jene Fälle keine Anwendung, in welchen mehrere Viehbesitzer für ihre (nicht gemeinschaftlichen) Viehbestände gemeinsam einen Zuchtstier halten.

Umgekehrt muß die Vergünstigung nach Maßgabe des Gesetzes eingeräumt werden, wenn ein und derselbe Wirthschaftsbetrieb im Besitz von mehreren Eigenthümern stehet; denn in einem solchen Falle werden Zuchtstiere und weibliches Faselvieh gemeinsam gehalten, stehen somit in gemeinschaftlichem Eigenthume.

5. Die Entbindung von den Umlagen zur Zuchtstierhaltung kann, im Falle der Nachweis der Tauglichkeit des Bullen erbracht ist, nicht so unbedingt und für alle Fälle geschehen. Ein solches Verfahren greift stets in die Regelung eines gemeindlichen Zuchtstierwesens ein und muß daher gleichzeitig mit jenem geordnet und berücksichtigt werden. Hiezu gehört in erster Linie, daß der Besitzer von dem Selbsthalten von Zuchtstieren an die Gemeindeverwaltung rechtzeitig Anzeige erstattet. Ein willkürlicher Zeitpunkt kann hier nicht gewählt werden, derselbe muß, wie oben bereits ausgeführt wurde, mit jenem zusammenfallen, an welchem die Zählung des weiblichen Faselbestandes und somit die Bestimmung hinsichtlich der Zahl der aufzustellenden Zuchtstiere in einer Gemeinde oder Genossenschaft stattfindet, weil hier auch über den Aufwand für die Haltung mit zu beschließen ist. Demnach hat der Besitzer vor der Bestimmung der für die Viehzucht in der Gemeinde erforderlichen Stiere Anzeige zu erstatten, damit dieselbe hienach die Zahl der aufzustellenden Bullen bemessen kann und Veranlassung findet, die von einzelnen Viehbesitzern aufgestellten Stiere zu besichtigen und nöthigenfalls einen besonderen Nachweis darüber einzufordern, ob dieselben für den betreffenden Viehstand genügend und zuchttauglich sind. Sollten sich hierüber Differenzen ergeben, so kann erst bis zum völligen Austrage derselben die Sache endgiltig geregelt werden.

Der Verwaltungsgerichtshof hat sich in einer Entscheidung vom 31. Juli 1892 jener Auffassung der Vorinstanz angeschlossen und dieselbe als der Absicht des Gesetzes entsprechend erkannt. Denn wenn es auch — namentlich im Hinblicke auf die Entstehungsgeschichte des Art. 4 Abs. 1 des Gesetzes — als irrthümlich bezeichnet werden müßte, anzunehmen, daß das Gesetz den Viehbesitzern mit eigener Bullenhaltung einen förmlichen Anspruch auf Befreiung von der Verpflichtung zur Theilnahme an der gemeindlichen Zuchtstierhaltung in der Weise habe einräumen wollen, daß derselbe besonders geltend zu machen und vorweg mit dem Nachweise der Genügendheit und Zuchttauglichkeit der Privat-Zuchtstiere zu belegen und zu begründen sei, so setzt doch das Gesetz, indem es jene Befreiungen unter gewissen Voraussetzungen zugesteht, unzweifelhaft voraus, daß von der Absicht, einen eigenen Zuchtstier zu halten, die Gemeindeverwaltung Kenntniß und zwar so rechtzeitig erhalte, daß sie vor der alljährlichen Ordnung der Zuchtstierhaltung den Bedarf an den für die Gemeinschaft erforderlichen Zuchtstieren bemessen könne. Andrerseits lassen aber weder der Wortlaut des Gesetzes noch die Auslegungsbehelfe die Auffassung zu, daß mit jener Anzeige sofort auch der betreffende Nachweis beizubringen sei; es muß vielmehr der Gemeindeverwaltung überlassen werden, sich entweder durch persönliche Einsichtnahme von Seite ihrer Mitglieder die Kenntniß von den gesetzlich geforderten Eigenschaften seiner Zuchtstiere zu verschaffen oder aber dem Besitzer die Beibringung des betreffenden

Nachweises aufzugeben. (Vgl. Verhandl. der Kammer der Abg. 1887/88 Sten. Ber. Bd. II S. 440 f. und Verh. d. K. d. R. Protokollband II S. 56.)

5. Nach Abs. 2 dieses Artikels und den oben erwähnten Gesetzmotiven können auch Alpenbetrieb oder Vereinödung dazu geeigenschaftet sein, die Viehbesitzer von der gemeinschaftlichen Zuchtstierhaltung zu befreien.

Beim Alpenbetrieb befinden sich regelmäßig eine größere Anzahl von Kühen nebst Zuchtstier während des ganzen Sommers auf fernen Gebirgsweiden, wodurch schon naturgemäß für diese Zeit eine Benützung des in der Gemeinde befindlichen Zuchtstieres ausgeschlossen ist. Bei nachweisbarer Tauglichkeit (im Sinne der zuständigen Gemeindeverwaltung) des bei der Heerde befindlichen Zuchtstieres fallen solche Alpenheerden ohnedies unter Art. 4 Abs. 1. Es fragt sich dabei nur, ob ein solcher Alpenbesitzer auch von der Ankörung seines Zuchtstieres befreit ist, wenn er, was öfter vorkommt, einzelne fremde Kühe auf seine Alpe mitnimmt. Wenn man unter dem Ausdruck „Viehbesitzer" den Begriff von Besitz im weitesten Sinne versteht, wird eine Ankörung nicht erforderlich sein, weil der Alpeninhaber durch den Zutrieb der betreffenden Kühe auf seiner Alpenweide für längere Zeit in einen gewissen Besitz derselben gelangt. Legt man aber das Hauptgewicht auf den Ausdruck „fremde Kühe" des Art. 8, so ist die Ankörung erforderlich, nachdem die zugetriebenen Kühe immerhin im Eigenthum des Zutreibenden und in diesem Sinne gegenüber dem Alpenbesitzer fremde bleiben. Es ist daher rathsam, unter den gegebenen Verhältnissen den Zuchtstier ankören zu lassen, weil es unsicher ist, welcher Anschauung das im concreten Falle zuständige Strafgericht sein wird. Bei genossenschaftlichem Alpenbetrieb, bei welchem mehrere Viehbesitzer einer oder aus verschiedenen Gemeinden, ja selbst mehrere Gemeinden gleichzeitig betheiligt sind, ist die Ankörung der Zuchtstiere ohnedies erforderlich.

Es kann nun in einer Gemeinde der Alpenbetrieb ein so ausgedehnter sein, daß die Besitzer der zurückbleibenden Kühe nicht mehr in der Lage sind, auf ihre gemeinsame Rechnung einen Zuchtstier zu halten. In diesem Falle werden auch diese von einer gemeinsamen Zuchtstierhaltung zu entbinden sein. Selbstredend muß jedoch hier die Ankörung der Zuchtstiere erfolgen, weil solche zur vielseitigen Benutzung, also für fremdes Vieh dienen.

6. Als weiteren Grund der Entbindung von der Verpflichtung zur gemeinschaftlichen Zuchtstierhaltung gibt das Gesetz das Vorherrschen der Vereinödung an. Unter diesem Ausdrucke sind zunächst Gemeinden zu verstehen, welche aus einzelnen in arrondirtem Grundbesitze befindlichen, hiedurch in einzelnen Höfen oder in kleinen Gruppen weit auseinander liegenden Anwesen bestehen, in Folge dessen wegen dieser Entfernungen die Benützung eines gemeinsamen Zuchtstieres wesentlich erschwert ist. Es dürften aber auch nach der Ansicht des Gesetzes solche Einöden als darunter fallend zu betrachten sein, welche wegen weiter Entfernung von der Muttergemeinde den Zuchtstier derselben schwer benützen können, wenn glaubhaft gemacht werden kann, daß in anderer Weise für das Zuchtbedürfniß des Rindviehes auf solcher Einöde gesorgt werden kann z. B. durch Zulassung der Kühe beim Zuchtstier einer fremden günstig gelegenen Gemeinde oder Ortschaft oder eines Einzelbesitzers mit angekörtem Zuchtstiere.

Ein Fall besonderer örtlicher Verhältnisse scheint auch dann vorzuliegen, wenn bei Genossenschaftsbildung ein so kleiner Theil außer der Genossenschaft zurückbleibt, daß man ihm eine gemeinsame Zuchtstierhaltung nicht zumuthen kann, *soferne nur die Genossenschaft gegen entsprechendes Sprunggeld die Kühe dieser Minderheit zu ihren Zuchtstieren zuläßt*; oder diese Minderheit an die Zuchtstierhaltung einer nahegelegenen anderen Gemeinde sich anschließen oder den angekörten Zuchtstier eines unter Art. 4 Abs. 1 fallenden Viehbesitzers benützen kann.

Vor der Beschlußfassung über die Entbindung von gemeinsamer Zuchtstierhaltung soll nach dem Gesetze die Gemeindeaufsichtsbehörde Sachverständige vernehmen; als solche bezeichnet die Vollzugsinstruktion in Ziff. 10 Abs. 2 den beamteten Thierarzt und das landwirthschaftliche Bezirkskomitee, welches nach den revidirten Vereinssatzungen nunmehr die Bezeichnung „landwirthschaftlicher Bezirks-Ausschuß" führt und ordnet ferner die Einvernahme der betreffenden Gemeindeverwaltung und des Viehbesitzerausschusses an. Das Gutachten der Sachverständigen wird sich zu verbreiten haben, ob der gemeinsamen Zuchtstierhaltung besondere Hindernisse entgegenstehen und die Billigkeit, bestehend in Vermeidung zu großer Härten, welche durch strenge Anwendung des Gesetzes entstehen würden, für die Entbindung von gemeinsamer Zuchtstierhaltung spricht; aber auch darüber, daß die Absicht des Gesetzes, nämlich Förderung der Rindviehzucht, durch die Dispensation nicht wesentlich beeinträchtigt wird. Wie das letztere bei Alpenbetrieb vermieden wird, wurde bereits angegeben; bei Vereinödung wird es hauptsächlich durch Gruppenbildung mit gemeinsamen angekörten Zuchtstieren oder durch Anschluß an einen angekörten Zuchtstier eines Privatbesitzers geschehen können.

Es verdient, was übrigens schon aus dem vorher Dargelegten hervorgeht, noch ausdrücklich hervorgehoben zu werden, daß die Entbindung von der Verpflichtung zur gemeinsamen Zuchtstierhaltung nach dem klaren Wortlaute des Art. 4 Abs. 2 im Zusammenhalt mit Art. 8 des Gesetzes durchaus keine Entbindung von der Pflicht der Ankörung der Zuchtstiere enthält, wenn diese zur Bedeckung fremder Kühe verwendet werden. (Dr. v. *Hauck*, die gesetzlichen Verhältnisse der Rindviehzucht in Bayern, Bayer. Gemeindeztg. Jahrgang 1891 S. 35 und f.)

Vgl. noch Ziff. 9 und 10 der Vollzugsinstruktion.

Art. 5.

Der Gemeindeverwaltung ist unter der in Art. 2 Abs. 2 bezeichneten Voraussetzung unbenommen, die Zuchtstierhaltung, soferne sie dieselbe nicht für Rechnung der betheiligten Viehbesitzer in eigener Verwaltung besorgen will, durch Vertrag an verlässige Viehzüchter der Gemeinde zu vergeben. Die abwechselnde Uebertragung an die einzelnen Viehbesitzer (Turnushaltung), sowie die Versteigerung an den Mindestnehmenden, soferne letzterer nicht volle Gewähr für eine entsprechende Zuchtstierhaltung bietet, sind unstatthaft.

Erläuterungen: **1.** Soweit die Gemeindeverwaltung gemäß Art. 2 Abs. 2 überhaupt berufen ist, sich mit der Anordnung der Zuchtstierhaltung zu befassen, ist es ihrem Ermessen überlassen, ob sie dieselbe auf Rechnung der betheiligten Viehbesitzer in eigener Verwaltung besorgen oder im Vertragswege an verlässige Viehbesitzer vergeben will.

Die sogenannte Turnushaltung (Reihumhalten) der Zuchtstiere, sowie die Versteigerung der Zuchtstierhaltung an den Mindestnehmenden haben sich durch vieljährige Erfahrung als schädlich erwiesen; es möchte sich daher empfehlen, erstere auszuschließen, letztere aber nur mit dem Vorbehalte zu gestatten, daß dem Mindestnehmenden nur, wenn er persönlich volle Gewähr für eine entsprechende Zuchtstierhaltung bietet, letztere übertragen werden darf. (Motive S. 242.)

2. Bezüglich der von Seite des Ausschusses gewünschten genauesten Definition, was unter einer Turnushaltung zu verstehen sei und welche Art Turnushaltung nunmehr gesetzlich verboten werde, äußerte sich die k. Staatsregierung dahin, daß nicht jede Aenderung in der Person des Zuchtstierhalters als Turnushaltung angesehen werden könnte. Wenn z. B. ein angekörter Stier von einem Stierhalter bis zum Eintritte der Zuchtunfähigkeit gehalten und hierauf der neue Stier einem anderen Stierhalter übergeben werde, so werde dies als Turnushaltung nicht gelten können. Wohl aber sei dann eine Turnushaltung anzunehmen, wenn die Stierhaltung in kurzen Zwischenräumen, etwa von Jahr zu Jahr, in einer bestimmten Reihenfolge von Haus zu Haus umgehe. (Beilage 84, S. 627, Bericht des X. Ausschusses 1887.)

Bisher hat man unter turnusweiser Haltung der Zuchtstiere die Gepflogenheit vieler Gemeinden verstanden, nach welcher in der Regel eine größere oder kleinere Anzahl von Viehbesitzern mit einem Mindestumfang von Grundbesitz einer bestimmten Reihe nach von Jahr zu Jahr einen Zuchtstier anzuschaffen und mit Ausnahme eines mäßigen Sprunggeldes unentgeltlich zu verpflegen hatte. Eine solche Turnushaltung ist unbedingt durch das Gesetz ausgeschlossen; dasselbe geht in seiner Absicht noch weiter und will nach den Erklärungen der k. Staatsregierung bei den Verhandlungen über dasselbe, ohne daß diese Widerspruch erfahren hätten (vgl. Sten. Ber. S. 354 und 386, Beilage 84 S. 627), jede nach ein oder zwei Jahren wechselnde reihenweise Haltung der Zuchtstiere ausgeschlossen haben. Dieser Absicht des Gesetzes wird durch Veraccordirung gegen Bezahlung an zuverlässige Viehzüchter auf eine Reihe von Jahren (etwa die Tauglichkeit des Zuchtstieres) entsprochen werden.

Ein offenes oder direktes Verbot hinsichtlich der Turnushaltung für alle Fälle enthält das Gesetz nicht, nur für die Gemeinde-Verwaltungen, wenn diese die Bullenhaltungen zu vergeben haben, soll diese Art der Vergebung unstatthaft sein. Damit soll die Errichtung weiterer Turnushaltungen, welche man vielfach als einen wahren Krebsschaden der Viehzucht da, wo sie bestehen, empfunden hat, verhindert werden.

Den Viehbesitzern ist es an und für sich nicht verwehrt, im Wege freier Vereinbarung den Zuchtstier im Turnus zu halten oder an den Mindestnehmenden zu vergeben; es würde ein solches Verfahren dem Princip des Gesetzes, daß die ganze Sache zunächst den Viehbesitzern überlassen bleibe, geradezu entgegen sein. Ein Einschreiten der Gemeinde- beziehungsweise der Staatsaufsichtsbehörde hat nur dann zu erfolgen, wenn sich herausstellt, daß bei der durch die Viehbesitzer selbst getroffenen Einrichtung die Zuchtstierhaltung Schaden leidet, somit die gesetzlichen Bestimmungen nicht genügend erfüllt werden. In diesem Falle kann den Viehbesitzern das nachtheilige Turnushalten, oder auch die Versteigerung an den Mindestnehmenden verboten werden. (Sten. Ber. S. 386.)

Ein in der Abgeordneten-Kammer gestellter Antrag, die Turnushaltung, sowie die Vergebung an den Mindestnehmenden auch bei der freiwilligen Vereinbarung der Viehbesitzer auszuschließen, wurde von dieser abgelehnt. (Sten. Ber. S. 387.)

3. Es ist wohl in der Mehrzahl der Fälle zutreffend, daß, wenn eine Gemeindeverwaltung die Vergebung der Zuchtstiere in die Hand nimmt oder die Haltung selbst bethätigt, dieselbe stets mit einem guten Beispiel für die Viehzüchter voran gehen wird. Daß man demnach nicht einen Modus, wie die Turnushaltung, die erwiesener Maßen von großem Nachtheil für die Zucht ist, zulassen oder gar als Norm hinstellen kann, ist selbstverständlich. Nun ist der Regiebetrieb, bei welchem die Gemeinde selbst Zuchtstierhalter, daher besondere Vortheile von den Besitzern für sich nicht zu erzielen bestrebt ist, die beste und rationellste Art der Haltung; die Gemeinde kauft selbst den Bullen an, läßt solchen durch geeignete Personen und in geeigneten Räumlichkeiten pflegen, füttern und verwenden, jeder Besitzer ist gleichmäßig interessirt an der Haltung und hat als solcher, ohne irgend welche Unannehmlichkeiten befürchten zu müssen, wie dies bei Pacht-, Servitut- und Turnushaltungen so häufig der Fall ist, jeder Zeit Gelegenheit, mit Klagen oder Beschwerden offen und frei hervorzutreten und bei der Gemeindeverwaltung direkt deren Beseitigung zu erwirken, eventuell das Einschreiten der Aufsichtsbehörde zu veranlassen.

Außer der Regiehaltung durch die Gemeinde selbst käme dann die Vergebung an verlässige Viehzüchter der Gemeinde auf dem Wege des Pachtvertrages in Betracht. Soll dieselbe den wirthschaftlichen Anforderungen entsprechen, so muß solche einer Regiehaltung gleich oder möglichst nahe kommen. Demnach muß auch hier zunächst für einen guten, verlässigen Halter und Fütterer, für geeigneten Stall- und Hofraum (Sprungplatz) und vor Allem auch für angemessene Besoldung gesorgt werden, damit der Halter im Stande ist, allen Anforderungen gerecht zu werden. Bei vielen Pachthaltungen ist es üblich, daß die Gemeinde, wenigstens beim Beginne der Haltezeit, den Bullen selbst stellt. Es kommt dies auf den Vertrag an, jedenfalls sollte aber solcher niemals auf zu kurze Zeit, sondern mindestens auf einen Zeitraum von sechs Jahren abgeschlossen werden, damit dem Zuchtstierhalter der erforderliche Aufwand für die Erfüllung seiner Verpflichtungen erleichtert, derselbe mit den Gepflogenheiten und Anforderungen der Viehbesitzer mehr und mehr vertraut, und der öftere Wechsel in der Zuchtstierhaltung thunlichst vermieden wird.

Der Pachtvertrag soll stets klar und deutlich abgefaßt und so gehalten sein, daß der Halter damit gut bestehen kann und andererseits die Viehbesitzer in der Verfolgung ihrer auf Grund des Gesetzes zu stellenden Anforderungen gewahrt bleiben. Vor allem ist darauf zu achten, daß das im Vertrage dem Halter Gewährte im Bereiche des Möglichen und Erreichbaren liegen muß, derselbe muß auf sichere und verlässige Einkünfte angewiesen sein und nicht zufälligen, ungewissen oder außerhalb seines Willensbereiches gelegenen Eventualitäten seine Einnahme, aus welcher er die Haltung des Zuchtstieres bestreiten soll, erhalten. So ist z. B. die so häufig anzutreffende Bestimmung, wonach die Zuchtstierhaltung lediglich nach den befruchteten Sprüngen während eines Jahres vergütet wird, eine sehr ungenaue, unzuverlässige und daher geeignet, langwierige und kostspielige Civil-Processe, wie Verfasser aus seiner Praxis erfahren hat, hervorzurufen. Ein solcher Pachtvertrag sollte gar nicht statuirt und noch viel weniger von der Aufsichtsbehörde genehmigt werden. Schon die Definition, was unter einem befruchteten Sprung zu verstehen ist, ist sehr schwer zu geben, mindestens aber einer sehr weitgehenden Auffassung fähig. Es kann z. B. durch den Sprung Befruchtung eintreten, ohne daß solche constatirt werden kann, nach einiger Zeit verschwindet dieselbe wieder, es tritt Verwerfen oder Abortus ein oder das Junge stirbt ab (mumificirt, macerirt), kann beim Geburtsakte nicht zu Tage gefördert werden u. dgl. m. Ferner ist dem Zuchtstierhalter eine fortwährende Kontrole auferlegt hinsichtlich seiner Gerechtsame, er muß den Viehbesitzern nachgehen, ob nicht eine Kuh, welche besprungen wurde, trächtig geblieben oder gar zu verkaufen beabsichtigt, beziehungsweise wirklich verkauft worden ist, denn der Viehbesitzer kann bald nach dem Sprunge, ehe die Befruchtung offenbar war, die bedeckte Kuh verkaufen, ja selbst schlachten lassen ꝛc. und endlich, wie sollte festgestellt werden, daß für alle nicht eingetretenen Befruchtungsfälle immer nur der Zuchtstier die Schuld trage!

Es ist daher im Anhang zu Abschnitt II ein Schema niedergelegt, welches als Muster für Zuchtstiervergebungen auf dem Pachtwege durch Gemeinden benutzt werden soll und wodurch solche Härten vermieden werden können. Vgl. auch die in Abschnitt IV nach den einzelnen Regierungsbezirken Bayerns aufgeführten Normalstatuten für Zucht- und Zuchtstiergenossenschaften.

4. Auch die Versteigerung an den Mindestnehmenden wird bei der Vergebung gemeindlicher Zuchtstiere verpönt, weil zu erwarten ist, daß solche Personen mehr oder vielmehr nur ihren eigenen Vortheil in den Augen haben (auch wohl oft besondere Zwecke verfolgen, Intriguen gegen andere Concurrenten spinnen, ja vielleicht selbst durch mißlungene gemeindliche Wahlagitationen auf diese Weise andere schädigen wollen), die Haltung als eine Einnahmequelle für sich und weniger als eine für das Allgemeinwohl der Viehbesitzer bestimmte Institution betrachten, daher auch nur nothdürftig ihren Verpflichtungen nachkommen. Die Gemeindeverwaltung soll also bei einem öffentlichen Abgebote nicht das Mindestgebot als ausschlaggebend gelten lassen, sich vielmehr die Auswahl unter den Bietenden für alle Fälle vorbehalten.

Nur wenn die oben angeführten Bedenken nicht zutreffen, und der Bewerber als guter Viehzüchter thatsächlich bekannt ist, daher für eine erfolgreiche Haltung Garantie bietet, soll auch die Vergebung an den Mindestnehmenden statthaft sein. Immerhin dürfte ein solches Verfahren nur als eine Ausnahme und keineswegs, wie es nur zum Nachtheile der Zucht wäre, als Regel zulässig sein.

Alle Verträge über gemeindliche Zuchtstierhaltungen sollen der staatlichen Aufsichtsbehörde, dem Bezirksamte vorgelegt werden, welches nach Einvernahme des thierärztlichen Mitgliedes (des Vorsitzenden) im Körausschusse, bezw. des landw. Bezirks-Ausschusses (vgl. autogr. M.-E. v. 28. Oktober 1895 Nr. 19814 die Reorganisation des landw. Vereins in Bayern betr.) über den Vollzug derselben entscheiden wird.

Zu Artikel 5 vergl. noch die Bestimmungen in Ziff. 11 der Vollzugsinstruktion.

Art. 6.

Hinsichtlich der Uebernahme der Ausgaben für die Zuchtstierhaltung auf die Gemeindekasse bewendet es bei den Bestimmungen in Art. 55 Abs. 4 der Gemeindeordnung für die Landestheile diesseits des Rheins vom

29. April 1869, beziehungsweise in Art. 40 Abs. 3 der Gemeindeordnung für die Pfalz vom nämlichen Tage.

Gemeindliche Grundstücke, welche zur Zeit den Zuchtstierhaltern zur Nutznießung überlassen sind, können denselben jedoch, auch wenn die in den angeführten Gesetzesstellen bezeichneten Voraussetzungen nicht zutreffen, durch gemeindlichen Beschluß nach Maßgabe des Art. 47/37 der beiden Gemeindeordnungen fernerhin überlassen werden; in gleicher Weise können die zur Zeit von der Gemeinde für die Zuchtstierhaltung gewährten Geldbeiträge und sonstigen Reichnisse fernerhin diesem Zwecke zugewendet werden.

Erläuterungen: 1. Nach Artikel 6 sollen die bisher in den beiden Gemeindeordnungen vorgesehenen Bestimmungen analoge Anwendung finden.

Unter gemeindlichen Grundstücken sind nach ausdrücklicher Constatirung durch die bayer. Staatsregierung auch Gebäude zu verstehen. (Kommissionsbericht, Beil. 84, S. 628.)

Vgl. auch Ziff. 12 Abs. 2 der Vollzugsinstruktion.

2. Die Gemeinden können freiwillig und unter gewissen Voraussetzungen ganz oder theilweise die Deckung der Kosten für die Zuchtstierhaltung auf die Gemeindekasse übernehmen. Hiebei ist zunächst zu unterscheiden, ob diese Leistungen zur Zeit der Erlassung des Gesetzes hergebracht waren oder nicht, sodann für das rechtsrheinische Bayern, ob dadurch neue Umlagen zu erhöhen sind, für die Pfalz, ob ein vollkommen zureichendes Vermögen vorhanden ist. Art. 55 Abs. 4 der rechtsrheinischen und Art. 40 Abs. 3 der Pfälzer Gem.-Ordn.

Was nun

a) die hergebrachten Leistungen für die Zuchtstierhaltung betrifft, so können als solche nicht mehr angesehen werden diejenigen, deren Fortleistung vor Erlassung des Gesetzes vom 5. April 1888 auf Grund der Art. 55 bezw. 40 bei der Gem.-Ordn. rechtskräftig abgestellt worden sind. Die zur Zeit der Erlassung des Gesetzes vom 5. April 1888 hergebracht noch bestehenden Leistungen können durch Gemeindebeschlüsse nach Art. 47 der rechtsrheinischen bezw. 37 der Pfälzer Gem.-Ordn. auch für die Zukunft aufrechterhalten werden, wenn auch in Folge dessen neue Gemeindeumlagen eingeführt oder bestehende erhöht werden müßten bezw. in der Pfalz das zur Deckung der Ausgaben hinreichende Vermögen der Gemeinde nicht mehr vorhanden wäre. Auch Ortsgemeinden mit selbstständigem Ortsgemeindeverband und eigener Ortsgemeindezuchtstierhaltung können von dieser Bestimmung des Gesetzes Gebrauch machen.

b) Nicht hergebrachte Leistungen für die Zuchtstierhaltung können von der Gemeinde nur soweit übernommen werden, als im rechtsrheinischen Bayern in Folge dessen neue Umlagen nicht erforderlich und bestehende Umlagen nicht erhöht werden, in der Pfalz hinreichendes Gemeindevermögen vorhanden ist. Unter diesen Voraussetzungen unterliegen die desfallsigen Ausgaben der ordentlichen Behandlung im Gemeinde-Etats- und Rechnungswesen und sind Beschlußfassungen nach Art. 47/37 der beiden Gemeindeordnungen nicht erforderlich, während die unter a) bezeichneten Leistungen gleichfalls der Etats- und rechnungsmäßigen Behandlung unterliegen, aber mit dem erforderlichen Gemeindebeschlusse begründet werden müssen.

Beschlüsse der unter a) und b) bezeichneten Art unterliegen, wenn sie dem Gesetze nicht entsprechen, der Aufhebung durch die Aufsichtsbehörden auf dem durch die Gemeindeordnung vorgeschriebenen Wege, sie können aber auch, wenn sie dem Gesetze nicht entsprechen, von den einzelnen Gemeindeumlagepflichtigen im Wege des Verwaltungsrechtsverfahrens angefochten werden, wenn in Folge der gesetzwidrigen Beschlüsse ihr Umlagenbetrag bedingt oder erhöht worden ist. (Dr. v. Hauck, a. a. O. S. 100 und 101.)

3. Vorbehaltlich der Bestimmung des Art. 6 Abs. 2 des Gesetzes vom 5. April 1888, die Haltung und Körung der Zuchtstiere betr., setzt die Uebernahme der in Art. 55 Abs. 4 der diesrheinischen Gemeindeordnung angeführten Ausgaben auf die Gemeindekasse lediglich voraus, daß dieselbe ohne Einführung neuer oder Erhöhung bestehender Umlagen geschehen könne, nicht aber, daß die Gemeinde ihre Bedürfnisse überhaupt ohne Inanspruchnahme von Gemeindeumlagen zu bestreiten im Stande sei.

Bei Prüfung des Vermögensstandes der Gemeinde ist der Zeitpunkt der Uebernahme der fraglichen Ausgaben auf die Gemeindekasse maßgebend und hiebei keineswegs auf die Zeit der Erlassung der Gemeindeordnung zurückzugreifen. (S. d. E. d. Verw.-G. X Bd. 1889 S. 148.)

Der Abs. 2 des Art. 6 ist in seinem ersten Passus, welcher ursprünglich im Gesetzesentwurfe nicht vorgesehen war, damit begründet, daß diejenigen Gemeinden, in welchen zur Zuchtstierhaltung Nutznießungen an gemeindlichen Grundstücken bestehen, dagegen zu schützen seien, daß ein Einzelner gegen den Willen der Gesammtheit die Aufhebung dieser Nutznießung auf Grund des Art. 55/40 der beiden Gemeindeordnungen veranlassen könnte. Es wurde bei der Einbringung dieses Zusatzes Bezug genommen auf die nach Art. 47/37 der beiden Gemeindeordnungen festgestellte Beschlußfassung der Gemeindeverwaltung und über die Einführung neuer und die Erhöhung bestehender Gemeindeumlagen, sowie über Unternehmungen und Einrichtungen, zu deren Ausführung eine Umlage nothwendig ist. Demnach soll die Ueberlassung von Nutznießungen nicht blos auf Grundstücke, sondern auch auf pekuniäre Reichnisse von Seite der Gemeinde ausgedehnt sein. (Sten. Ber. S. 412.)

Die bayer. Staatsregierung erklärte im Ausschusse auf eine Anfrage hin, ob es ihrer Intention entspreche, daß gegenüber einstimmig gefaßten Beschlüssen der Gemeindevertretungen, zu solchen Zwecken (wie die Zuchtstierhaltung) aus Gemeindemitteln herkömmliche Zuwendungen zu machen, von Aufsichtswegen auf Grund des Art. 55 Abs. 4 der Gemeindeordnung vorgegangen werde, auch dann, wenn eine vielleicht nicht einmal sehr erhebliche Erhöhung von Gemeindeumlagen aus ganz andern Gründen nothwendig werde und Niemand sich beschwert fühlt: „Wenn das Gesetz verletzt sei, finde wohl ein Einschreiten von Aufsichtswegen statt. Freiwillige Zuwendungen von Seiten der Gemeinden würden aber, wenn sie nicht zu bedeutend seien, zu einem Einschreiten keinen Anlaß geben."

Ferner wurde auch von einem Ausschußmitgliede darauf verwiesen, daß es ganz darauf ankäme, ob in der Gemeinde Umlagen erhoben oder schon vorhandene Umlagen in Folge solcher Zuwendungen erhöht werden mußten. (Kommissionsbericht Beil. 84 S. 621.)

Nach einem Erkenntniß des Verwaltungs-Gerichtshofes vom 16. Januar 1890, betr. die Zuchtstierhaltung in der Gemeinde Haundorf, k. B.-A. Feuchtwangen, stellt sich die von einer Gemeinde- bezw. Ortsversammlung kraft ihres Selbstverwaltungsrechts in Anspruch genommene Verwendung eines gemeindlichen Grundstückes als Vergütung für den Zuchtstierhalter als eine eigentliche Gemeindeangelegenheit im Sinne des ersten Absatzes des Art. 7 des Gesetzes dar, deren Würdigung in dem durch Art. 157 und 163 der Gemeindeordnung für die Landestheile diesseits des Rheins vom 29. April 1869 geregelten Verfahren zu erfolgen hat.

Art. 7.

Die Zuchtstierhaltung durch die Gesammtheit der Besitzer faselbaren Rindviehes in den Gemeinden unterliegt — mit den aus vorstehenden Bestimmungen sich ergebenden Einschränkungen — der gleichen Behandlung wie eigentliche Gemeindeangelegenheiten. Gegen Beschlüsse der Gemeindeverwaltungen und der Gemeindeaufsichtsbehörden findet Beschwerde nach Maßgabe der Art. 163/93 und 161/92 der beiden Gemeindeordnungen, dann gemäß Art. 10 Ziff. 2 des Gesetzes vom 8. August 1878, die Errichtung eines Verwaltungsgerichtshofes und das Verfahren in Verwaltungsrechtssachen betreffend, statt.

Streitigkeiten über Leistungen der Viehbesitzer für die Zuchtstierhaltung auf Grund der vorstehenden Bestimmungen, dann über die Verteilung der Kosten der Zuchtstierhaltung unter die vereinigten Gemeinden (Art. 3 Abs. 3) unterliegen den gleichen Bestimmungen wie die in Art. 8 Ziff. 32 des angeführten Gesetzes vom 8. August 1878 bezeichneten Streitigkeiten.

Erläuterungen: 1. Art. 55 und 40 der beiden Gemeindeordnungen enthalten nichts über das instanzielle Verfahren in Streitigkeiten.

Man hat jedoch die Bestimmungen der Art. 163/93, 161/92 a. a. O. entsprechend angewendet. Ein Theil der Streitigkeiten, welche sich aus Art. 55/40 a. a. O. ergeben können, ist durch Art. 8 Ziff. 32 des Gesetzes vom 8. August 1878, die Errichtung eines Verwaltungsgerichtshofes und das Verfahren in Verwaltungsrechtssachen betr., getroffen. Daneben kann sich unter Umständen die letztinstanzielle Zuständigkeit des Verwaltungsgerichtshofes aus Art. 10 Ziff. 2 dieses Gesetzes ableiten.

Da die Bestimmungen des vorliegenden Entwurfes formell nicht als eine Revision des Art. 55/40 der beiden Gemeindeordnungen sich darstellen und auch Art. 8 Ziff. 32 des angeführten Gesetzes vom 8. August 1878 ausdrücklich nur auf Art. 55/40 der Gemeindeordnungen verweist, erscheint es unerläßlich, das Verfahren in Streitigkeiten, welche sich über den Vollzug des I. Abschnittes des im Entwurfe vorliegenden Gesetzes ergeben können, gesetzlich zu regeln.

Die Vorschläge des Art. 7 schließen sich in dieser Beziehung an den gegenwärtigen Rechtsbestand an. (Beil. 4 S. 242.)

2. Nach dem Körgesetze und bezw. Art. 8 Ziff. 32 und Art. 10 Ziff. 2 des Verwaltungsgerichtshofsgesetzes ist ein doppeltes Verfahren gegeben, nämlich das Verwaltungsrechtsverfahren und das Aufsichtsverfahren.

a) Das Verwaltungsrechtsverfahren tritt überall da ein, wo der einzelne Viehbesitzer auf dem Verwaltungswege mit Beiträgen zur Zuchtstierhaltung in Anspruch genommen wird, die er ganz oder in ihrer Höhe bestreitet. Es greift auch Platz, wenn durch Beschluß der Gemeindeverwaltungen benachbarte Gemeinden zur Zuchtstierhaltung vereinigt sind und über die Vertheilung der Kosten Streit entstehen.

Unter dieses Verfahren fällt auch die Anforderung der Gemeindeverwaltung an Viehbesitzer mit eigener Zuchtstierhaltung zur Beitragsleistung für die gemeindliche Zuchtstierhaltung, weil der Zuchtstier des betreffenden Viehbesitzers nicht tauglich sei.

Wie unter Art. 2 ausgeführt wurde, sind die Verhältnisse der Genossenschaften und freiwillige Vereinbarungen der Viehbesitzer civilrechtlicher Natur und gehören daher Streitigkeiten aus denselben vor die Civilgerichte. (Vgl. auch S. v. Entsch. des k. b. Verw.-Gerichtsh. Bl. XII, 1891 S. 116.)

Wenn dessen ungeachtet die Gemeindeverwaltung aus solchen Verhältnissen mit Anforderungen und Exekutionen gegen einzelne Viehbesitzer vorgeht, kann auch dieses Vorgehen im Verwaltungsrechtsverfahren angefochten werden.

Das hier stattfindende Verwaltungsrechtsverfahren hat nur zwei Instanzen, nämlich die der Gemeinde vorgesetzte Aufsichtsbehörde als erste und den Verwaltungsgerichtshof als zweite und letzte Instanz. Zur ersten Instanz läuft nach der Rechtsprechung des Verwaltungsgerichtshofes keine Frist, dagegen besteht von der ersten Instanz zum Verwaltungsgerichtshof eine Nothfrist von 14 Tagen. Es muß also spätestens am 14. Tage nach Zustellung des erstinstanziellen Beschlusses die Beschwerde zum Verwaltungsgerichtshof bei der ersten Instanz in Einlauf kommen. Wird diese Frist versäumt, so kann der Beschwerde, wenn sie noch so begründet wäre, wegen Fristversäumniß keine Folge gegeben werden.

b) Ueber das Aufsichtsverfahren ist Folgendes zu bemerken: Nach den Bestimmungen des Gesetzes Art. 243 sind den Gemeindeverwaltungen gegenüber den Viehbesitzern verschiedene Aufsichts-Rechte und Pflichten übertragen. Die Art der Erfüllung derselben bezw. Nichterfüllung bildet die Grundlage bezw. Veranlassung des Aufsichtsverfahrens, ist aber kein Bestandtheil desselben und die Gemeindeverwaltung daher keine Aufsichtsinstanz. Das Aufsichtsverfahren erstreckt sich auf die zwangsweise Herbeiführung der richtigen Zuchtstierhaltung nach den Vorschriften des Gesetzes; also vor allem auf Aufstellung der erforderlichen Zahl tauglicher Zuchtstiere, deren Verpflegung ꝛc. Für das Aufsichtsverfahren bestehen für die unmittelbaren Städte des rechtsrheinischen Bayerns zwei Instanzen, nämlich die k. Kreisregierung als erste, das k. Staatsministerium des Innern als zweite und letzte Instanz; für alle übrigen Gemeinden des Königreiches bestehen drei Instanzen, das k. Bezirksamt als erste, die k. Kreisregierung als zweite und das k. Staatsministerium des Innern bezw. der Verwaltungsgerichtshof als dritte Instanz.

Das Aufsichtsverfahren kann von Amtswegen eingeleitet werden, wenn die Aufsichtsbehörde auf Grund ihrer Wahrnehmung zur Beseitigung von Mißständen sich veranlaßt sieht. Hiezu kann auch ein Auftrag der Oberaufsichtsbehörde, Beschwerden der Viehbesitzer gegen die Gemeindeverwaltung, den Zuchtstierhalter ꝛc. Veranlassung geben.

3. Gegen den Beschluß der Aufsichtsbehörde steht sowohl den Viehbesitzern als auch der Gemeindeverwaltung innerhalb 14 Tagen ausschließender Frist nach Eröffnung des erstinstanziellen Beschlusses Beschwerderecht zur zweiten Instanz zu.

Gegen Beschlüsse der k. Kreisregierungen steht eine doppelte Beschwerde, nämlich zum k. Staatsministerium des Innern als oberste Aufsichtsstelle und an den Verwaltungsgerichtshof nach Art. 10 Ziff. 2 des Verwaltungsgerichtshofgesetzes offen. Diese letztere ist aber eine beschränkte, sie kann nur von der Gemeindeverwaltung ergriffen und nur damit begründet werden, daß der Gemeinde, worunter wohl auch die Gesammtheit der Viehbesitzer einer Gemeinde begriffen werden kann, eine gesetzlich unbegründete Last auferlegt oder ihr Selbstverwaltungsrecht durch die Entschließung der Kreisregierung beeinträchtigt worden sei. Diese Begründung muß selbstverständlich auch nach den Bestimmungen des Gesetzes wahr sein, wenn sie Erfolg haben soll. Beispielsweise wäre dies der Fall, wenn zwei Gemeinden nach Art. 3 des Gesetzes zur Vereinigung in der Zuchtstierhaltung von Aufsichtswegen gezwungen werden sollten, oder trotz entsprechender Stallung mit Sprungplatz für den Zuchtstier eine Gemeinde angehalten werden wollte, einen Zuchtstierregiestall mit Wärterpersonal zu schaffen oder Auftrag erginge, den Bedarf für die Zuchtstierhaltung nur durch Sprunggeld oder nur durch Umlagen zu decken.

Es würde aber nicht darunter fallen, wenn mehr Kühe vorhanden sind als 100 auf einen Zuchtstier und in Folge dessen von Aufsichtswegen die Anschaffung eines weiteren tauglichen Zuchtstieres angeordnet, oder bei schlechter Pflege des Zuchtstieres oder ungeeignetem Sprungplatze die Änderung dieses Verhältnisses befohlen würde.

Solche Übergriffe der Aufsichtsbehörden werden wohl selten vorkommen und wird es sich in weitaus den meisten Fällen um Berücksichtigung von Billigkeitsgründen handeln, zu letzterem fehlt aber dem Verwaltungsgerichtshofe die Zuständigkeit. Die Zuständigkeit des Verwaltungsgerichtshofes ist überhaupt nach Art. 10 Ziff. 2. des Verwaltungsgerichtshofsgesetzes nur insofern eine ausschließende, daß eine von ihm auf Grund der Verletzung des Selbstverwaltungsrechts der Gemeinde oder der Auferlegung einer gesetzlich unbegründeten Last außer Wirksamkeit gesetzte Regierungsentschließung (dies ist die einzige Form der Entscheidung des Verwaltungsgerichtshofes) vom k. Staatsministerium nicht aufrecht erhalten werden kann. Sie ist aber keine der Art ausschließende, daß nicht das k. Staatsministerium des Innern als oberste Aufsichtsbehörde angerufen werden könnte, eine der Art ungesetzliche Regierungsentschließung außer Wirksamkeit zu setzen und das Richtige anzuordnen. Nur dann, wenn der Verwaltungsgerichtshof vorerst oder gleichzeitig angerufen ist, hat er ausschließlich zu entscheiden, ob das Selbstverwaltungsrecht verletzt ist oder eine gesetzlich unbegründete Last auferlegt ist. Nachdem nun der Verwaltungsgerichtshof aus den beiden eben bezeichneten Gründen die Regierungsentschließung nur außer Wirksamkeit setzen, aber eine entsprechende Oberaufsichtsanordnung nicht treffen kann, scheint es uns das Gerathenste zu sein, in Aufsichtsfragen das k. Staatsministerium des Innern allein als letzte Instanz anzurufen oder doch dessen Anrufung gleichzeitig mit jener des Verwaltungsgerichtshofes zu verbinden.

Die Beschwerde an den Verwaltungsgerichtshof ist innerhalb einer Nothfrist von 14 Tagen nach Zustellung der Regierungsentschließung bei der k. Regierung einzureichen. Die Beschwerde an das k. Staatsministerium des Innern ist gleichfalls an eine Nothfrist von 14 Tagen gebunden. (Dr. v. Hauck, l. c. S. 994 f.)

Vgl. noch Samml. v. Entsch. d. k. Verw.-Gerichtshofes Bd. II S. 12, 136, 377 Bd. III S. 203, Bd. IV S. 65, nach welchen bei Beschwerden gegen staatsaufsichtliche Verfügungen bezüglich der Zuchtstierhaltung nur die gesetzmäßige Vertretung der Gemeinde die Gemeindeverwaltung, nicht einzelne Viehbesitzer als beschwerdeberechtigt anzuerkennen sind; ferner Bd. V, S. 308 und Bd. VI, S. 296, wornach Gemeindebeschlüsse über Leistungen aus der Gemeindekasse keine Verwaltungsrechtssache involviren, während Streitigkeiten über die Leistung eines Viehbesitzers zur Zuchtstierhaltung der Entscheidung des Verwaltungsgerichtshofes unterstehen. Vgl. E. v. 9. März 1890, betr. die Beitragspflicht des Bahnwärters J. L. in S. f. B.-A.-K. zu den Kosten der gemeindl. Zuchtstierhaltung.

Siehe auch Ziff. 13 der Vollzugsinstruktion.

II. Körung.

Art. 8.

Zur Bedeckung fremder Kühe und Kalbinnen dürfen nur solche Zuchtstiere verwendet werden, welche nach vorheriger Prüfung (Körung) durch den Körausschuß als zur Zucht tauglich anerkannt (angekört) worden sind.

Ausnahmsweise dürfen jedoch noch nicht angekörte Zuchtstiere, welche von Genossenschaften oder von der Gesamtheit der Viehbesitzer einer Gemeinde oder Ortschaft aufgestellt werden, in Nothfällen von dem Zeitpunkte an, in welchem die Körung bei dem Vorstande des Körausschusses beantragt wurde, bis zur Vornahme der Körung zur Bedeckung fremder Kühe und Kalbinnen verwendet werden.

Nicht angekörte Zuchtstiere dürfen mit fremden Kühen und Kalbinnen auch nicht auf gemeinsame Weide getrieben werden.

Erläuterungen: 1. Zur Begründung der Ausdehnung des Körzwanges, wie solche in Art. 8 vorgeschlagen ist, darf auf die bezüglichen im allgemeinen Theile der Motive enthaltenen Bemerkungen Bezug genommen werden.

Im einzelnen ist noch zu bemerken:

In Abs. 1 wie in Abs. 2 des Art. 8 liegt der Nachdruck auf dem Worte: fremd („Zur Bedeckung fremder Kühe und Kalbinnen", dann: „mit fremden Kühen und Kalbinnen").

Die Körung ist nur dann nicht gefordert, wenn die Zuchtstiere und die von denselben zu belegenden Rinder einem und demselben Besitzer gehören.

Sie ist demnach beispielsweise nicht geboten, wenn ein Gut im Miteigenthume mehrerer sich befindet und diese letzteren mit dem ihnen gemeinschaftlich gehörigen Zuchtstiere die ihnen gleichfalls gemeinschaftlich gehörigen Rinder belegen lassen.

Dagegen ist die Körung gefordert, wenn mehrere Personen Miteigenthümer eines Zuchtstieres, nicht aber auch Miteigenthümer der von diesem zu belegenden Rinder sind, oder wenn eine Genossenschaft Besitzerin eines Zuchtstieres ist, während die von letzterem zu belegenden Rinder nicht gemeinschaftliches Eigenthum der Genossenschaft, sondern Eigenthum der einzelnen Genossenschaftsmitglieder sind.

Ob die Verwendung eines Zuchtstieres gegen Entgelt oder unentgeltlich, dann ob sie gewerbsmäßig oder nicht gewerbsmäßig erfolgt, ist nach dem Wortlaute des Art. 8 ohne Belang. Motive.

Vgl. hiezu Ziff. 14 u. 15 der Vollzugsinstruktion, ferner § 1 der K. A. V. v. 16. Juni 1888 zu vorstehendem Gesetze.

2. Unter fremden Kühen und Kalbinnen im Sinne des Gesetzes sind jene Viehstücke zu verstehen, welche nicht ein und demselben Viehbesitzer gehören; auch jene Thiere, welche auf einem Gute sich befinden, das mehrere Eigenthümer hat, aber in gemeinsamem Wirthschaftsbetrieb derselben sich befindet, so daß der gehaltene Zuchtbulle im Gesammtbesitz der Theilhaber ist und auch die ihnen gleichfalls gemeinschaftlich gehörigen Rinder belegt, gelten nicht als fremde, auf welche der Körzwang sich nicht erstreckt. Der einzelne Viehbesitzer hat sonach die Befugniß das für seine weiblichen Rinder erforderliche Zuchtmaterial selbst zu erhalten. Sobald er jedoch die Verwendung seines Zuchtstieres für Kühe anderer Personen selbst unentgeltlich bethätigen lassen will, ist die Ankörung des Stieres nothwendig, weil nach Art. 8 hievon die Verwendungsberechtigung für andere Viehstücke abhängig und zwar ohne Unterscheidung, ob gegen Entgelt oder unentgeltlich.

3. Nach Abs. 2 des Artikel 8, welcher im Gesetzesentwurfe nicht vorgesehen war und erst bei der Kommissionsberathung eingeschaltet wurde, können unter besonderen Fällen auch nicht-angekörte Stiere zur Bedeckung fremder Kühe verwendet werden. Diese temporäre oder provisorische Befreiung vom Körzwange rechtfertigt sich im Hinblick auf die mit der Körung verbundenen Kosten, welche es empfehlenswerth erscheinen ließen, einen Probetermin für die Sprungfähigkeit der zu körenden Stiere festzusetzen, sowie eine gesetzliche Bestimmung dahin zielend zu schaffen, daß durch den Wechsel und die Aufstellung eines neuen noch nicht angekörten Zuchtstieres nicht Schädigungen für den Viehhalter entstehen, in dem nach dem Wortlaute des Gesetzes nur angekörte Stiere zur Zucht benützt werden dürfen. Von dem Momente der Aufstellung eines neuen Stieres bis zu dessen Ankörung könnte aber immerhin eine solche Zeit verstreichen, daß bei der Unmöglichkeit, einen solchen Stier benützen zu dürfen, für die in der Zwischenzeit rindrig werdenden Kühe eine Schädigung zu befürchten wäre. (Sten. Ber. S. 414.)

Demnach gilt ein Zuchtstier von dem Momente der Anmeldung zur Körung, welche nach Ziff. 16 der Vollzugsbekanntmachung bei der Ortsbehörde zu erfolgen hat, während diese die Meldung an den Vorsitzenden des Körausschusses möglichst ungesäumt einzusenden hat, im gewissen Sinne als angekört; er darf anstandslos zur Bedeckung fremder Viehstücke verwendet werden, insolange nicht ein gegentheiliger Beschluß des Körausschusses, also eine Abkörung des Bullens, dies verhindert. Die Anmeldung zur Körung (Haupt-, Nachkörung, erneute Körung, Körung im Berufungsverfahren) kann außerdem auch direkt bei dem Vorstande des Körausschusses, wie mittelbar durch das k. Bezirksamt erfolgen.

4. Auf die von den Besitzern für ihren eigenen Viehstand gehaltenen Bullen, welche auch zur Deckung fremder Kühe benützt werden, findet der Absatz 2, also die temporäre Befreiung vom Körzwange keine Anwendung, weil hier eine Probe am eigenen Viehstande leicht ermöglicht ist, und die Stiere in erster Linie für diesen bestimmt sind, daher die Voraussetzungen, welche auf eine ausgedehnte Benutzung zutreffen, hier nicht Platz greifen können.

5. Hinsichtlich des Weidetriebes von Zuchtstieren finden die gesetzlichen Bestimmungen der Einzelhaltung auf jene sinngemäße Anwendung. Demnach sind Zuchtstiere, welche nur für den eigenen Viehstand eines Besitzers bestimmt sind und mit diesem auf eine Alpe kommen, vom Körzwange befreit, allein derselbe hat einzutreten, sobald noch andere Viehstücke, welche anderen Besitzern gehören, mit jenen eine gemeinsame Weide benützen. Nur junge, noch nicht sprungfähige Stiere (Stierkälber), welchen also die Qualität von eigentlichen Zuchtstieren im Sinne des Gesetzes abgeht (vgl. auch Ziff 17, Abs. 3 der Vollzugsinstruktion), sind von dem Verbot des gemeinsamen Weidetriebs nach Abs. 3 Art. 8 ausgeschlossen.

Käser, Pächter oder Eigenthümer von Alpen, welche in Miethe genommene Kühe oder Kalbinnen auf ihren Alpenweiden auftreiben, könnte die Verwendung der aufgetriebenen, nicht angekörten Stiere gestattet werden, weil sie nach den Motiven zu Art. 1 des Gesetzes als

„Besitzer" der Kühe und Kalbinnen, sowie des Zuchtstieres zu erachten sind oder die thatsächliche Herrschaft über die betr. Rindviehstücke haben. (Vgl. jedoch Erläuterungen zu Art. 4 des Gesetzes.)

Art. 9.

Zur Untersuchung und Feststellung der Zuchttauglichkeit wird für jeden Bezirk einer Distriktsgemeinde (Distrikt), dann im Bedarfsfalle für die unmittelbar einer Kreisregierung untergeordneten Städte je ein Körausschuß gebildet.

Derselbe faßt seine Beschlüsse nach Stimmenmehrheit.

Für die tauglich befundenen Zuchtstiere wird ein Körschein ausgefertigt.

Der Körschein hat nur für den in demselben bezeichneten Bezirk und nur bis zur nächstjährigen Hauptkörung Geltung und kann vor diesem Zeitpunkte von dem Körausschuß zurückgenommen werden, wenn sich der Zuchtstier inzwischen als zur Zucht untauglich erweist.

Art. 10.

Gegen den Ausspruch des Körausschusses steht dem Zuchtstierbesitzer das Rechtsmittel der Berufung zu, welche innerhalb vierzehntägiger ausschließender Frist bei der Distriktsverwaltungsbehörde anzubringen ist.

Unstatthafte oder verspätete Berufungen sind von der Distriktsverwaltungsbehörde ohne weiteres abzuweisen.

Im übrigen werden die Berufungen durch den Körausschuß beschieden, welcher zu diesem Behufe durch Beiziehung weiterer Mitglieder zu verstärken ist.

Gegen die Bescheide der Distriktsverwaltungsbehörde (Abs. 2) und des verstärkten Körausschusses (Abs. 3) findet eine weitere Berufung nicht statt.

Erläuterungen zu Art. 9 u. 10: 1. Die Art. 9 und 10 enthalten die grundlegenden Bestimmungen über die Bildung der Körausschüsse und das Körverfahren einschließlich des Berufungsverfahrens. Die näheren Bestimmungen hierüber werden mittels Ausführungsverordnung (Art. 12) getroffen.

Hinsichtlich der Bildung der Körausschüsse dürfte ein doppelter Gesichtspunkt maßgebend sein: einerseits sollen die Körausschüsse durch ihre Zusammensetzung volle Gewähr für eine sachkundige, gleichmäßige und unparteiische Handhabung der Körung bieten, und anderseits wird hiebei auch die Rücksicht auf thunlichste Kosten- und Zeitersparung nicht außer Betracht bleiben dürfen.

Von diesen beiden Erwägungen aus ist in Aussicht genommen, den Körausschuß in der Weise zu bilden, daß er zu bestehen hätte:

a) aus dem Bezirksthierarzte oder dem Distriktsthierarzte,
b) aus einem vom Distriktsrathe je auf die Dauer von 3 Jahren zu wählenden Sachverständigen des Distriktes,
c) aus einem vom Magistrate, Gemeindeausschusse, Gemeinderathe zu bezeichnenden Sachverständigen derjenigen Gemeinde, in welcher die jeweils zu untersuchenden Zuchtstiere stehen.

Für die unter b und c Genannten wäre zugleich je ein Stellvertreter zu bezeichnen.

In unmittelbaren Städten wären der unter b erwähnte Sachverständige und dessen Stellvertreter vom Magistrate aus den Viehbesitzern der Stadt zu bestimmen. —

Berufungen gegen den Ausspruch der Körkommissionen sind bisher äußerst selten vorgekommen. Gleichwohl möchte es sich, da der Körausschuß immerhin über nicht unerhebliche Vermögensinteressen entscheidet, nicht empfehlen, den Beschwerdeweg ganz zu verschließen.

Das Berufungsrecht wird aber für die Betheiligten in der Regel nur dann von praktischem Werthe sein, wenn die mit der Berufung verbundenen Kosten nicht allzugroß, anderseits aber doch in der Zusammensetzung der Berufungskommission die Gewißheit einer nochmaligen sachkundigen und vertrauenswürdigen Prüfung gegeben ist.

Diesen Anforderungen würde es wohl entsprechen, wenn der Körausschuß zum Zwecke der Bescheidung etwaiger Berufungen durch zwei weitere Mitglieder verstärkt würde, welche nebst je zwei Stellvertretern in gleicher Weise wie das oben unter b genannte Mitglied und dessen Stellvertreter vom Distriktsrathe, beziehungsweise in unmittelbaren Städten vom Magistrate zu bestimmen wären.

Die Funktion der nicht beamteten Mitglieder der Körausschüsse ist als eine ehrenamtliche und freiwillige gedacht. Den distriktiven Mitgliedern ist jedoch für Zeitversäumniß und Baarauslagen eine billige Entschädigung zu gewähren, deren Höhe im Verordnungswege festzusetzen.

Durch die Bestimmung des Art. 9 Abs. 2 des Entwurfes, wonach den sämmtlichen Mitgliedern des Körausschusses, wie nicht minder den Mitgliedern des verstärkten Körausschusses — abweichend von den Bestimmungen in § 6 Abs. 1 und § 9 Abs. 1 und Abs. 2 der Verordnung vom 17. November 1875 — volles Stimmrecht zugestanden ist, dürften die Körausschüsse an Ansehen gewinnen.

Da bei der Körung nicht blos die Zuchttauglichkeit der betreffenden

Stiere im Allgemeinen, sondern insbesondere auch deren Tauglichkeit mit Rücksicht auf die in dem betreffenden Bezirke vorherrschenden Viehschläge zu prüfen ist, wird es sich rechtfertigen, die Geltung des Körscheines auf den darin zu bezeichnenden Bezirk zu beschränken.

Der in Art. 10 Abs. 2 des Entwurfes vorgeschlagenen Bestimmung liegt die Absicht zu Grunde, den Mitgliedern des verstärkten Körausschusses unnöthige Zeitversäumniß und den Beschwerdeführern unnütze Kosten zu ersparen. Motive.

Die näheren Bestimmungen hinsichtlich der Handhabung sind in der K. A. Vollzugsverordnung vom 16. Juni 1888, sowie in der Vollzugsinstruktion Ziff. 14—22 enthalten.

2. Durch die Körung soll die Tauglichkeit beziehungsweise Untauglichkeit eines Zuchtstieres für die Zucht klar gestellt werden und zwar mit Rücksicht auf die in dem betreffenden Bezirke vorherrschenden Viehschläge. Dem Körscheine, welcher im Falle der durch den Körausschuß statuirten Zuchttauglichkeit ausgestellt wird, kommt daher niemals eine absolute, für alle Fälle maßgebende Giltigkeit, sondern immer nur eine relative, d. h. an die Räumlichkeit des Körbezirkes gebundene zu. Der Körschein ist ein Ausweis oder eine Legitimation für den Inhaber, der die gesetzliche Berechtigung der Zuchtverwendung des Bullens den Kontrolorganen und sonstigen Interessenten gegenüber dokumentiren soll. Die Unterschiebung eines solchen Scheines für einen nicht angekörten Zuchtstier würde den Thatbestand eines Betrugsreats im Sinne des Strafgesetzes bilden.

Nachdem der Körausschuß seine Beschlüsse durch Stimmenmehrheit zu fassen hat, besitzen die sämmtlichen (gemeindlichen, distriktiven und thierärztlichen) Mitglieder desselben volles und gleiches Stimmrecht. Eine Bevorzugung des einen vor dem anderen Mitgliede ist ebenso ausgeschlossen, wie, daß andere Einwirkungen, welche außerhalb des Körausschusses gelegen sind, daher gesetzlich bedeutungslos sind und einen Eingriff in die Rechte und Pflichten der Körkommission bedeuten würden, hinsichtlich der Beurtheilung der Zuchtstiere im konkreten Falle unzulässig und ungesetzlich sind. Es wäre sogar fraglich, ob eine solch unbefugte Beeinflussung der Mitglieder des Körausschusses, um solche zu einem bestimmten und ohne dieselbe nicht zu erwartenden Gutachten zu veranlassen, nicht ein strafbares Delikt bilden könnte, weil dieselben dadurch zu einer Handlung angeregt werden können, welche mit ihrer Ueberzeugung und den Pflichten als Sachverständige in Widerspruch stehen. Die Vorsitzenden des Körausschusses sind die eigentlichen Leiter, vielleicht auch vielfach die Berather der übrigen Mitglieder, sie sind amtlich hiezu autorisirt, d. h. vermöge ihrer Stellung, so bei den Bezirksthierärzten, (vgl. deren Dienstinstruktion, K. A. V. v. 20. Juli 1872 „das Civilveterinärwesen betr. Reg. Bl. S. 1585), dann aber auch in Folge besonderer Ernennung durch die kgl. Kreisregierung, so bei den Distriktsthierärzten, hiezu berufen. Demnach liegt denselben außer der Leitung des eigentlichen Körgeschäftes auch die Erledigung der Vorarbeiten hiezu (Anberaumung des Termines, Vorladung der Mitglieder, Verständigung aller Betheiligten überhaupt, Beischaffung der erforderlichen Formulare ꝛc.), sowie die Berichterstattung über den Verlauf der Körungen an die Distriktspolizeibehörde, die Festsetzung der Gebühren für die distriktiven Köraus schußmitglieder ob. Für die gesetzmäßige Handhabung tragen somit die thierärztlichen Mitglieder allein die Verantwortung. Anders verhält es sich bei den übrigen Sachverständigen; diese bekleiden ihre Funktion als ein freiwilliges Ehrenamt. Demnach ist es denselben unbenommen, die auf sie gefallene Wahl anzunehmen oder auch abzulehnen. Im Annahmefalle muß jedoch trotz des freiwilligen und ehrenamtlichen Charakters ihrer Funktion erwartet werden, daß dieselben der übernommenen Pflichten gerecht werden. So ist z. B. der Körausschuß nur dann beschlußfähig, wenn sämmtliche denselben bildende Mitglieder zur Berathung erschienen sind. Würde der Vorsitzende des Körausschusses in das Körgeschäft eintreten, ohne daß alle Mitglieder trotz richtiger Ladung zugegen sind, so würde derselbe sich als Beamter eines disciplinären Vergehens (nach einer Entscheidung der Kgl. Regierung von Unterfranken, Kammer des Innern) schuldig machen. Daraus folgt, daß die übernommenen Rechte den bürgerlichen Mitgliedern auch Pflichten einräumen, dieselben haben sich an den festgesetzten Körterminen einzufinden, im Verhinderungsfalle hievon rechtzeitig Anzeige zu erstatten, damit der Stellvertreter einberufen werden kann. Sollte durch unbegründetes oder unentschuldigtes Wegbleiben eines Mitgliedes das Körgeschäft vereitelt werden und in Folge dessen zu wiederholen sein, so hätte dasselbe nach Feststellung des Sachverhalts die Kosten der vereitelten Tagfahrt zu tragen.

3. Der Körausschuß stellt eine Art Kollegialgericht vor, das über die Tauglichkeit der Zuchtbullen zu urtheilen hat; er entscheidet mit Stimmenmehrheit, eine solche muß immer erzielt werden, weil wegen seiner Zusammensetzung aus drei bez. fünf Mitgliedern Stimmengleichheit nicht vorkommen kann, und zwar wird auch die Beschlußfassung eine absolute sein, da es sich immer nur um „tauglich", was mit dem Worte „angekört", oder „untauglich", was mit dem Worte „abgekört" bezeichnet wird, dreht — in letzterem Falle muß der Beschluß des Körausschusses dem Zuchtstierhalter handschriftlich und unter Bekanntgabe der Gründe eröffnet werden — (in seltenen Fällen wird auch die Tauglichkeit eines Bullens als eine zeitweise z. B. für einige Monate oder nur als eine für gewisse Viehstücke sich erstreckende ausgesprochen werden. Bei Berufungen wird außerdem noch über die Kostentragung entschieden. Die Beschlüsse des Körausschusses müssen, ohne Rücksicht darauf, ob sie dem einen oder dem anderen Mitgliede conveniren oder nicht, gemäß § 9 Abs. 3 der Vollzugsverordnung von sämmtlichen Mitgliedern des Körausschusses in dem vorgeschriebenen Protokoll sogleich bei der Beschlußfassung unterzeichnet werden; eine nachträgliche Unterzeichnung ist so wenig statthaft, als die Verweigerung der Unterschrift im Nichtconvenirungsfalle mit dem Beschlusse

einem Mitgliede eingeräumt werden könnte. Es dürfte allenfalls angängig, jedoch keineswegs vorzuschreiben sein, daß neben der Unterschrift, soweit Raum im Protokollbuche vorhanden ist, noch der abweichenden Anschauung von dem gefaßten Beschluß, etwa mit den Worten „unter Protest unterzeichnet oder gegen bez. für die Ankörung X. X." Ausdruck verliehen wird. Vgl. § 9 Abs. 3 der Vollzugsverordnung.

Im Abkörungsfalle, was also gegen Unterschrift und unter Belehrung hinsichtlich des Berufungsrechtes dem Faselhalter eröffnet werden muß entweder durch den Vorsitzenden des Körausschusses oder durch den Bürgermeister, wird der Beschluß erst nach 14 Tagen rechtskräftig. Während dieser Zeit kann der Bulle noch verwendet werden und im Berufungsfalle so lange, bis der verstärkte Körausschuß zusammengetreten ist und gleichfalls für Abkörung sich ausgesprochen hat. Der Beschluß des verstärkten Körausschusses hingegen ist sofort rechtskräftig.

4. Das Körgesetz statuirt keine besonderen Bestimmungen, nach welchen die Ankörung oder Tauglichkeitserklärung eines Zuchtstieres zu erfolgen hat; allgemeine Direktiven sind in Art. 1 Abs. 3 des Gesetzes, § 8 Abs. 2 und 4 der Vollzugsverordnung und Ziff. 17 der Vollzugsinstruktion enthalten. Letztere setzt fest, daß der Zuchtstier bei der Zulassung zum Sprunge mindestens 1½ Jahre alt und gesund sei, eine seinem Alter und seiner Rasse entsprechende Größe und Körperentwicklung besitze und der anzustrebenden Zuchtrichtung (des Körbezirkes) entspreche, guten Gang, geschmeidige Haut und feines Haar habe.

Nachdem von der Aufzählung bestimmter Fehler, welche die Körperform beeinträchtigen, sich auf die Nachkommen vererben, somit den zu körenden Stier als zuchtuntauglich erscheinen lassen, sowohl im Gesetze als in den hiezu erlassenen Ausführungsbestimmungen Umgang genommen worden ist, vertraut der Gesetzgeber zu der Sachkenntniß der Körausschüsse, daß dieselben in den einzelnen Fällen das Richtige treffen und weder ungeeignete, mangelhaft gebaute Stiere ankören, noch auch im Allgemeinen entsprechende Thiere von der Zucht ausschließen werden. Demgemäß erfordert die Funktion eines Körausschußmitgliedes schon ein hohes Maß von Erfahrung und Beurtheilungsgabe und sollten stets nur solche Personen hiezu gewählt werden, welche der Aufgabe voll und ganz gerecht werden können. Vgl. indeß hinsichtlich der Beurtheilung der Zuchtstiere Abschnitt III.

5. Obwohl der ausgestellte Körschein bis zur nächstjährigen Hauptkörung Geltung hat, ist es dem Körausschuß auch unbenommen, so gut er Ab- und Ankörung verfügen kann, dessen Geltung überhaupt zu beschränken, so z. B. mit der Verfügung „angekört für die Sommermonate" oder für eine andere begrenzte Zeit, als die gesammte Jahresfrist, indem die besonderen wirthschaftlichen Verhältnisse oder auch das Alter des Zuchtstieres eine solche Bestimmung als notwendig statuiren lassen. Dieselbe kommt in ihrer Wirkung einer vor dem Zeitpunkte der normal auslaufenden Giltigkeit des Scheines erfolgenden Zurücknahme desselben gleich (Art. 9 Abs. 4 des Gesetzes), und wird durch ein solches Verfahren unter Umständen eine Nachkörung nach § 7b der Vollzugsverordnung erspart.

Der ausgestellte Körschein hat also nur nach Maßgabe seines Inhaltes, im äußersten Falle also wieder bis zur nächstjährigen Hauptkörung Giltigkeit, daher auch nur für die in dem Scheine selbst bezeichnete Ortschaft, Gemeinde, oder für den Viehstand eines Besitzers, sowie für die der gleichen Rasse angehörigen Kühe und Kalbinnen innerhalb des ausgesprochenen Giltigkeitsrayons, endlich auch, was indeß zur Seltenheit gehören und nur bei den zum Zwecke des Handels gekörten Zuchtstieren vorkommen wird, für den ganzen Umfang des Kördistrikts. Letzteres Verfahren würde auch den Intentionen des Gesetzes und der Vollzugsverordnung zuwiderlaufen, indem das gemeindliche Körausschußmitglied hier oftmals nicht in Aktion zu treten brauchte und eine Gemeinde sich einen Zuchtstier zur Verwendung gefallen lassen müßte, ohne daß vorher ihr Vertreter hierüber entschieden hätte. Der Körschein hat also niemals eine absolute und unbeschränkte Giltigkeit, so daß der Zuchtstier für „fremdes Vieh aller Art" verwendet werden dürfte. Der Wechsel in der Person des Zuchtstierhalters hat keinen Einfluß auf die Giltigkeit des Körscheins, so lange der Zuchtstier innerhalb des Raumes bleibt, für welchen der Körschein ausgestellt ist. Die Giltigkeit des Körscheins hingegen ist räumlich nach Ort und Zeit beschränkt; wenn der Körschein auch am Orte für die aus demselben zugeführten Viehstücke Giltigkeit hat, so folgt daraus noch keineswegs, daß der gekörte Bulle an demselben Orte auch Viehstücke decken darf, welche außerhalb seines Giltigkeitsbereichs oder gar aus einem fremden Kördistrikte ihm zugeführt werden. Eine derartige Verwendung wäre nach einem Urtheile des k. Oberlandesgerichts München vom 12. Januar 1895 (auszugsweise abgedruckt in No. 5 des Min.-Amtsbl. d. J. v. J. 1895) gemäß Art. 13 des Körgesetzes strafbar.

Selbst in jenen Fällen, in welchen die Verwendung des Bullens für Gemeinden oder Ortschaften in verschiedenen Kördistrikten beabsichtigt ist, ist die vorherige Ankörung durch jeden der hiebei in Betracht kommenden Körausschüsse erforderlich, also nicht blos durch den einen derselben. (Vgl. Erläuterungen auf S. 37.)

6. Die Ankörung eines Zuchtstieres erstreckt sich in ihrer Dauer zunächst auf den Zeitraum eines Jahres, also von einer Hauptkörung bis zur nächstjährigen und bei Nachkörungen und Körungen, welche nach dem Termine der Hauptkörung während eines Jahres stattfinden, sofern der Körausschuß keine Einschränkung treffen sollte, gleichfalls immer wieder bis zur nächsten Hauptkörung, niemals aber über dieselbe hinaus. Die Einräumung der Zuchttauglichkeit ist daher zeitlich beschränkt. Daraus dürfte folgen, daß auch die Zuchtuntauglichkeitserklärung, also die Abkörung eines Bullens, nicht für alle Fälle eine permanente oder absolute sein wird.

Vgl. insbesondere Ziff. 17, Abs. 3 der Vollzugsinstruktion, wenn der körpflichtige Bulle lediglich wegen zu jugendlichen Alters abgekört werden muß. Es kann der Fall vorkommen, daß ein abgekörter Bulle sich seit der stattgehabten Körung schon kurze oder auch längere Zeit nach derselben im Körperbau und in der Ernährung so verbessert und vervollkommnet, daß er mit Sicherheit die Erwartung zuläßt, er würde bei einer abermaligen Prüfung durch den Körausschuß als tauglich befunden werden. In solchen Fällen dürfte es dem Zuchtstierbesitzer unverwehrt sein, nachdem das Gesetz hierüber Bestimmungen nicht enthält, von Neuem eine Körung des seinerzeit abgekörten Zuchtstieres unter näherer Begründung zu beantragen. Hinsichtlich der Kostentragung dürfte jedoch, wenn die wiederholte Körung im gleichen Jahre stattfindet, also eine Doppelkörung eines und desselben Bullens innerhalb des gleichen Körbezirkes ohne ausgesprochen gesetzlicher Berechtigung für deren Vornahme stattfindet, fraglich sein, ob dieselben den öffentlichen (Distrikts- und Staats-) Kassen überwiesen werden können und nicht dem Besitzer zur Last fallen müssen. Denn er trägt die Veranlassung zu dieser gesetzlich unnöthigen und nicht gerechtfertigten Amtshandlung, weil er am Körtermine seinen Bullen nicht in einem solchen Zustande hatte, wie er für die Ankörung hätte sein müssen. Die nachherige gute Entwicklung des Zuchtstieres konnte nicht vorausgesehen werden und muß daher die auf Grund derselben vorgenommene wiederholte Körung als eine Ausnahme von der Regel statuirt werden, für welche die Verrechnung öffentlicher Kosten um so bedenklicher erscheint, als ein solches Verfahren im Gesetze selbst ausgesprochen sein müßte und außerdem der Effekt der Abkörung reducirt, ja diese selbst vielfach illusorisch und wirkungslos gemacht werden könnte, indem der Bullenhalter eben immer wieder seinen abgekörten Bullen zur Körung anmelden würde. Jedenfalls ist für die Feststellung der Kostentragung ein besonderer Beschluß durch die staatliche Aufsichtsbehörde erforderlich, soferne der Besitzer sich nicht freiwillig zur Uebernahme derselben bereit erklären würde. Für alle Fälle wird es am Platze sein, die Vornahme solcher Körungen, welche ohnehin der Genehmigung der Distriktspolizeibehörde bedürfen, von der Erklärung des Viehbesitzers, daß solcher die Kosten derselben übernimmt, abhängig zu machen. Daß für einen abgekörten Bullen, welcher im nächsten Jahre von dem gleichen Besitzer wieder zur Körung angemeldet wird, diese Aufstellungen nicht zutreffen, bedarf keiner Ausführung, als die Entscheide der Körausschüsse sich über die Dauer eines Jahres beziehungsweise eines Kalenderjahres hinaus nicht erstrecken.

7. Die Körungen zerfallen:

a) in Hauptkörungen, welche alljährlich in den Gemeinden einer Distriktsverwaltungsbehörde und zwar meist im Frühjahr, in Gegenden mit Alpenbetrieb jedoch auch im Herbste vorgenommen werden; die Termine werden nach gutachtlicher Einvernahme des beamteten (Bezirks-) Thierarztes und des Bezirkskomitees des landwirthschaftlichen Vereins von der Distriktsverwaltungsbehörde bestimmt (vgl. § 7 der Vollzugsverordnung);

b) in Nachkörungen;

c) in erneute Körungen im Berufungsverfahren.

Die Termine für die beiden letztgenannten Körungsarten werden vom Vorsitzenden der Körausschüsse den Betheiligten eröffnet.

Nachkörungen haben stattzufinden, wenn in der Zwischenzeit von einer Hauptkörung zur anderen auf erfolgte Anmeldung Bullen zu kören sind, oder wenn die Distriktsverwaltungsbehörde eine Nachkörung gemäß § 7, b der K. A. V. zum Gesetze für einen bereits gekörten Zuchtstier anordnet.

Das Rechtsmittel der Berufung steht nach Art. 10 des Gesetzes dem Besitzer gegen den Ausspruch des Körausschusses bei Haupt- und Nachkörungen der einen, wie der anderen Norm zu. Berufungsberechtigt ist also zunächst nur der Zuchtstierbesitzer; hiebei sind Genossenschaften durch den Genossenschaftsvorstand, vereinigte Viehbesitzer durch einen Bevollmächtigten, vereinigte Gemeinden durch die Gemeindeverwaltungen oder eine derselben zu vertreten. Die Berufungen sind innerhalb 14 Tagen ausschließender Frist schriftlich oder zu Protokoll beim k. Bezirksamte anzumelden. Eine andere Berufung als die des Halters gegen den unmittelbar gefaßten Körbeschluß kennt das Gesetz nicht. Die betheiligten Viehbesitzer haben dieses Berufungsrecht nicht, soferne denselben ein Entscheid des Körausschusses nicht conveniren sollte. Dagegen steht nach Art 9, Abs. 4 des Gesetzs und § 7 der Vollzugsverordnung denselben das Recht zu, eine wiederholte Körung (Nachkörung) eines angekörten Bullens zu verlangen, wenn derselbe sich mittlerweile seit der Ankörung aus irgend einem Grunde als untauglich erweisen sollte. Unbegründete Einwände haben jedoch für den Veranlasser des Körgeschäftes gemäß § 11 der Vollzugsverordnung und Art. 11 Abs. 3 des Gesetzes die Tragung der Kosten zur Folge.

Die Entscheidung des verstärkten Körausschusses ist endgiltig und findet gegen diese, wie auch gegen die darauf bezüglichen Bescheide der Distriktsverwaltungsbehörde nach Abs. 4 des Art. 10 des Gesetzes eine weitere Berufung nicht mehr statt. Dieselben repräsentiren somit in Hinsicht auf die Beurtheilung der Zuchttauglichkeit der Bullen die letzte Instanz.

In der K. A. V. v. 15. November 1875 „Die Hebung der Rindviehzucht in den Gemeinden betr.“ bildete die letzte Instanz bei den Zuchtstiervisitationen in Hinsicht auf Beurtheilung der Tauglichkeit der Zuchtstiere die Begutachtung durch den k. Kreisthierarzt. Darauf mag es auch zurückzuführen sein, daß Viehbesitzer und selbst auch Gemeinden, wenn dieselben mit dem Entscheid der Körausschüsse nicht zufrieden sind oder sonst Beschwerden gegen die Zuchtstierhaltungen vorzubringen haben, sich noch vielfach meist direkt an den kgl. Kreisthierarzt behufs Abhilfe wenden. Es dürfte darauf hinzuweisen sein, daß nach den Bestimmungen des Körgesetzes und der Zusammensetzung der Körausschüsse den Kreisthierärzten eine Betheiligung am Körgeschäfte nicht zukommt und daß auch dieselben dementsprechend gar nicht in der Lage sind, irgendwie ihren Einfluß hinsichtlich der Beurtheilung durch die Körausschüsse geltend zu machen, da ohnedies jede fremde Beeinflussung derselben gesetzlich ausgeschlossen ist. Nur bei der Entscheidung der Frage der Tauglichkeit für jene Zuchtstiere, welche für den eigenen Viehstand eines Besitzers dienen sollen, könnte eine Beurtheilung durch den Kreisthierarzt, die aber jedenfalls nur von Amtswegen erholt werden kann, verlangt werden, weil für jene Fälle das Körverfahren überhaupt nicht erforderlich ist und der Nachweis auch auf andere Weise als durch dieses geliefert werden kann. (Vgl. auch Erläuterungen S. 39 u. 40.)

Art. 11.

Die Körung, sowie alle hierauf bezüglichen Verhandlungen und Ausfertigungen in erster und zweiter Instanz sind gebührenfrei.

Vorbehaltlich der Bestimmungen in Abs. 3 und 4 sind die für die thierärztlichen Mitglieder der Körausschüsse erwachsenden Kosten auf die Staatskasse, die Kosten für die vom Distriktsrathe zu wählenden Mitglieder dagegen auf die Distriktskasse zu übernehmen.

Die Kosten jener Nachkörungen, welche notwendig werden, um die fortdauernde Zuchttauglichkeit eines durch Körschein anerkannten Zuchtstieres festzustellen, sind, wenn sie durch offenbar unbegründete Anzeigen veranlaßt worden sind, von dem Anzeigenden zu tragen.

Die Kosten der erneuten Körung im Berufungsverfahren fallen, wenn die Berufung verworfen wird, dem Beschwerdeführer zur Last.

Erläuterungen: 1. Die Gewährung der Gebührenfreiheit für alle auf die Körung bezüglichen Verhandlungen erster und zweiter Instanz, einschließlich des Körscheines (Art. 11 Abs. 1), dürfte sich mit Rücksicht auf das dabei betheiligte öffentliche Interesse rechtfertigen. (Beil. 4 S. 243.)

Im Uebrigen erfuhr die Regierungsvorlage, nach welcher die durch die Körung erwachsenden Kosten (Baarauslagen) regelmäßig den Zuchtstierhaltern zu überweisen gewesen wären, eine wesentliche Abänderung durch die Kommissions- und Plenarverhandlungen. (Beil. 84 S. 629 und Sten. Ber. S. 415 und 416.)

2. Die Kostenregulirung für den Vollzug des Körgesetzes geschieht also in folgender Weise:

1. Verwaltungsrechtliche Verhandlungen und Beschlüsse unterliegen der Gebührenpflicht.
2. Aufsichtsverfügungen sind nach dem Gebührengesetze gebührenfrei.
3. Verhandlungen, Beschlüsse und Ausfertigungen über Körung der Zuchtstiere in erster und zweiter Instanz sind gebührenfrei. Hieraus folgt, daß für den Fall der Ergreifung einer weiteren Beschwerde gegen den Ausspruch der Distriktsverwaltungsbehörde oder des verstärkten Körausschusses bei Körungsberufungen der Ausspruch der durch die weitere Beschwerde angerufenen Instanz über die Unzulässigkeit derselben der Gebührenpflicht unterliegt.
4. Die thierärztlichen, sowie die distriktiven Mitglieder erhalten für die Vornahme der Körungen, erstere aus der Staatskasse, letztere aus der Distriktskasse Gebühren. Die gemeindlichen Mitglieder des Körausschusses versehen ihr Amt unentgeltlich, ein Gleiches ist der Fall bei den distriktiven Mitgliedern bezüglich der Körgeschäfte, welche sie innerhalb der Gemeindegrenzen ihres Wohnortes vornehmen. Es empfiehlt sich übrigens, distriktive Mitglieder, ausgenommen jene der unmittelbaren Städte, wo dies nicht anders möglich ist, an ihrem Wohnorte nicht zum Körgeschäfte und statt deren außerhalb desselben wohnhafte Ersatzmänner beizuziehen, weil jene als zunächst Betheiligte erscheinen können. Vergleiche noch Ziff. 19—22 der Vollzugsinstruktion.

3. Ausnahmen von dieser Regel sind folgende (Art. 11 Abs. 3 und 4 des Gesetzes):

a) Bei Berufungen an den verstärkten Körausschuß, welche dieser verwirft, hat der Berufungsführer die Kosten der Körung durch den verstärkten Köransschuß zu tragen und ist in dessen Beschluß nach der von ihm vorgenommenen Körung zur Tragung dieser Körungskosten zu verurtheilen.
b) Derjenige, welcher eine offenbar unbegründete Anzeige über Eintritt der Untauglichkeit eines angekörten Zuchtstieres macht, in Folge deren die Distriktsverwaltungsbehörde eine Nachkörung anordnete, hat die Gebühren des Körausschusses für diese Nachkörung zu tragen. Die Beschlußfassung hierüber erfolgt, wenn der Anzeiger nach Aufforderung nicht freiwillig zahlt, durch die Distriktsverwaltungsbehörde. Gegen diesen Beschluß ist von der Eröffnung an innerhalb vierzehn Tagen ausschließender Frist Beschwerde zur k. Kreisregierung, Kammer des Innern, als zweite und letzte Instanz zulässig (§ 11 der Vollzugsverordnung). Sollte der jedenfalls seltene, aber immerhin mögliche Fall vorkommen, daß die Beschwerde begründet ist, der Zuchtbulle untauglich erscheint, aber der Körausschuß (durch Stimmenmehrheit) gleichwohl sich nicht zu einer Abkörung desselben verstehen kann, so können

dem Beschwerdeführer die Kosten nicht zur Last gelegt werden. Allein die Sachlage muß hier von dem Vorsitzenden des Körausschusses durch einen eingehenden Bericht an die Distriktspolizeibehörde klar gelegt werden.

In den Ausnahmefällen unter a und b erfolgt die Einhebung der Gebühren von den Verurtheilten und in Folge dessen auch die Auszahlung an die Bezugsberechtigten durch die Distriktsverwaltungsbehörde, welche gegebenen Falls den administrativen Zwangsvollzug anzuordnen und durchzuführen hat.

4. Ueber die Berechnung der Gebühren der Thierärzte (Vorsitzende des Körausschusses) und die distriktiven Mitglieder des Körausschusses ist der § 13 der Vollzugsverordnung maßgebend. Vgl. denselben, sowie Ziff. 20 der Vollzugsinstruktion und deren Anlagen. Es dürfte außerdem noch zu bemerken sein, daß abgesehen von den erwähnten Ausnahmefällen bei Berufungskörungen die Kosten der Körungen von der Distrikts- bezw. der Staatskasse nur dann getragen werden, wenn die Körung innerhalb des zuständigen Kördistriktes stattfindet (bei Vornahme außerhalb desselben hätte das Mehr derselben der Veranlasser des Geschäftes zu vergüten) und wenn die beabsichtigte Verwendung des Zuchtstieres für die faselbaren Viehstücke einer Gemeinde, einer Ortschaft, einer Genossenschaft oder für den eigenen Viehstand eines Privaten, in letzterem Falle meist, um von den Umlagen zur Bullenhaltung entbunden zu werden, erfolgen. In allen übrigen Fällen, also besonders dann, wenn die Körung z. B. von einem gewerbsmäßigen Bullenzüchter, von einer Zuchtgenossenschaft (Stammzuchtverein, Zuchtstation 2c.) beantragt wird, um die Zuchtstiere im Falle der Ankörung besser und leichter verwerthen und absetzen zu können, dürfen weder der Staats- noch der Distriktskasse hiefür Gebühren aufgerechnet werden und hat solche der Antragsteller selbst zu tragen. In diesem Sinne ist auch eine Entschließung der k. Regierung von Unterfranken, K. d. Innern, unterm 14. April 1892 No. 7679, betr. Vollzug des Ges. v. 5. April 1888, hier die Liquidation der thierärztlichen Mitglieder der Körausschüsse, ergangen.

5. Hinsichtlich der Formation der Körausschüsse ist Folgendes zu bemerken:

I. Der Körausschuß wird gebildet:

1. aus einem beamteten Thierarzt
2. aus einem distriktiven und
3. aus einem gemeindlichen Mitgliede.

Derselbe ist zu bilden je für den Umfang eines Bezirksamtes bezw. einer unmittelbaren Stadt, wenn in derselben Rindviehzucht von irgend einer Bedeutung getrieben wird. Als beamteter Thierarzt gilt vor allem in den Bezirksamtssprengeln der Bezirksthierarzt, in unmittelbaren Städten der städtische (beamtete) Thierarzt, wenn ein solcher vorhanden ist, wenn nicht, der Bezirksthierarzt. In den Bezirksamtssprengeln können auch von der k. Kreisregierung in denselben angestellte Distriktsthierärzte an Stelle des Bezirksthierarztes in den Körausschuß bestimmt werden, und zwar:

a) als Stellvertreter des Bezirksthierarztes bei dessen vorübergehender Behinderung beim Körgeschäfte, während der Bezirksthierarzt nach der Allerhöchsten Vollzugsverordnung zum Körgesetze (vgl. § 1 Ziff. 3 Abs. 2 derselben) jederzeit der Stellvertreter eines in den Körausschuß bestimmten, vorübergehend verhinderten Distriktsthierarztes ist;

b) wenn in einem nur aus einem Distrikte bestehenden Bezirksamte wegen dessen weiter Ausdehnung für einen bestimmten Theil desselben ein Distriktsthierarzt aufgestellt ist, für den ihm anvertrauten Theil des Distrikts;

c) wenn der Verwaltungsbezirk aus mehreren Distrikten besteht, in den Distrikten, zu welchen der Sitz des Bezirksthierarztes nicht gehört, die für denselben aufgestellten Distriktsthierärzte, jedoch nach Maßgabe von § 1 Ziff. 4 der erwähnten Vollzugsverordnung.

Die übrigen zwei Mitglieder des Körausschusses, sowie je ein Stellvertreter derselben werden in unmittelbaren Städten vom Magistrate gewählt. In Bezirksamtssprengeln dagegen wird für jeden Distrikt ein distriktives Mitglied und ein Stellvertreter desselben vom Distriktsrathe gewählt, wobei es dem Distriktsrathe unbenommen ist, nach Bedarf, namentlich behufs Kostenersparung, bei sehr ausgedehntem Umfange den Distrikt in Bezirke einzutheilen und für dieselben je ein Mitglied und einen Stellvertreter desselben zum Körausschusse aufzustellen. Das gemeindl. Mitglied des Körausschusses und ein Stellvertreter desselben wird von der Gemeindeverwaltung für den Umfang der Gemeinde gewählt. Es sollen hiezu Viehbesitzer oder gewesene Viehbesitzer (befähigte und objektiv urtheilende Personen) genommen werden. Der Zuchtstierhalter kann, als betheiligt, nicht gewählt werden.

II. Der verstärkte Körausschuß besteht aus fünf Mitgliedern, und zwar aus dem für jede Gemeinde gebildeten Körausschuß oder im Verhinderungsfalle eines oder des anderen Mitgliedes aus deren Stellvertretern und zwei weiteren distriktiven Mitgliedern. Die letzteren, von welchen der eine als erster, der andere als zweiter Stellvertreter ausdrücklich zu bezeichnen ist, werden vom Distriktsrathe bezw. vom Magistrate unmittelbarer Städte gewählt. Es hat hienach bei Verhinderung nur eines dieser Mitglieder zunächst der erste Stellvertreter einzutreten.

Die Wahl der distriktiven und gemeindlichen Körausschußmitglieder und der distriktiven Mitglieder des verstärkten Körausschusses erfolgt auf drei Jahre, während beim Wegfall eines Mitgliedes oder Stellvertreters während dieser Zeit lediglich auf die restige Dauer der dreijährigen Periode des Ausgeschiedenen Ersatz in derselben Weise zu schaffen ist, wie die Wahl der Mitglieder stattfindet. Demnach sind die Mitglieder des Körausschusses mit Ausnahme der beamteten Thierärzte von drei zu drei Jahren nebst ihren Ersatzmännern neu zu wählen. In § 3 der Vollzugsverordnung ist noch vorgesehen, daß bis zur Verpflichtung der neugewählten Körausschußmitglieder, wenn sich diese aus irgend einem Grunde verzögern sollte, die alten Mitglieder weiter zu fungiren haben.

Eine besondere Form der Wahl ist nicht vorgeschrieben, es genügt deshalb, daß der Wahlkörper nach Maßgabe des Distriktsrathsgesetzes bezw. der Gemeindeordnung versammelt ist. Dann aber kann sowohl durch Acclamation als durch relative Stimmenmehrheit mittels Abgabe von Stimmzetteln gewählt werden.

Wenn eine Ergänzungswahl für ein distriktives Mitglied des Körausschusses oder verstärkten Körausschusses in Bezirksamtssprengeln nicht bis zur nächsten (ordentlichen) Distriktsrathsversammlung verschoben werden kann, hat der Distriktsrathsausschuß die Wahl vorzunehmen. Dem später versammelten Distriktsrathe ist der Wahlakt vorzulegen. Dieser kann die Wahl bestätigen oder eine andere Wahl treffen, im letzteren Falle sind die inzwischen vorgenommenen Körausschußhandlungen des vom Distriktsrathsausschusse Gewählten nach Maßgabe des Distriktsrathsgesetzes giltig.

Die Beschlußfassung des Körausschusses bezw. verstärkten Körausschusses, *in welchem der beamtete Thierarzt den Vorsitz führt*, erfordert, wie bereits erwähnt wurde, die Anwesenheit *sämmtlicher* Mitglieder desselben und sind deshalb für verhinderte Mitglieder deren Stellvertreter unbedingt zur Körung einzuberufen.

III. *Die Verpflichtung der thierärztlichen Mitglieder* der Körausschüsse hat nach Maßgabe der Verordnung vom 20. Juli 1872, „das Civilveterinärwesen betr.“, zu geschehen. Die Verpflichtung der *distriktiven und gemeindlichen Mitglieder* des Körausschusses und des verstärkten Körausschusses, sowie deren Stellvertreter geschieht auf *Handgelübde* durch den Bürgermeister ihres Wohnortes, bei solchen, die früher schon verpflichtet worden sind, durch Zurückerinnerung an diese Verpflichtung. Ueber die Verpflichtung ist ein *Protokoll* aufzunehmen und in der Gemeinderegistratur aufzubewahren. Es haben ferner die Bürgermeister der einem Bezirksamte untergeordneten Gemeinden diesem von der vorgenommenen Verpflichtung Anzeige zu machen. Es wird wohl, obgleich es weder in der Vollzugsverordnung noch in den Ausführungsbestimmungen ausdrücklich vorgeschrieben ist, jede Distriktspolizeibehörde ein Verzeichniß der Mitglieder der Körausschüsse und des verstärkten Körausschusses mit Feststellung der Verpflichtung der Mitglieder zu führen und dem Vorsitzenden des einzelnen Körausschusses hievon Mittheilung zu machen, oder doch letzterem alle für seinen Körbezirk gewählten Mitglieder nebst deren Verpflichtung bekannt zu geben haben, damit dieser das Verzeichniß behufs seinerzeitiger Einladung der Ausschußmitglieder zum Körgeschäfte sich anlege.

Die Ladung der einzelnen Mitglieder zu den Körungen hat von dem Vorsitzenden mittels Anschreiben an die Gemeindebehörden als R. S. zu geschehen. Desgleichen wird das Bezirksamt den einschlägigen Bürgermeistern die vom Distriktsrathe gewählten Ausschußmitglieder und deren Stellvertreter bekannt zu geben haben, damit die Verpflichtung derselben von ihnen vorgenommen werde. Ist der Bürgermeister verhindert, die Verpflichtung vorzunehmen oder selbst als Ausschußmitglied zu verpflichten, so hat sein Stellvertreter diese Obliegenheit zu besorgen gemäß Art. 101 Abs. 2 und Art. 125 Abs. 3 der rechtsrheinischen und Art. 56 Abs. 3 der pfälzischen Gemeindeordnung. (Dr. v. Hauck, a. a. O. S. 410–413.)

Art. 12.

Die näheren Ausführungsbestimmungen in Bezug auf die Körung der Zuchtstiere und die Bildung der Körausschüsse werden im Verordnungswege erlassen.

Erläuterungen: 1. Der in Art. 12 enthaltenen Bestimmung ist durch den Erlaß der Königlich Allerhöchsten Verordnung v. 16. Juni 1888, sowie durch die Bekanntmachung der k. Staatsministerien des Innern und der Finanzen vom 16. Juni 1888 entsprochen worden. Außerdem sind in einzelnen Regierungsbezirken noch besondere Vorschriften erlassen worden, welche sich auf die Beurtheilung der Zuchtstiere nach Körperform, Rasse, Farbe bei der Körung beziehen und als eine Richtschnur für die Körausschüsse zu gelten haben.

2. In der Abgeordnetenkammer wurde an die k. Staatsregierung die Bitte gerichtet, darauf Bedacht zu nehmen, daß im Verordnungswege festgestellt werde, daß zu den Körausschüssen auch da, wo Distriktsthierärzte sich vorfinden, diese mit den Körungen beauftragt werden können. Von Seite der k. Staatsregierung wurde erwidert, daß auf die Mitwirkung der Distriktsthierärzte bei der Körung thunlichst Rücksicht genommen werden solle. (Sten. Ber. S. 417 1887.) Die Vollzugsordnung hat in § 1 Ziff. 1 und 4 der in der Abgeordnetenkammer gegebenen Anregung entsprochen. Darnach sollen der Regel nach außer den Bezirksthierärzten, bei welchen die Vornahme der Körung ohnehin eine nothwendige Voraussetzung für ihre Berufsthätigkeit nach ihrer Dienstesinstruktion zu bilden hat, Distrikts- und praktische Thierärzte in den Körausschuß berufen werden, wenn dieselben die Prüfung behufs Erlangung der Funktion eines amtlichen Thierarztes in Bayern mit Erfolg bestanden haben. Abgesehen von der nach § 29 der Gewerbeordnung vorgeschriebenen Approbationsprüfung findet nach Maßgabe der Vorschriften in Ziff. V der K. A. V. v. 20. Juli 1872, das Civilveterinärwesen betr. (Regsbl. S. 1585) alljährlich in Bayern eine besondere Prüfung für approbirte Thierärzte

statt, welche mindestens zwei Jahre bereits in Praxis stehen müssen, von deren Bestehen die Erlangung der Funktion eines amtlichen Thierarztes abhängig gemacht ist. Demnach ist die Einberufung in den Körausschuß von jenen Distrikts- und praktischen Thierärzten, welche diese Prüfung nicht bestanden haben, nur in Ausnahmefällen und jedenfalls nur für vorübergehende Dauer zulässig. Als ein solcher Ausnahmefall wird derjenige gelten müssen, wenn ein noch nicht derartig geprüfter Distrikts- oder praktischer Thierarzt vorübergehend mit der Versehung einer erledigten Bezirksthierarztstelle betraut oder als Stellvertreter eines erkrankten oder sonstwie verhinderten Bezirksthierarztes amtlich aufgestellt wird. In diesem Falle hat derselbe sämmtliche Obliegenheiten des beamteten Thierarztes, in Folge dessen auch die Funktion des Vorsitzenden im Körausschusse mit zu vollziehen und bedarf es dann selbstredend einer ausdrücklichen Uebertragung, die sonst durch die Kreisregierung, Kammer des Innern, zu erfolgen hat, nicht weiter.

Art. 13.

Zuwiderhandlungen gegen die Bestimmungen des Art. 8 unterliegen einer Geldstrafe bis zu 30 ℳ.

Der gleichen Strafe können Zuwiderhandlungen gegen die gemäß Art. 12 im Verordnungswege zu erlassenden Bestimmungen unterstellt werden.

Erläuterungen: 1. Die Strafbestimmungen, welche mit jenen des Art. 111 Abs. 1 des P.-Str.-G.-B. identisch sind, beziehen sich auf die Uebertretungen der Bestimmungen in Artikel 8 des Gesetzes. Es werden also die Zuwiderhandlungen mit einer Geldstrafe bis zu 30 ℳ. (im Nichteinbringungsfalle wohl auch mit entsprechender Haftstrafe) belegt. Die Aburtheilung erfolgt durch das Schöffengericht und sind im Berufungsfalle die weiteren Instanzen Landgericht, Oberlandesgericht zuständig. Die Verfehlungen begreifen jene Fälle, in welchen nicht angekörte, beziehungsweise nicht zur Körung angemeldete Zuchtstiere zur Bedeckung fremder Viehstücke nachweislich verwendet worden sind oder in welchen nicht angekörte Bullen (ausgenommen jedoch noch nicht sprungfähige Stierkälber) mit fremden Kühen und Kalbinnen auf gemeinsame Weide getrieben werden. In letzterem Falle ist das strafbare Reat schon dann gegeben, wenn der Nachweis des gemeinsamen Auftriebes der Zuchtstiere (d. i. sprungfähiger und zur Zucht verwendbarer) erbracht ist, ohne daß eine Bedeckung auch wirklich erfolgt ist. Jedenfalls wird aber dann ein milderes Strafmaß, als in jenem Falle, in welchem die offenbare Verwendung zur Zucht stattgefunden hat, Platz greifen können. Selbstredend hat die Strafbestimmung nur den Austrieb der Zuchtstiere und nicht auch jenen der fremden Kühe und Kalbinnen im Auge. Es können daher in diesem, wie bei allen von dem Gesetze mit Strafe bedrohten Uebertretungen nur die Besitzer, Pfleger oder Wärter der Zuchtstiere, also nur jene Personen, welche den Zuchtstier in der Gewalt haben und das Verfügungsrecht über denselben besitzen, nicht aber auch die Besitzer der faselbaren weiblichen Viehstücke, welche den nicht zur Zucht autorisirten Bullen Kühe zuführen oder mit solchen auf gemeinsame Weide treiben, strafrechtlich belangt werden.

2. Auch die Verwendung angekörter Stiere zur Zucht ist mit Strafe bedroht, wenn solche für Viehstücke aus Ortschaften, Gemeinden geschieht, auf welche die Giltigkeit des Körscheines nicht ausdrücklich ausgedehnt ist. Dagegen ist die Verwendung abgekörter Zuchtstiere insolange straffrei, als für den Besitzer noch das Berufungsrecht d. i. 14 Tage nach erfolgter Abkörung besteht oder wenn derselbe aufs neue den abgekörten Bullen zur Körung anmeldet d. h. gegen die Abkörung rechtzeitig Berufung zum verstärkten Körausschusse einlegt uud durch denselben noch keine auf Abkörung lautende Enscheidung erfolgt ist.

3. Die in fakultativer Weise eingeräumte Ermächtigung nach Abs. 2 des Art. 13 des Gesetzes, auch Uebertretungen der gemäß Art. 12 im Verordnungswege erlassenen Bestimmungen in analoger Weise zu ahnden, ist insoferne gegenstandslos, als dieselben und zwar sowohl die Vollzugsverordnung — K. A. V. v. 16. Juni 1888 — als auch die Vollzugsinstruktion — Bekanntmachung des K. Staatsm. d. Innern und der Finanzen v. gleichen Datum — Strafbestimmungen nicht enthalten. Es sind daher Zuwiderhandlungen gegen dieselben, insoferne solche nicht jenen der Bestimmungen in Art. 8 des Gesetzes gleichkommen, mit Strafe nicht bedroht.

4. Es verdient erwähnt zu werden, daß Abs. 2 des Art. 111 des P.-St.-G.-B., dessen erster Absatz durch das gegenwärtige Gesetz außer Kraft tritt, noch fortbesteht und daher Uebertretungen desselben bestraft werden. Dieser Abs. 2 v. Art. 111 d. P.-St.-G.-B. lautet „An Geld bis zu 10 Thalern wird gestraft, wer innerhalb einer Ortschaft das Belegen von Pferden oder Rindvieh auf öffentlichen Plätzen oder Straßen vornehmen läßt."

Unter öffentlichen Plätzen dürften der „Oeffentlichkeit zugängliche" zu verstehen sein, weshalb auch Sprungplätze, die nicht umzäunt sind und freies Zuschauen beim Deckakte gewähren, diesen beigezählt werden können.

Art. **14.**

„Gegenwärtiges Gesetz tritt mit dem 1. Januar 1889 in Wirksamkeit.

Gleichzeitig tritt Art. 111 Abs. 1 des Polizeistrafgesetzbuches für das Königreich Bayern vom 26. Dezember 1871 außer Kraft.

Insoferne die als dingliche Lasten bestehenden Verpflichtungen zur Zuchtstierhaltung infolge der Bestimmungen dieses Gesetzes eine Erweiterung erfahren, sind die Berechtigten zur Erstattung des Mehraufwandes verpflichtet.

Verträge, welche vor dem 1. Januar 1889 über persönliche Verbindlichkeiten hinsichtlich der Zuchtstierhaltung abgeschlossen wurden, sind innerhalb der ersten sechs Monate von dem bezeichneten Zeitpunkte an beiderseits kündbar.

Die Fixirung und Ablösung dinglicher Verpflichtungen zur Zuchtstierhaltung bleibt besonderer gesetzlicher Regelung vorbehalten."

Erläuterungen: 1. Der Absatz 2 rechtfertigt sich auf Grund der Bestimmung in Art. 13 des Gesetzes, welche an Stelle des Art. 111 Abs. 1 des Polizeistrafgesetzbuches getreten ist.

2. Die Absätze 3, 4 und 5 waren im Regierungsentwurfe nicht enthalten und verdanken ihre Entstehung den Berathungen in der Kammer der Reichsräthe. Nachdem das Gesetz eine Veränderung in dem Rechtsverhältniß nothwendig mit sich bringt, könnte es zweifelhaft erscheinen, inwieweit die bestehenden Rechts- oder Vertragsverhältnisse von derselben beeinflußt werden. Um darüber alle Zweifel zu benehmen, wurde eine Norm in das Gesetz aufgenommen, welche angibt, wie die Sache zu behandeln ist. Die Rechtsverhältnisse in Bezug auf Stierhaltung sind in Bayern sehr verschiedene, die Entstehungsursachen durch Gewohnheit, durch Ersitzung, durch Vertrag sehr ungleich. Namentlich sind die Verträge sowohl den Untergebenen, den sogenannten Hirten als auch den einzelnen Viehbesitzern, den größeren Grundbesitzern gegenüber in Bayern so verschiedenartig gelagert, daß in dem Augenblicke, wo das neue Gesetz in Kraft tritt, den durch Verträge Verpflichteten sowohl als auch den durch die Verträge Berechtigten das Recht eingeräumt sein muß, Abänderungen anzustreben beziehungsweise zu treffen. Diese Gesichtspunkte haben die drei Absätze im Auge, sie wollen an dem bestehenden Rechte nichts ändern, sie wollen nur besondere Schwierigkeiten auf beiden Seiten vermeiden.

Der dritte Absatz schließt sich enge an eine Entscheidung des obersten Gerichtshofes an, welche am 3. Februar 1886 in Bezug auf die Verordnung vom 17. November 1875 „Die Hebung der Rindviehzucht in den Gemeinden betr." erlassen worden ist. (Vgl. deren wesentlichen Inhalt S. 13 und 14.)

Der 4. Absatz hat Bezug auf die bestehenden Verträge, welche, wie bereits bemerkt, sehr verschiedenartig sein können und in Folge der Verhältnisse, welche das neue Gesetz schafft, auf beiden Seiten sehr beschwerend wirken können.

Abs. 5 faßt die Frage der Ablösung der dinglichen Verpflichtungen ins Auge. Ueber letzteren Punkt ist das Material zur Zeit noch nicht so gereift, daß Bestimmungen über die Auflösung dieser Frage gestellt werden könnten. Es würde dieselbe eventuell die Einbringung eines besonderen Gesetzentwurfes nothwendig machen. Vorerst ist es als genügend zu erachten, wenn auch die Fixirung und Ablösung der dinglichen Verpflichtungen der gesetzlichen Regelung vorbehalten wird. In dem Gesetze wird mit klaren Worten ausgesprochen, was Rechtens ist, und werden die Betheiligten nicht erst durch Beschreitung des Rechtsweges zu ihrem Rechte gelangen. (Prot. d. K. d. R. Nr. 5, S. 382 vom J. 1888.) Bestehende privatrechtliche Verhältnisse, Rechtstitel, Reallasten etc. bleiben durch das Gesetz unberührt. Dagegen ist die gesetzliche Regelung der Fixirung und Ablösung der bestehenden dinglichen Verpflichtungen in Aussicht gestellt. Eine sofortige gesetzliche Regelung dieses Gegenstandes erschien nicht thunlich, da dieselbe bei der rechtlichen Schwierigkeit dieser Materie und der Verschiedenartigkeit der thatsächlichen Verhältnisse eingehende Erhebungen nothwendig voraussetzt. (Beil. 84 S. 625 und Sten. Ber. I. Bd. S. 354, 376 ff.)

Es sind also wohl auch im Hinblick auf Art. 55 der rechtsrheinischen und Art. 40 der Pfälzer Gemeindeordnung, sowie auf Art. 1 des gegenwärtigen Gesetzes civilrechtliche Verpflichtungen zur Zuchtstierhaltung, wenigstens vorläufig, als fortbestehend gelassen. Zur Zuchtstierhaltung verpflichtete Privatpersonen haben nicht blos das zu erfüllen, was in ihrer privatrechtlichen Verpflichtung liegt, sondern auch dem nachzukommen, was das Gesetz vom 5. April 1888, insbesondere Art. 1 Abs. 1, 3 und 8 vorschreiben. Dagegen haben die Viehbesitzer auf Grund des oben erwähnten Erkenntnisses, dessen Standpunkt im Gesetze analoge Verwerthung gefunden hat, den über die privatrechtliche Verpflichtung hinausgehenden Aufwand zu vergüten, soferne nicht gemäß Art. 6 des Gesetzes die Gemeinde dafür eintritt.

Die civilrechtlichen Verpflichtungen zur Zuchtstierhaltung werden durch die das öffentliche Recht betreffenden neueren Gesetze nicht aufgehoben. Diese civilrechtlichen Verpflichtungen können außer für Viehbesitzer auch für politische Gemeinden, wie für Ortsgemeinden, welche früher selbstständig lediglich zu einem politischen Gemeindeverband vereinigt wurden, bestehen. Solche Verpflichtungen können nicht aus Vorschriften früherer Gemeindegesetze, sondern aus dem Lehensverbande oder Verträgen abgeleitet werden. Die Ableitung aus dem Lehensverbande wird beispielsweise anzunehmen sein, wenn vom Lehensherrn der Gemeinde gegen die Pflicht der Gailviehhaltung Grundbesitz angewiesen oder Zehntfreiheit oder Zehntbezug gewährt wurde. Eine vertragsmäßige Verpflichtung ist z. B. die, daß die Gemeinde die auf dem Zehntrecht lastende Zuchtstierhaltung bei der Zehntrechtablösung gegen die entsprechende Vergütung übernommen hat.

In diesen Fällen hat die verpflichtete Gemeinde die Zuchtstierhaltung nach den Vorschriften des Gesetzes Art. 1 und 8 zu besorgen und zwar als deren Organ die Gemeinde- bezw. Ortsverwaltung. Die dadurch entstehenden Ausgaben sind gleich anderen Gemeindeausgaben im Etat und der Gemeinderechnung vorzutragen. Sie können nicht unter Bezug auf Art. 55/40 der Gemeindeordnungen oder Art. 1 des Gesetzes vom 5. April 1888 abgelehnt werden. Ein Streit über den Bestand einer solchen Verpflichtung wäre zwischen der Gemeinde und den Viehbesitzern auf dem Civilrechtswege auszutragen. Gegenüber von einzelnen die Pflicht der Gemeinde bestreitenden Umlagepflichtigen kann übrigens auch die Pflicht der Gemeinde insofern durch die Verwaltungsbehörden und Verwaltungsgerichte anerkannt werden, als ausgesprochen werden kann, daß die bestrittene Umlagenerhebung zu Recht besteht. (Dr. v. Hauck, l. c.)

In der Sitzung der Kammer der Abgeordneten vom 22. Juni 1892 kam die Frage hinsichtlich der Ablösung dinglicher Lasten abermals und zwar aus Anlaß einer Petition von 18 Oekonomen der Bezirke Nördlingen und Augsburg betreffs Erlassung eines Gesetzes über die Fixirung und Ablösung dinglicher Verpflichtungen zur Zuchtstierhaltung zur Sprache. Es wurde die Petition der k. Staatsregierung zur Kenntnißnahme mitgetheilt und bei der Debatte wiederholt die Schwierigkeit der Regelung dieser Materie hervorgehoben, es wurde hiebei dem Wunsche Ausdruck gegeben, daß den aus solchen Rechtstiteln zwischen Verpflichteten und Berechtigten entstehenden Prozessen möglichst durch gütlichen Ausgleich der gegenüberstehenden Interessenten vorgebeugt und zur leichteren Erzielung solcher Vereinbarung eine entsprechende Mitwirkung der Distriktsverwaltungsbehörde gesichert werden möge. Diese Anregung wurde auch von Seite der k. Staatsregierung in näherer Auseinandersetzung des Gegenstandes als vollberechtigt anerkannt. Nach den gepflogenen Erhebungen sind in Bayern 472 dingliche Lasten gegenüber einer Anzahl von 32,000 in Verwendung stehenden Zuchtstieren, wobei sehr häufig schwer zu eruiren sei, ob eine wirkliche dingliche Last, eine Reallast, vorliege oder ob es sich um ein Herkommen oder Vertragsverhältnisse handle. (Sten. Ber. Nr. 212 vom 22. Januar 1892 VII. Bd.)

In gleicher Weise wurde aus Anlaß einer Bitte des Oekonomen Wendelin Fechtl von Aicha, k. Amtsgerichts Hemau, um die Erlassung eines Gesetzes über die Fixirung und Ablösung dinglicher Verpflichtungen zur Zuchtstierhaltung in der Sitzung vom 6. November 1895 des Petitionsausschusses der bayer. Abgeordnetenkammer Verhandlung gepflogen. Vom Referenten wurde zugegeben, daß jetzt die Zuchtstierhaltung einen höheren Aufwand mache als früher, und daß daher wünschenswerth wäre, wenn dem Aufwande entsprechend eine höhere Gegenleistung in Form eines höheren Sprunggeldcs beschafft werden müßte. Weiter wurde constatirt, daß die Ablösung dieser dinglichen Lasten, so wünschenswerth solche auch sei, mit Gegenleistungen örtlich so verknüpft sei, daß es schwer falle, ein Gesetz zu schaffen, welches die Verpflichteten und die Berechtigten zufrieden stelle. Um so mehr sei es zu begrüßen, daß die Aufforderung und Vermittlung zu einer gütlichen freiwilligen Ablösung an vielen Orten, wo die Verwaltungsbehörde warm für sie eingetreten ist, zu Stande gekommen ist. Die Kammer habe sich schon öfters mit der Frage beschäftigt, aber sich überzeugt, daß die Ablösung auf freiwilligem Wege das Rathsamste sei.

Der Vertreter der k. Staatsregierung bemerkte: „In Folge der im Jahre 1891 an die Kammer gelangten Fälle seien von der k. Staatsregierung nicht nur umfassende Erhebungen gepflogen, sondern schon ein Gesetzentwurf vorbereitet worden. In Folge dieser Erhebungen ergab sich, daß nicht einmal von vielen Pflichtigen darauf gedrungen wird, die gesetzliche Regelung vorzunehmen. Von allen Kreisregierungen kam die erfreuliche Mittheilung, daß auf freiwilligem Wege schon viel geschehen sei und noch mehr werde zu erreichen sein. Unter 472 bekannten Fällen haben sich nur 70 für die zwangsweise Ablösung geäußert. Er hoffe zuversichtlich, daß von umsichtigen Verwaltungsbeamten in dieser Hinsicht noch manches erfreuliche Resultat werde erzielt werden." Auf Grund dieser Ausführungen wurde der Antrag des Referenten und Korreferenten: nicht geeignet zur Erörterung im Plenum, da nach den Mittheilungen der k. Staatsregierung kein Grund vorliege, eine Gesetzesänderung zu beantragen, umsoweniger, als Verhandlungen im speziellen Falle mit dem Petenten im Gange seien, einstimmig zum Beschlusse erhoben.

Von Seite des k. Staatsministeriums des Innern ist unterm 5. Februar 1892 Nr. 2068 eine autographirte Entschließung an die Verwaltungsbehörden ergangen, welche Direktiven über die amtliche Mitwirkung dieser Stellen bei der Schlichtung von Differenzen in Bezug auf die dinglichen Verpflichtungen zur Zuchtstierhaltung ertheilt.

II.

Vollzugsbestimmungen

zu dem Gesetze vom 5. April 1888, betreffend die Haltung und Körung der Zuchtstiere.

1. Vollzugsverordnung.

Königlich Allerhöchste Verordnung, die Haltung und Körung der Zuchtstiere betreffend.

(Ges.= u. Verordn.=Bl. S. 475 ff.)

Im Namen Seiner Majestät des Königs.

Luitpold,

von Gottes Gnaden Königlicher Prinz von Bayern, Regent.

Wir finden Uns bewogen, auf Grund des Art. 12 des Gesetzes vom 5. April 1888, die Haltung und Körung der Zuchtstiere betreffend (Ges.= u. Verordn.=Bl. S. 235), zu verordnen, was folgt:

I. Körausschuß.

§ 1.

Gemäß Art. 9 des Gesetzes vom 5. April 1888 ist zum Zwecke der Untersuchung und Feststellung der Zuchttauglichkeit der Zuchtstiere für jeden Bezirk einer Distriktsgemeinde (Distrikt), dann im Bedarfsfalle für die unmittelbar einer Kreisregierung untergeordneten Städte je ein Körausschuß zu bilden.

Hiezu wird bestimmt:

1. Der Körausschuß hat zu bestehen

a) aus dem beamteten Tierarzt (Bezirksthierarzt, städtischer Thierarzt) oder dem Distriktsthierarzt;

b) aus einem vom Distriktsrath, in unmittelbaren Städten vom Magistrat zu wählenden Sachverständigen des Distriktes beziehungsweise der Stadtgemeinde;

c) aus einem vom Magistrat, Gemeindeausschuß, Gemeinderath zu wählenden Sachverständigen derjenigen Gemeinde, in welcher der jeweils zu untersuchende Zuchtstier aufgestellt wird.

Bei der letzterwähnten Wahl (c) ist in erster Linie auf Viehbesitzer, beziehungsweise auf solche Persönlichkeiten, welche früher Viehbesitzer waren, Bedacht zu nehmen.

Für die unter b und c Genannten ist zugleich je ein Stellvertreter zu wählen.

Dem Distriktsrath ist unbenommen, nach Bedarf statt Eines Sachverständigen mehrere Sachverständige und für jeden derselben einen Stellvertreter zu wählen und Ersteren je einen bestimmten Theil des Distriktes zur Mitwirkung beim Körgeschäfte zuzuweisen.

2. In Bezirksämtern, welche aus nur Einem Distrikte bestehen, tritt der Bezirksthierarzt in den Körausschuß ein. Ist jedoch ausnahmsweise mit Rücksicht auf die räumliche Ausdehnung dieses Distriktes für einen Theil desselben ein Distriktsthierarzt aufgestellt, so kann der letztere durch die Kreisregierung, Kammer des Innern, für den treffenden Theil des Distriktes anstatt des Bezirksthierarztes in den Körausschuß berufen werden.

In Bezirksämtern, welche aus mehreren Distrikten bestehen, tritt der Bezirksthierarzt in dem Distrikte seines Wohnortes in den Körausschuß ein; hinsichtlich der übrigen Distrikte bestimmt die Kreisregierung, Kammer des Innern, ob der Bezirksthierarzt oder der treffende Distriktsthierarzt in den Körausschuß einzutreten hat.

3. Im Falle vorübergehender Verhinderung des beamteten Thierarztes bestimmt die Kreisregierung, Kammer des Innern, denjenigen Thierarzt, welcher denselben im Körausschuß zu vertreten hat.

Ist ein Distriktsthierarzt vorübergehend verhindert, seinen Obliegenheiten als Mitglied des Körausschusses nachzukommen, so wird derselbe in dieser Beziehung durch den Bezirksthierarzt vertreten.

4. Die Berufung von Distriktsthierärzten und von praktischen Thierärzten in einen Körausschuß soll in der Regel nicht stattfinden, wenn dieselben die Prüfung behufs Erlangung der Funktion eines amtlichen Thierarztes nicht bestanden haben.

Erläuterungen: Die Berufung der beamteten d. i. der Bezirks-Thierärzte und deren Vertreter in dem Körausschuß stützt sich auf die Kgl. Allerh. Verordn. v. 20. Juli „Das Civilveterinärwesen betr.“ (Reg.-Bl. 1872 Nr. 53 S. 15834 ff.) Nach der derselben beigegebenen Dienstes-Instruktion für die Bezirksthierärzte (§ 1 derselben) haben dieselben im Allgemeinen die Aufgabe, innerhalb ihrer Berufssphäre mitzuwirken, daß der in dem Besitzstande der landwirthschaftlichen Hausthiere ruhende Nationalreichthum einerseits möglichst vor Verlusten bewahrt, andrerseits durch Verbesserung der Züchtung und Haltung gehoben wird.

Zu diesem Behufe haben die bezeichneten Thierärzte unausgesetzt ein wachsames Auge auf die den Gesundheitszustand der in ihrem Bezirke vorhandenen landwirthschaftlichen Hausthiere benachtheiligenden Einflüsse zu richten und bei jeder sich darbietenden Gelegenheit auf die Betheiligung der in ungeeigneter Fütterung, Haltung, Verwendung u. s. w. begründeten Ursachen zu Erkrankungen in berathender Weise hinzuwirken. Ferner sollen die Bezirksthierärzte Verbesserungen in der Züchtung der landwirthschaftlichen Hausthiere anregen und die Bestrebungen des landw. Vereins in dieser Richtung, sowie die Zwecke des Landgestüts kräftig unterstützen.

Nach dieser Bestimmung steht den Bezirksthierärzten nicht blos das Recht, sondern geradezu die Pflicht zu, auch abgesehen von den Körungen die Bullenhaltungen der Gemeinden, Genossenschaften rc. bei allen sonst sich darbietenden Gelegenheiten zu kontroliren und auch die Abstellung von Mißständen, namentlich in Hinsicht auf Fütterung, Pflege und Haltung der Thiere hinzuwirken. Diese den Thierärzten in Bayern eingeräumte Aufsicht hat sich in hohem Maße bewährt und wie allgemein und bei den verschiedensten Gelegenheiten schon anerkannt worden ist, in vielen Bezirken ein mächtiges Emporblühen der Rindviehzucht bewirkt.

§ 2.

Der verstärkte Körausschuß (Art. 10 Abs. 3 des Gesetzes) wird in der Weise gebildet, daß dem Körausschuß zwei weitere Mitglieder beigegeben werden, welche nebst zwei Stellvertretern (einem ersten und einem zweiten Stellvertreter) in gleicher Weise wie das im § 1 unter Ziffer 1b bezeichnete Mitglied vom Distriktsrath, beziehungsweise in unmittelbaren Städten vom Magistrat zu wählen sind.

§ 3.

Die Funktionsdauer der gemäß § 1 Ziffer 1b und c und § 2 zu wählenden Mitglieder des Körausschusses und des verstärkten Körausschusses, sowie ihrer Stellvertreter erstreckt sich auf je 3 Kalenderjahre.

Bis die jeweils Neugewählten verpflichtet sind, setzen die Austretenden ihre Funktion fort.

Erledigt sich im Laufe einer Wahlperiode die Stelle eines gewählten Mitgliedes oder Stellvertreters, so hat eine Ergänzungswahl stattzufinden. Der hiebei Gewählte tritt nur für jene Zeit in den Körausschuß, welche derjenige, an dessen Stelle er berufen wird, noch zu erfüllen gehabt hätte. Kann eine vom Distriktsrath vorzunehmende Ergänzungswahl nicht bis zur nächsten Distriktsrathsversammlung verschoben werden, so ist dieselbe — vorbehaltlich der Bestätigung des Distriktsrathes bei seiner nächsten Versammlung — vom Distriktsausschusse vorzunehmen.

§ 4.

Die Funktion der gewählten Mitglieder des Körausschusses und des verstärkten Körausschusses ist eine freiwillige und ehrenamtliche.

Den distriktiven (vom Distriktsrathe gewählten) Mitgliedern gebührt jedoch nach den näheren Bestimmungen des § 13 Abs. 4 bis 6 Entschädigung für Zeitversäumniß und Auslagen.

Die übrigen gewählten Mitglieder der Körausschüsse versehen ihre Stelle unentgeltlich.

§ 5.

Hinsichtlich der Verpflichtung der beamteten Thierärzte und der Distriktsthierärzte bewendet es bei den Bestimmungen der Verordnung vom 20. Juli 1872, das Veterinärwesen betreffend (Reg.-Bl. S. 1585).

Die gewählten Mitglieder des Körausschusses und des verstärkten Körausschusses, sowie deren Stellvertreter sind durch den Bürgermeister der Gemeinde ihres Wohnortes auf die gewissenhafte Erfüllung ihrer Obliegenheiten handgelübdlich zu verpflichten. Mitglieder, welche in gleicher Eigenschaft früher bereits verpflichtet wurden, sind auf diese Verpflichtung lediglich hinzuweisen. Die Distriktsverwaltungsbehörde ist hierüber, soferne nicht die Verpflichtung durch den Magistratsvorstand einer unmittelbaren Stadt erfolgt ist, Anzeige zu erstatten. Die Verpflichtungsprotokolle sind in der gemeindlichen Registratur aufzubewahren.

§ 6.

Der Körausschuß wie der verstärkte Körausschuß fassen ihre Beschlüsse nach Stimmenmehrheit. Die Giltigkeit der Beschlußfassung ist durch die Theilnahme sämmtlicher Mitglieder beziehungsweise ihrer Stellvertreter bedingt. Den Vorsitz führt das thierärztliche Mitglied.

II. Körung.

§ 7.

Die Körung (Hauptkörung und Nachkörungen) wird durch den Körausschuß vorgenommen.

Die regelmäßige Körung, Hauptkörung, findet alljährlich einmal in allen Gemeinden statt, in welchen zu körende Zuchtstiere stehen.

Nachkörungen sind vorzunehmen,

a) wenn in der Zwischenzeit von der Hauptkörung bis zur nächstjährigen Hauptkörung die Verwendung eines noch nicht angekörten Zuchtstieres beabsichtigt ist und der Besitzer bei dem Vorsitzenden des Körausschusses die Vornahme einer Nachkörung beantragt;

b) wenn der Distriktsverwaltungsbehörde nach der Hauptkörung bekannt wird, daß ein mit Körschein versehener Zuchtstier zur Zucht untauglich geworden ist, und wenn hiernach die genannte Behörde mit Rücksicht auf Art. 9

Abs. 4 des Gesetzes die Vornahme einer Nachkörung anordnet.

Die Distriktsverwaltungsbehörde bestimmt nach gutachtlicher Einvernahme des beamteten Thierarztes und des Bezirkskomitees des landwirthschaftlichen Vereines mit Rücksicht auf die örtlichen Wirthschaftsverhältnisse und auf die Gebrauchsweise der Zuchtstiere im Allgemeinen den Zeitraum, innerhalb dessen alljährlich die Hauptkörung zu vollziehen ist.

Die Termine für die Vornahme der Hauptkörung in den einzelnen Gemeinden, sowie für die Nachkörungen werden von dem Vorsitzenden des Körausschusses anberaumt. Erstere sind durch die Distriktsverwaltungsbehörde öffentlich bekannt zu geben.

Die Körungen (Haupt- und Nachkörungen) sollen regelmäßig am Standorte der Zuchtstiere stattfinden; auf Ersuchen des Besitzers können dieselben jedoch ausnahmsweise unter der Voraussetzung, daß der Staats- und der Distriktskasse hiedurch keine erhöhten Kosten erwachsen, auch anderwärts, insbesondere auf Zuchtviehmärkten, vorgenommen werden.

§ 8.

Die Körung hat den Zweck, festzustellen, ob die zu untersuchenden Zuchtstiere zur Zucht für den Bezirk, in welchem sie zur Verwendung kommen sollen, tauglich sind.

Als tauglich sind nur solche Zuchtstiere anzuerkennen, welche gesund und nach ihrer ganzen Körperbeschaffenheit, sowie nach ihrem Alter zur Zucht geeignet sind und auch den bezüglich der Rasse zu stellenden Anforderungen, insbesondere mit Rücksicht auf die in dem treffenden Bezirke vorherrschenden Viehschläge, entsprechen.

Für die tauglich befundenen Zuchtstiere ist ein Körschein nach anliegendem Formular I auszufertigen.

Die Giltigkeit des Körscheines darf in keinem Falle über den Distrikt hinaus (in unmittelbaren Städten über den Stadtbezirk) ausgedehnt werden. Sie kann aber auch, je nach den im Distrikt vorherrschenden Zuchtrichtungen, auf einzelne Theile des Distriktes, insbesondere auf einzelne Gemeinden, beschränkt werden. Auch ist es nicht ausgeschlossen, den Körschein für Zuchtstiere, welche für den eigenen Viehstand des Besitzers bestimmt sind, nur für diesen Viehstand und etwa die der gleichen Rasse angehörigen Kühe und Kalbinnen des Distriktes oder einzelner Gemeinden desselben auszustellen.

Der Körschein ist, soferne er nicht wegen Untauglichkeit des Zuchtstieres gemäß Art. 9 Abs. 4 des Gesetzes früher zurückgezogen wird, bis zu der am Standorte des Zuchtstieres stattfindenden nächstjährigen Hauptkörung giltig.

§ 9.

Wird ein Zuchtstier für tauglich befunden (angekört), so ist der Körschein dem Besitzer oder seinem Vertreter sofort auszuhändigen.

Wird dagegen ein Zuchtstier für untauglich erklärt (abgekört), so ist dies im Protokoll unter kurzer Angabe der Gründe zu bemerken und dem Besitzer oder seinem Vertreter unter Hinweisung auf das Berufungsrecht (Art. 10 Abs. 1 des Gesetzes) sogleich gegen Unterschrift zu eröffnen, oder im Falle der Abwesenheit durch den Bürgermeister eröffnen zu lassen.

Ueber die sämmtlichen vorgenommenen Körungen (Hauptkörung und Nachkörungen) ist alljährlich nach anliegendem Formular II von dem Vorsitzenden des Körausschusses ein fortlaufendes Protokoll zu führen. Das Protokoll ist für jede Gemeinde abzuschließen und von sämmtlichen Mitgliedern des Körausschusses zu unterzeichnen.

Tritt vor Ablauf der Giltigkeitsdauer eines Körscheines innerhalb seines räumlichen Geltungsbereiches ein Wechsel des Besitzers ein, so ist dies auf Ersuchen des letzteren durch den Vorsitzenden des Körausschusses auf dem Körscheine zu bestätigen und im Protokoll entsprechende Vormerkung zu machen.

§ 10.

Wird gegen den Ausspruch des Körausschusses Berufung ergriffen und eignet sich dieselbe nicht gemäß Art. 10 Abs. 2 des Gesetzes ohne Weiteres zur Abweisung durch die Distriktsverwaltungsbehörde, so hat letztere die Berufung an den Vorsitzenden des Körausschusses zur weiteren Behandlung abzugeben.

Die für das Verfahren des Körausschusses geltenden Vorschriften haben auf das Verfahren des verstärkten Körausschusses sinngemäße Anwendung zu finden.

Wird der Berufung durch Beschluß des verstärkten Körausschusses stattgegeben, so ist der Körschein sofort auszustellen und dem Besitzer auszuhändigen.

Wird die Berufung verworfen, so ist zugleich auszusprechen, daß dem Beschwerdeführer gemäß Art. 11 Abs. 4 des Gesetzes die Kosten der erneuten Körung zur Last fallen. Der Beschluß ist dem Besitzer oder seinem Vertreter gegen Unterschrift sogleich zu eröffnen oder durch den Bürgermeister eröffnen zu lassen.

Die erneute Körung ist in dem fortlaufenden Protokolle, unter Bezugnahme auf die treffende Nummer, unter welcher sich die erstmalige Körung vorgetragen findet, einzutragen.

§ 11.

Wenn sich bei Nachkörungen, welche nothwendig werden, um die fortdauernde Zuchttauglichkeit eines bereits angekörten Zuchtstieres festzustellen, ergibt, daß sie durch offenbar unbegründete Anzeigen veranlaßt worden sind, so hat die Distriktsverwaltungsbehörde gemäß Art. 11 Abs. 3 des Gesetzes die Verpflichtung des Anzeigers zur Kostentragung, soferne derselbe nicht die Kosten ohne Weiteres übernimmt, durch Beschluß festzustellen.

Gegen diesen Beschluß ist Beschwerde zur k. Regierung, Kammer des Innern, welche in letzter Instanz entscheidet, zulässig. Die Beschwerde ist bei Vermeidung des Ausschlusses binnen vierzehn Tagen vom Tage der Eröffnung an bei der Distriktsverwaltungsbehörde anzubringen.

§ 12.

Insoweit die Kosten einer im Berufungsverfahren vorgenommenen erneuten Körung oder einer Nachkörung gemäß

Art. 11 Abs. 3 und 4 des Gesetzes (§ 10 Abs. 4 und § 11 der gegenwärtigen Verordnung) von dem Beschwerdeführer oder dem Anzeiger zu tragen sind, erfolgt die Einhebung — und zwar nötigen Falls im Wege administrativen Zwangsvollzuges — durch die Distriktsverwaltungsbehörde.

§ 13.

Die thierärztlichen Mitglieder der Körausschüsse erhalten für ihre Theilnahme am Körgeschäft eine Vergütung, welche, vorbehaltlich der Bestimmungen in Art. 11 Abs. 3 und 4 des Gesetzes, aus der Staatskasse zu leisten ist.

Dieselbe beträgt:

a) bei Hauptkörungen, wenn in einem und demselben Gemeindebezirke nur 1 Zuchtstier zu untersuchen ist, 3 ℳ, — wenn mehrere Zuchtstiere zu untersuchen sind, 2 ℳ für jeden untersuchten Zuchtstier;

b) bei Nachkörungen und bei erneuten Körungen in Berufungsfällen 6 ℳ für jeden untersuchten Zuchtstier.

Diese Vergütung umfaßt sowohl die Entschädigung für die Vornahme des Körgeschäftes, als den Ersatz der Reise- und sonstigen Auslagen, insbesondere der Kosten für die Beschaffung von Formularien und Schreibmaterialien, sowie etwaiger Portoauslagen.

Die vom Distriktsrathe gewählten Mitglieder des Körausschusses und des verstärkten Körausschusses erhalten für Zeitversäumniß und Auslagen aus Anlaß ihrer Theilnahme am Körgeschäft, insoferne dasselbe außerhalb des Gemeindebezirkes ihres Wohnortes stattfindet, eine Vergütung, welche, vorbehaltlich der Bestimmungen in Art. 11 Abs. 3 und 4 des Gesetzes, aus der Distriktskasse zu leisten ist.

Dieselbe beträgt für jeden Tag:

a) bei einem Zeitaufwand (einschließlich der Reisedauer) bis zu 2 Stunden 3 ℳ,

b) bei einem Zeitaufwand (einschließlich der Reisedauer) von mehr als 2 Stunden bis zu 6 Stunden 5 ℳ,

c) bei einem Zeitaufwand (einschließlich der Reisedauer) von mehr als 6 Stunden 10 ℳ.

Der Distriktsrath ist befugt, mit Genehmigung der k. Regierung, Kammer des Innern, den distriktiven Mitgliedern und deren Stellvertretern statt der in Vorstehendem festgesetzten Gebühr eine Bauschvergütung für das ganze Körgeschäft auszusetzen.

§ 14.

Gegenwärtige Verordnung tritt gleichzeitig mit dem Gesetze vom 5. April 1888 in Kraft.

Die hiernach weiter veranlaßten Anordnungen sind von den k. Staatsministerien des Innern und der Finanzen zu treffen.

München, den 16. Juni 1888.

Luitpold,

des Königreichs Bayern Verweser.

Dr. v. Riedel. Frhr. v. Feilitzsch.

Anlage I. Nr. des Protokolls: . . .

Körschein.

Auf Grund des Gesetzes vom 5. April 1888, die Haltung und Körung der Zuchtstiere betr., ist heute der untenbezeichnete Zuchtstiere de. (Name des Besitzers des Zuchtstieres) zu . . . ., k. Bezirksamtes . . . ., durch den Körausschuß des Distriktes . . . . untersucht und als zur Zucht tauglich anerkannt worden.

Beschreibung des Zuchtstieres:

Alter: . . . .
Rasse (Schlag): . . . .
Farbe: . . . .
Abzeichen: . . . .

Gegenwärtiger Körschein ist giltig bis zur nächstjährigen Hauptkörung für
den Distrikt . . . .
die Gemeinden . . . .
. . . .
die Ortschaften . . . .
. . . .
den Viehstand des . . . .
zu . . . ., sowie für die der gleichen Rasse angehörigen Kühe und Kalbinnen
des Distriktes . . . .
der Gemeinden . . . .

. . . ., den . .ten 18 . .

Der Körausschuß.
(Name des Vorsitzenden.)

Gebührenfrei.

Bemerkung.

Auf der Rückseite des Formulares sind Art. 8, Art. 9 Abs. 3 und 4 und Art. 11 Abs. 1 des Gesetzes, sowie § 8 Abs. 4 u. 5 und § 9 Abs. 4 der Allerh. Vollzugs-Verordnung vom 16. Juni 1888 abzudrucken.

Anlage II.

Fortlaufendes Protokoll

des

Körausschusses

für den $\frac{\text{Distrikt}}{\text{Stadtbezirk}}$ . . . .

18..

Anmerkung. Das fortlaufende Protokoll beginnt mit den Einträgen über die Hauptkörung und hat außerdem alle bis zur nächstjährigen Hauptkörung vorkommenden Nachkörungen zu umfassen.

Laufende Nr.	Die Körung wurde vorgenommen am:		Bezeichnung der Gemeinde	Name, Stand und Wohnort des Stierbesitzers	Des Zuchtstieres				
	Tag	Monat			Alter	Rasse	Abstammung	Farbe und Abzeichen	a) Körperbau b) Ernährungszustand
1	2	3	4	5	6	7	8	9	10

Im Bezirke (Spalte 12) vorherrschender Viehschlag.	Beschluß des Körausschusses.		Bemerkungen, dann Unterschrift der Mitglieder des Körausschusses.
	Angekört, unter Angabe des Bezirkes, für welchen der Körschein erteilt wurde.	Abgekört, unter kurzer Angabe der Gründe; Eröffnung an den Besitzer unter Berufungs-Belehrung gegen Unterschrift.	
11	12	13	14

Anmerkung. Wenn zu dem Eintrag in Spalte 13 Eine Querspalte nicht ausreicht, so sind hiezu zwei zu verwenden.

Je am Schlusse der Einträge in Bezug auf eine Gemeinde haben die Mitglieder des Körausschusses in Spalte 14 in nachstehender Weise zu unterzeichnen:

Die Richtigkeit der Einträge unter lauf. Nr.... bis Nr.... bestätigen.

......., den .... 18..

. . . .

. . . .

2. Vollzugsinstruktion.

Bekanntmachung vom 16. Juni 1888, die Haltung und Körung der Zuchtstiere betreffend.

(Ges.= und Verordn.=Bl. S. 488.)

K. Staatsministerium des Innern und der Finanzen.

Zum Vollzuge des Gesetzes vom 5. April 1888, die Haltung und Körung der Zuchtstiere betr., sowie der Allerhöchsten Vollzugs=Verordnung vom 16. Juni 1888 (Ges.= u. Verordn.=Bl. S. 235 u. 475) werden nachstehende Bestimmungen getroffen.

I. Zuchtstierhaltung.

Zu Art. 1.

1. Die Beschaffung und Unterhaltung der erforderlichen Zuchtstiere, sowie der hiefür nöthigen Einrichtungen obliegt gemäß Art. 1 des Gesetzes vom 5. April 1888, unbeschadet der etwa durch besondere Rechtstitel begründeten Verpflichtungen Dritter, in jeder Gemeinde der Gesammtheit der Besitzer faselbaren Rindviehes, d. i. der Besitzer von Kühen und über ein Jahr alten Kalbinnen.

2. Für die Beitragspflicht und deren Umfang ist regelmäßig der jeweilige Besitzstand vom 1. Februar jeden Jahres für die Dauer des treffenden Kalenderjahres maßgebend. Es ist daher, soferne nicht für die Zuchtstierhaltung in einer Gemeinde ohnehin ausreichend Sorge getragen ist und daher ein

Eingreifen der Gemeindeverwaltung überhaupt zu unterbleiben hat, alljährlich nach dem Stande des 1. Februar eine Liste aufzustellen, welche die Namen der beitragspflichtigen Viehbesitzer und die Zahl der im Besitze jedes einzelnen befindlichen Kühe und über ein Jahr alten Kalbinnen enthält. Diese Liste ist zur Einsichtnahme und Abgabe etwaiger Erinnerungen öffentlich aufzulegen.

Der Gemeindeverwaltung ist indessen gemäß Art. 1 Abs. 1 des Gesetzes unbenommen, für die Aufnahme des Besitzstandes statt des 1. Februar einen anderen Tag zu bestimmen, oder auch zu beschließen, daß die Besitzaufnahme zweimal im Jahre — in der ersten und in der zweiten Hälfte des Jahres — stattzufinden habe; letzteren Falles sind die Kosten der Zuchtstierhaltung je eines Kalenderjahres nach der hiernach sich entziffernden Gesammtzahl faselbaren Rindviehes zu vertheilen.

Als „Besitzer“ im Sinne des Gesetzes sind nach Anleitung der Gesetzesmotive diejenigen anzusehen, welche, sei es als Eigenthümer oder als Pächter oder sonstwie, die thatsächliche Herrschaft über die betreffenden Rindviehstücke haben.

3. Die Zahl der aufzustellenden Zuchtstiere ist nach den besonderen Verhältnissen des einzelnen Falles, mit Rücksicht einerseits auf die Zahl der zu belegenden Kühe und Kalbinnen und anderseits auf die Leistungsfähigkeit der betreffenden Zuchtstiere sowie auf deren Gebrauchsweise (insbesondere auf etwa stattfindenden Weidetrieb) zu bemessen. Im Allgemeinen ist festzuhalten, daß Einem Zuchtstier auch unter günstigen Verhältnissen in der Regel nicht mehr als 100 Kühe und Kalbinnen zuzuweisen sind. Es ist selbstverständlich, daß hiebei der Viehstand derjenigen Viehbesitzer, welche ihre Kühe und Kalbinnen durch eigene Zuchtstiere bedecken lassen, nicht in Anschlag zu bringen ist.

Uebrigens ist es zunächst den beteiligten Viehbesitzern zu überlassen, die Zahl der aufzustellenden Zuchtstiere zu bestimmen; ein zwingendes Eingreifen der Gemeindeverwaltung — eventuell der Gemeindeaufsichtsbehörde — hat nur dann einzutreten, wenn zwischen der Zahl der zu bedeckenden Kühe und

Kalbinnen einerseits und der Leistungsfähigkeit der Zuchtstiere anderseits ein offenbares Mißverhältniß besteht und die Betheiligten sich weigern, freiwillig Abhilfe zu treffen.

4. In Bezug auf „Einrichtungen" für die Zuchtstierhaltung ist nur zu fordern, was zur Erreichung des Zweckes durchaus geboten erscheint. Außerdem ist darauf zu achten, daß durch das Sprunggeschäft die Sittlichkeit nicht verletzt wird.

Zu Art. 2.

5. Der Gemeindeverwaltung obliegt es, sich zu vergewissern, ob in der Gemeinde für eine entsprechende Zuchtstierhaltung Sorge getragen ist. Verneinenden Falles muß ihr Bestreben zunächst darauf gerichtet sein, thunlichst im Wege freier Vereinbarung eine sachgemäße Regelung herbeizuführen; insbesondere ist auf Fortentwickelung der bestehenden, sowie auf Gründung neuer Zuchtstiergenossenschaften, welche alle Viehbesitzer einer Gemeinde oder eines weiteren Bezirkes umfassen, nach Möglichkeit Bedacht zu nehmen.

Gelingt dies nicht, so hat die Gemeindeverwaltung — und zwar auch ohne Antrag eines Betheiligten — nach Maßgabe des Art. 2 Abs. 2 des Gesetzes weiter vorzugehen und zu dem Ende vor allem die Bildung eines Viehbesitzerausschusses von drei bis fünf Mitgliedern zu veranlassen, welchen die betheiligten Viehbesitzer, d. i. die Besitzer von Kühen und über ein Jahr alten Kalbinnen, unter Leitung des Bürgermeisters aus ihrer Mitte zu wählen haben.

Nach Einvernahme dieses Ausschusses, dessen Wünsche thunlichst zu berücksichtigen sind, hat sodann die Gemeindeverwaltung die nöthigen Anordnungen zur Beschaffung und Unterhaltung der erforderlichen Zuchtstiere zu treffen. Insbesondere ist, soferne dies noch nicht geschehen sein sollte, alsbald die Besitzaufnahme nach Maßgabe des Art. 1 Abs. 1 des Gesetzes einzuleiten.

Weiter hat die Gemeindeverwaltung über die Deckung des erforderlichen Aufwandes zu beschließen. Zu diesem Behufe kann dieselbe nach Bedarf die Erhebung von Sprunggeldern, deren Höhe sie festzusetzen hat, sowie die Erhebung von Umlagen anordnen. Die letzteren sind, soferne nicht die Betheiligten durch Uebereinkunft, d. i. unter allseitigem Einverständnisse, anders bestimmen, unter die sämmtlichen Besitzer faselbaren Rindviehes — unbeschadet der aus Art. 4 abzuleitenden Ausnahmen — nach Verhältnis ihres Besitzstandes auszuschlagen.

6. Die Anordnungen der Gemeindeverwaltung haben sich auf dasjenige zu beschränken, was zur Erfüllung der gesetzlichen Anforderungen in Bezug auf die Zuchtstierhaltung notwendig ist. Ist daher in einem Teile der Gemeinde für entsprechende Zuchtstierhaltung, sei es durch eine bestehende Genossenschaft oder sonstwie, Sorge getragen, so hat die Gemeindeverwaltung zunächst darauf hinzuwirken, daß auch in den übrigen Theilen der Gemeinde die Betheiligten dem Bedürfnisse entsprechend Rechnung tragen, sei es, daß sie einen eigenen Zuchtstier halten, oder daß sie sich im Wege der Vereinbarung an eine bestehende Genossenschaft oder an eine benachbarte Gemeinde anschließen, oder sonstige Vorkehrungen treffen.

Gelingt es auf diesem Wege nicht, eine sachgemäße Regelung herbeizuführen, so ist nach Maßgabe des Art. 2 Abs. 2 weiter vorzugehen. Die Anordnungen der Gemeindeverwaltung werden sich in solchen Fällen in der Regel auf den restigen Theil der Gemeinde zu beschränken haben, ausgenommen, wenn nach Lage der Sache in Folge der Absonderung eines Theiles der Gemeinde in dem restigen Theile eine entsprechende Zuchtstierhaltung ohne zu große Belastung der Betheiligten nicht zu ermöglichen wäre.

Zu Art. 3.

7. Die Vereinigung der Viehbesitzer mehrerer benachbarter Gemeinden oder Gemeindetheile zu gemeinschaftlicher Zuchtstierhaltung wird sich insbesondere dann empfehlen, wenn der Viehstand der einzelnen Gemeinden für die Haltung je eines eigenen Zuchtstieres zu klein ist.

Die Vereinigung ist zunächst den betheiligten Viehbesitzern selbst anheimgegeben.

In Ermangelung einer freien Vereinbarung derselben kann die Vereinigung durch übereinstimmende Beschlüsse der betreffenden Gemeindeverwaltungen nach Einvernahme der Viehbesitzerausschüsse verfügt werden. In diesem Falle haben sodann die betreffenden Gemeindeverwaltungen auch weiterhin die hinsichtlich der Zuchtstierhaltung erforderlichen Anordnungen — einschließlich der Bestimmung über die etwa zu erhebenden Sprunggelder — im Wege gegenseitiger Verständigung gemeinsam zu treffen.

Die Vertheilung der für die gemeinschaftliche Zuchtstierhaltung erwachsenden Kosten auf die Viehbesitzergemeinschaften der einzelnen Gemeinden erfolgt durch Vereinbarung der Gemeindeverwaltungen. Kommt eine solche Vereinbarung nicht zu stande, so hat die Vertheilung nach Verhältniß des faselbaren Rindviehstandes zu geschehen. Die Aufbringung der hiernach die Viehbesitzergemeinschaften der einzelnen Gemeinden treffenden Kostenantheile innerhalb jeder einzelnen Gemeinde hat sich, unbeschadet der Bestimmungen in Art. 6, nach Maßgabe der Bestimmungen des Art. 2 Abs. 2 und der hiernach von jeder einzelnen Gemeindeverwaltung zu fassenden Beschlüsse zu bemessen.

8. Die Anwendung aufsichtlichen Zwanges zur Vereinigung mehrerer Gemeinden für die Zwecke der Zuchtstierhaltung ist unstatthaft.

Zu Art. 4.

9. Gemäß Art. 4 Abs. 1 des Gesetzes sind einzelne Viehbesitzer, welche die für ihren eigenen Viehstand erforderlichen, zur Zucht tauglichen Stiere selbst halten und hierüber Nachweis beibringen, von der Verpflichtung zur Theilnahme an der gemeinschaftlichen Zuchtstierhaltung befreit.

Der Nachweis der Zuchttauglichkeit ist vom Gesetze zu dem Zwecke gefordert, um zu verhindern, daß sich einzelne Viehbesitzer der Verpflichtung zur Theilnahme an der gemeinschaftlichen Zuchtstierhaltung dadurch entziehen, daß sie Stiere aufstellen, welche entweder noch nicht sprungfähig oder nach ihrer sonstigen Beschaffenheit zur Zucht ungeeignet sind. In der Freiheit der Wahl der Rasse soll der Besitzer hiedurch nicht beschränkt werden.

Darüber, wie der Nachweis der Zuchttauglichkeit zu erbringen ist, enthält das Gesetz keine Vorschrift; es ist dies zunächst dem Zuchtstierbesitzer anheimgegeben. Selbstverständlich muß es ein probehaltiger Nachweis sein. In der Mehrzahl der Fälle wird aber wohl die Gemeindeverwaltung, insoferne ihr die Zuchttauglichkeit der fraglichen Stiere aus eigener Anschauung bekannt ist, in der Lage sein, auf die Beibringung eines besonderen Nachweises überhaupt zu verzichten, namentlich in jenen Fällen, in welchen von keinem der betheiligten Viehbesitzer Widerspruch erhoben wurde.

Sollte sich in einzelnen Fällen Streit darüber ergeben, ob der erbrachte Nachweis genügend und ob demnach der Stierbesitzer von der Theilnahme an der gemeinschaftlichen Zuchtstierhaltung als befreit zu erachten ist, so wird hierüber nach Maßgabe des Art. 7 Abs. 2 des Gesetzes im verwaltungsrechtlichen Verfahren entschieden.

Uebrigens findet Art. 4 Abs. 1 des Gesetzes inhaltlich der Motive auf jene Fälle keine Anwendung, in welchen mehrere Viehbesitzer für ihre (nicht gemeinschaftlichen) Viehbestände gemeinsam einen Zuchtstier halten.

10. Nach Abs. 2 des Art. 4 ist es dem billigen Ermessen der Gemeindeaufsichtsbehörde anheimgestellt, unter besonderen örtlichen Verhältnissen, insbesondere wo Alpenbetrieb oder Vereinödung vorherrschen, die Viehbesitzer einzelner Ortschaften, welche nicht wohl in der Lage sind, von dem gemeinschaftlichen Zuchtstier Gebrauch zu machen, von der Verpflichtung zur Theilnahme an der gemeinschaftlichen Zuchtstierhaltung zu entbinden.

Der Beschlußfassung der Gemeindeaufsichtsbehörde hat die Einvernahme der betreffenden Gemeindeverwaltung und des Viehbesitzerausschusses, sowie die Einvernahme von Sachverständigen, wobei außer dem beamteten Thierarzt insbesondere das Bezirkskomitee des landwirthschaftlichen Vereines in Betracht kommen wird, vorauszugehen.

Die Begutachtung durch die landwirthschaftlichen Bezirkskomitees, welche nach den revidirten Satzungen des landw. Vereins in Bayern vom 25. Oktober 1895 nunmehr die Bezeichnung „landwirthschaftliche Bezirks-Ausschüsse" zu führen haben, (Vgl. Min.-Amtsbl. Nr. 47, S. 5774 ff. 1895), gründet sich darauf, daß dieselben den ständigen technischen Beirath der Distriktspolizeibehörden in landwirthschaftlichen Fragen zu bilden haben (§ 1 und § 19 der Satzungen des landw. Vereins). Vgl. auch autographirte Min.-Entschl. vom 28. Oktober 1895 Nr. 19814 betr. Reorganisation des landw. Vereins von Bayern, welche Entschließung in Nr. 11, 1895 „des fränkischen Landwirths", Organ des landw. Vereins für Unterfranken und Aschaffenburg abgedruckt ist. Ist gemäß § 20 der Statuten eine eigene Geschäftsabtheilung für Thierzucht in dem Bezirks-Ausschuß gebildet, so wird das verlangte Gutachten am geeignetsten von dieser abgegeben. Nach § 2 Ziff. III des Statuts obliegt dem landwirthschaftlichen Vereine die Förderung des technischen Fortschrittes der Landwirthschaft u. A. auch durch Verbesserung der Thierzucht durch Beschaffung geeigneter Unterstützung der Aufzucht, Ernährung, Wart und Pflege der landwirthschaftlichen Nutzstiere, Errichtung von Zuchtverbänden und Zuchtgenossenschaften.

Demnach ist es gerechtfertigt, wenn gemäß Ziff. 10 Abs. 2 der Ministerial-Bekanntmachung bei Entscheidung maßgebender Fragen in Sachen der Zuchtstierhaltung, im Gegensatz zur Zuchtstierkörung, wo lediglich der Körausschuß zu urtheilen hat, daß landwirthschaftlichen Vertretungen, welche mit den einschlägigen Verhältnissen vertraut sind und daher die gewünschten Aufschlüsse geben können, gehört werden und deren Gutachten hiebei in Berücksichtigung gezogen wird. Vgl. auch § 7 Abs. 4 der K. A. B. zum Körgesetze. Auf diese Weise sind dieselben in gewisser Hinsicht auch am Vollzuge des Körgesetzes betheiligt, ohne Einvernahme dieser Organe wäre demnach in streitigen Fragen der Zuchtstierhaltung, wo es sich um Entbindung von derselben, um Aufstellung einer geringeren oder größeren Zahl von Bullen, als von den Viehbesitzern für nothwendig anerkannt wird, handelt, der bezirksamtliche Beschluß nicht rechtswirksam. Es dürfte jedoch zu bemerken sein, daß solche technische Begutachtungen durch die landwirthschaftlichen Vertretungskörper in der Hauptsache nur bei Fragen des allgemeinen administrativen Ermessens und weniger bei eigentlichen Verwaltungsrechtssachen veranlaßt bezw. ausschlaggebend sind.

Zu Art. 5.

11. Insoweit die Gemeindeverwaltung gemäß Art. 2 Abs. 2 des Gesetzes berufen ist, sich mit der Regelung der

Zuchtstierhaltung zu befassen, ist es nach Art. 5 ihrem Ermessen überlassen, unter thunlichster Berücksichtigung der Wünsche des Viehbesitzerausschusses die Zuchtstierhaltung auf Rechnung der betheiligten Viehbesitzer in eigener Verwaltung zu besorgen oder durch Vertrag an verlässige Viehbesitzer der Gemeinde zu überlassen. Die sog. Turnushaltung, wobei die Zuchtstierhaltung in kurzen Zwischenräumen, etwa von Jahr zu Jahr, von einem Besitzer zum andern umgeht, sowie die Versteigerung an den Mindestnehmenden haben sich durch vieljährige Erfahrung als schädlich erwiesen. Durch Art. 5 des Gesetzes ist es daher den Gemeindeverwaltungen schlechthin untersagt, die Zuchtstierhaltung im Turnus zu vergeben. Die Versteigerung an den Mindestnehmenden aber ist nur unter der Voraussetzung zugelassen, daß der letztere volle Gewähr für eine entsprechende Zuchtstierhaltung bietet. Mit Rücksicht hierauf erscheint es, soferne eine Gemeindeverwaltung die Versteigerung an den Mindestnehmenden ausnahmsweise für veranlaßt erachten sollte, jedenfalls geboten, in die Strichbedingungen die Bestimmung aufzunehmen, daß es der freien Verfügung der Gemeindeverwaltung vorbehalten bleibe, den Mindestnehmenden den Zuschlag zu versagen.

Zu Art. 6.

12. Hinsichtlich der Uebernahme der Ausgaben für die Zuchtstierhaltung auf die Gemeindekasse bewendet es gemäß Art. 6 Abs. 1 des Gesetzes im allgemeinen bei den Bestimmungen in Art. 55 Abs. 4 der Gemeindeordnung für die Landesteile diesseits des Rheins vom 29. April 1869, bezw. in Art. 40 Abs. 3 der Gemeindeordnung für die Pfalz vom nämlichen Tage.

Indessen ist es gemäß Art. 6 Abs. 2 des ersterwähnten Gesetzes den Gemeinden auch dann, wenn die Voraussetzungen der angeführten Bestimmungen der beiden Gemeindeordnungen nicht gegeben sind — d. i. wenn (im rechtsrheinischen Bayern) die Uebernahme der fraglichen Ausgaben auf die Gemeindekasse nicht ohne Einführung neuer oder Erhöhung bestehender Umlagen geschehen kann, bezw. wenn (in der Pfalz) vollkommen zureichendes Vermögen nicht vorhanden ist —, unbenommen, im Wege der Beschlußfassung gemeindliche Grundstücke (einschließlich der Gebäude), welche beim Inslebentreten des Gesetzes den Zuchtstierhaltern zur Nutznießung überlassen sind, denselben fernerhin zu belassen, desgleichen die im bezeichneten Zeitpunkte von der Gemeinde für die Zuchtstierhaltung gewährten Geldbeiträge und sonstigen Reichnisse (z. B. Holzbezüge) auch fernerhin diesem Zwecke zuzuwenden. Bei dieser Beschlußfassung sind die Vorschriften des Art. 47 der diesrheinischen Gemeindeordnung, bezw. des Art. 37 der Gemeindeordnung für die Pfalz zu beachten.

Zu Art. 7.

13. Gemäß Art. 7 des Gesetzes unterliegt die Zuchtstierhaltung durch die Gesammtheit der Besitzer faselbaren Rindviehes — mit den aus Art. 1 bis 6 sich ergebenden Einschränkungen — der gleichen Behandlung wie eigentliche Gemeindeangelegenheiten.

Hieraus ergibt sich u. a. die Folge, daß, soweit in einer Gemeinde die Gemeindeverwaltung nach Maßgabe des Art. 2 Abs. 2 überhaupt veranlaßt ist, die Regelung der Zuchtstierhaltung in die Hand zu nehmen, über die für die Zuchtstierhaltung erwachsenden Einnahmen und Ausgaben eine besondere Rechnung, etwa als Anhang zur Gemeinderechnung, in der Pfalz unter Beachtung des § 184 Abs. 4 der Vorschriften für die formelle Behandlung des Kassen- und Rechnungswesens der Gemeinden und Stiftungen in der Pfalz vom 23. Dezember 1879 (Kreisamtsblatt 1880 Beilage zu Nr. 5) aufzustellen, wie die Gemeinderechnung zu behandeln und der Gemeindeaufsichtsbehörde zur Prüfung und Bescheidung vorzulegen ist.

Hinsichtlich der Beitreibung rückständiger Sprunggelder und Umlagen finden die Bestimmungen in Art. 48 und 57 der diesrheinischen Gemeindeordnung, bezw. in Art. 38 Abs. 2 der Gemeindeordnung für die Pfalz entsprechende Anwendung.

Die Gemeindeaufsichtsbehörde hat ferner die Zuchtstierhaltung wie die Verwaltung eigentlicher Gemeindeangelegenheiten zu überwachen und veranlaßten Falles die beteiligten

Viehbesitzer bezw. die Gemeindeverwaltung von Amtswegen zur Erfüllung ihrer gesetzlichen Obliegenheiten in sinngemäßer Anwendung der einschlägigen Bestimmungen der Gemeindeordnung anzuhalten.

Hiebei ist im allgemeinen von dem Grundsatze auszugehen, daß die Fürsorge für eine entsprechende Zuchtstierhaltung zunächst Sache der betheiligten Viehbesitzer ist und ein zwangsweises aufsichtliches Eingreifen erst dann einzutreten hat, wenn dieselben ihren Verbindlichkeiten nicht nachkommen und auch die Gemeindeverwaltung verabsäumt, nach Maßgabe des Art. 2 Abs. 2 des Gesetzes das Erforderliche vorzukehren.

II. Körung.

Zu Art. 8.

14. Gemäß Art. 8 Abs. 1 des Gesetzes dürfen zur Bedeckung fremder Kühe und Kalbinnen, abgesehen von der in Abs. 2 a. a. O. bezeichneten Ausnahme, bei Vermeidung der in Art. 13 bestimmten Strafe nur solche Zuchtstiere verwendet werden, welche nach vorheriger Prüfung (Körung) als zuchttauglich anerkannt (angekört) worden sind.

Nach den Erläuterungen in den Gesetzesmotiven ist hiernach die Körung nur dann nicht gefordert, wenn die Zuchtstiere und die von denselben zu belegenden Rinder einem und demselben Besitzer angehören. Sie ist daher beispielsweise nicht geboten, wenn ein Gut im Miteigenthume mehrerer sich befindet und diese letzteren mit dem ihnen gemeinschaftlich gehörigen Zuchtstiere die ihnen gleichfalls gemeinschaftlich gehörigen Rinder belegen lassen. Dagegen ist die Körung geboten, wenn mehrere Personen Miteigenthümer eines Zuchtstieres, nicht aber auch Miteigenthümer der von diesem zu belegenden Rinder sind, oder wenn eine Genossenschaft Besitzerin eines Zuchtstieres ist, während die von letzterem zu belegenden Rinder nicht gemeinschaftliches Eigenthum der Genossenschaft, sondern Eigenthum der einzelnen Genossenschaftsmitglieder sind. Uebrigens ist die Schlußbemerkung der Ziffer 2 der gegenwärtigen Vorschriften auch hier zutreffend; als „fremd" sind hienach jene Kühe nicht anzusehen, welche der Zuchtstierbesitzer, sei es als Eigenthümer oder als Pächter oder sonstwie, in seiner thatsächlichen Gewalt hat. Ob die Verwendung eines Zuchtstieres gegen Entgelt oder unentgeltlich, dann ob sie gewerbsmäßig oder nicht gewerbsmäßig erfolgt, ist ohne Belang.

15. Junge, noch nicht sprungfähige Stiere (Stierkälber) fallen nicht unter das in Art. 8 Abs. 3 des Gesetzes ausgesprochene Verbot des gemeinsamen Weidetriebes.

Zu Art. 9.

16. Die Zuchtstierbesitzer sind alljährlich vor der Hauptkörung durch die Ortspolizeibehörde aufzufordern, ihre zu körenden Stiere bis zu einem von der Distriktsverwaltungsbehörde zu bestimmenden Zeitpunkte bei der Ortspolizeibehörde anzumelden. Letztere hat die erfolgten Anmeldungen an den Vorsitzenden des Körausschusses einzusenden, welcher sodann nach Maßgabe des § 7 Abs. 5 der Allerhöchsten Vollzugsverordnung die Termine für die in den einzelnen Gemeinden abzuhaltende Hauptkörung anberaumt und das Terminsverzeichniß der Distriktsverwaltungsbehörde zum Zwecke der Veröffentlichung vorlegt. In den einzelnen Gemeinden ist der festgesetzte Termin allgemein sowie durch besondere Eröffnung an diejenigen Zuchtstierbesitzer, welche ihre Zuchtstiere zur Körung angemeldet haben, bekannt zu geben.

17. In § 8 Abs. 2 der Allerhöchsten Vollzugsverordnung sind im allgemeinen diejenigen Anordnungen bezeichnet, welche an jeden der Körung unterliegenden Zuchtstier zu stellen sind.

Im Einzelnen ist hiezu Folgendes zu bemerken:

In der Regel soll der Körschein nur für solche Zuchtstiere ausgestellt werden, welche mindestens $1^1/_2$ Jahre alt sind oder doch bis zum Beginne der eigentlichen Sprungzeit dieses Alter erreichen.

Ferner ist darauf zu achten, daß die anzukörenden Zuchtstiere gesund sind, eine ihrem Alter und ihrer Rasse entsprechende Größe und Körperentwicklung besitzen und der anzustrebenden

Zuchtrichtung möglichst entsprechen. Auf guten Gang, geschmeidige Haut und feines Haar ist thunlichst Rücksicht zu nehmen.

Von der Bezeichnung bestimmter Fehler, welche die Ankörung ausschließen, wird im Hinblick auf die Verschiedenartigkeit der Viehschläge und der örtlichen Verhältnisse abgesehen und zu der Sachkenntniß der Körausschüsse vertraut, daß sie allen maßgebenden Verhältnissen entsprechend Rechnung tragen.

Zugleich ist thunlichst darauf Bedacht zu nehmen, die Viehzüchter gelegentlich der Körung über die einzuhaltende Zuchtrichtung und über die an die Zuchtstiere zu stellenden Anforderungen, sowie über sonstige für die Zucht maßgebende Verhältnisse aufzuklären.

18. Nach Beendigung der Hauptkörung hat der Vorsitzende des Körausschuß über den Verlauf und das Ergebniß des Körgeschäftes an die Distriktsverwaltungsbehörde eingehenden Bericht zu erstatten.

Zu Art. 11.

19. Die Körung sowie alle hierauf bezüglichen Verhandlungen und Ausfertigungen in erster und zweiter Instanz, einschließlich der Körscheine, sind gemäß Art. 11 Abs. 1 des Gesetzes gebührenfrei.

20. Die den thierärztlichen Mitgliedern der Körausschüsse aus der Staatskasse zu gewährenden Vergütungen sind von denselben unter Anwendung des anliegenden Formulars A bei der Distriktsverwaltungsbehörde zu liquidiren.

Die Einreichung der Liquidationen hat bezüglich der Vergütungen für die Hauptkörungen nach Beendigung der letzteren, bezüglich der Vergütungen für Nachkörungen und erneute Körungen in Berufungsfällen am Schlusse eines jeden Vierteljahres zu erfolgen.

Im übrigen sind diese Liquidationen nach Maßgabe der Ministerialentschließung vom 24. Februar 1873 (Amtsblatt des kgl. Staatsministeriums des Innern 1872/73 S. 338; Finanzministerialblatt 1873 S. 54) zu behandeln.

21. Die den distriktiven Mitgliedern der Köraus-

schüsse aus der Distriktskasse zu gewährenden Vergütungen sind von denselben, soferne ihnen nicht gemäß § 13, letzt. Abs., der Allerhöchsten Vollzugsverordnung eine Bauschvergütung ausgesetzt ist, unter Anwendung des anliegenden Formulares B, und zwar am Schlusse je eines Vierteljahres oder Jahres bei dem k. Bezirksamte zu liquidiren und von letzterem nach Maßgabe der Bestimmungen des Gesetzes vom 28. Mai 1852, die Distriktsräthe betreffend, zu behandeln.

22. Insoweit die Kosten einer Nachkörung oder einer erneuten Körung im Berufungsverfahren von dem Anzeiger oder dem Beschwerdeführer zu tragen sind (Art. 11 Abs. 3 und 4 des Gesetzes, § 10 Abs. 4 und § 11 der Allerhöchsten Vollzugsverordnung), sind die bezüglichen Liquidationen sowohl der thierärztlichen als der distriktiven Mitglieder der Körausschüsse gleichfalls bei der Distriktsverwaltungsbehörde einzureichen, welche gemäß § 12 der Allerhöchsten Vollzugsverordnung das weitere einzuleiten hat.

III. Schlußbestimmungen.

23. Insoweit die Verwendung von Zuchtstieren zur Bedeckung fremder Kühe und Kalbinnen nach den bisher geltenden Bestimmungen gestattet war, ist deren Verwendung hiezu auch nach dem Inslebentreten des Gesetzes vom 5. April 1888 bis zur nächsten in der treffenden Gemeinde stattfindenden Hauptkörung nicht zu beanstanden.

24. Es entspricht der Absicht des Gesetzes, daß die Staatsaufsichtsbehörden wie die Körausschüsse bis zur Heranziehung einer hinreichenden Zahl geeigneter Zuchtstiere in den einzelnen Zuchtgebieten des Landes in ihren Anforderungen bezüglich der Beschaffenheit der aufzustellenden Zuchtstiere ein entsprechendes Maaß billiger Beurtheilung eintreten lassen, damit insbesondere beim Uebergange von den früheren Verhältnissen zu der neuen Ordnung der Zuchtstierhaltung unbillige Härten möglichst vermieden werden.

München, den 16. Juni 1888.

Dr. v. Riedel. Frhr. v. Feilitzsch.

Anlage A.

Liquidation

des . . . . tierarztes . . . . zu . . . .

über

die Vergütungen für Vornahme der Haupt- / Nach- und erneuten Körungen

im Distrikte . . . .

im Jahre / . . ten Vierteljahre 18 . .

Laufende Nr.	Tag	Monat	Jahr	Bezeichnung der Körung (Hauptkörung, Nachkörung, erneute Körung im Berufungsverfahren)	Gemeinde des Geschäftes	Zahl der Zuchtstiere	Betrag: ℳ	Bemerkungen.

Anmerkung. Die Liquidation der Vergütungen für die Hauptkörungen ist gesondert aufzustellen und nach Beendigung der letzteren der Distriktsverwaltungsbehörde vorzulegen.

Die Liquidation über die aus der Staatskasse zu gewährenden Vergütungen für Nachkörungen und erneute Körungen im Berufungsverfahren ist am Schlusse eines jeden Vierteljahres bei der Distriktsverwaltungsbehörde einzureichen. (Fehlanzeigen sind nicht erlassen für die aus der Staatskasse zu vergütenden Liquidationen.)

Anlage B.

Liquidation

des . . . . zu . . . .

als distriktiven Mitgliedes des Körausschusses

über

die Vergütungen für Mitwirkung am Körgeschäfte im Distrikte

. . . .

im $\frac{\text{. . . ten Vierteljahre}}{\text{Jahre}}$ 18 . .

Laufende Nr.	Tag	Monat	Jahr	Bezeichnung der Körung (Hauptkörung, Nachkörung, erneute Körung im Berufungsverfahren)	Gemeinde des Geschäftes	Zahl der Zuchtstiere	Zeitaufwand (einschließlich der Reisedauer)	Betrag ℳ	Bemerkungen

3.

Bekanntmachung vom 13. Februar 1890, die Körung der Zuchtstiere betreffend.

(Gef.- Verordn.-Bl. 1890 S. 99 u. f.)

K. Staatsministerium des Innern und der Finanzen.

Im Namen Seiner Majestät des Königs.

Seine Königliche Hoheit Prinz Luitpold, des Königreichs Bayern Verweser, haben Allerhöchst zu genehmigen geruht, daß den thierärztlichen Mitgliedern der Körausschüsse für die Besorgung der Körgeschäfte innerhalb ihrer Kördistrikte an Stelle der in § 13 der Allerhöchsten Verordnung vom 16. Juni 1888 (Gesetz- und Verordnungsblatt S. 475 u. ff.) festgesetzten Vergütungssätze je nach Bedarf Bauschvergütungen in angemessener Höhe aus der Etatsposition „Thierärztliche Kosten für Körung der Zuchtstiere" in widerruflicher Weise ausgesetzt werden.

In Gemäßheit dieser Allerhöchsten Genehmigung wird über die geschäftliche Behandlung dieser Bauschvergütungen folgendes bestimmt:

I. Die Aussetzung von Bauschvergütungen erfolgt je nach Bedarf mit Rücksicht auf die in den betreffenden Kördistrikten obwaltenden besonderen Verhältnisse durch besondere Entschließung des k. Staatsministeriums des Innern.

II. Die Bauschvergütungen enthalten die gesammte Entlohnung der einschlägigen Thierärzte für ihre Theilnahme am Körgeschäfte in den von dem Kördistrikte umfaßten Gemeinden für den Zeitraum eines Jahres, insoferne die Kosten hiefür der k. Staatskasse zur Last fallen.

III. Im Falle der Verhinderung eines Thierarztes an der Theilnahme am Körgeschäfte ist der aus einer allenfallsigen Stellvertretung erwachsende Aufwand für den an Stelle desselben beigezogenen Thierarzt nach Maßgabe der in § 13 der oben erwähnten Allerhöchsten Verordnung festgesetzten Vergütungssätze auf die jährliche Bauschsumme einzuweisen und zu verrechnen.

IV. Die Auszahlung der Bauschvergütungen erfolgt an die bezugsberechtigten Thierärzte postnumerando in vierteljährigen Raten nach Abzug der in Ziff. III erwähnten, für Stellvertretung eingewiesenen Kosten.

V. In denjenigen Kördistrikten, in welchen eine Bauschvergütung für die thierärztlichen Mitglieder der Körausschüsse nicht ausgesetzt ist, verbleibt es bezüglich der Vergütung für die Theilnahme der Thierärzte am Körgeschäfte bei den Bestimmungen des § 13 der mehrfach erwähnten Allerhöchsten Verordnung.

VI. Vorstehende Bestimmungen treten sofort in Wirksamkeit.

München, den 13. Februar 1890.

Dr. v. Riedel. Frhr. v. Feilitzsch.

Anhang.

Entwurf
von Normal-Statuten
für die Haltung von gemeindlichen Zuchtbullen im Verpachtungswege.

(Aus den Verhandlungen des thierärztlichen Kreisvereins von Unterfranken und Aschaffenburg.)

Betreff: Die Haltung von . . Zuchtbullen für die Gemeinde . . . . .

Der unterfertigte Gemeinde-Ausschuß hat unter Heutigem im Einvernehmen mit dem gemeindlichen Viehbesitzerausschuß und vorbehaltlich gutachtlicher Aeußerung des Bezirks-(Distrikts-) Thierarztes, wie Genehmigung des k. Bezirksamtes im rubr. Betr. mit dem N. N. . . . . dahier folgenden Vertrag abgeschlossen:

Anm. Zweck ist, die Bullenhaltung nicht im Verpachtungswege an den Wenigstnehmenden, sondern diese in die Hände guter Viehhalter zu bringen; dann die gutachtliche Aeußerung des betr. Thierarztes hiezu zu ermöglichen, dessen Aufgabe es nun sein würde, einen einheitlichen systematischen Plan in das Ganze der Viehzucht des betr. Bezirkes zu bringen und zugleich auch die Thätigkeit des Bezirksamtes damit zu verknüpfen, welches am ehesten im Stande sein wird, entstehende Mißhelligkeiten zu beseitigen. Deßhalb diese Fassung.

1.

N. N. . . . übernimmt die Verpflichtung, für die hiesige Gemeinde . . . . . . Stück Zuchtbullen unter den nachstehenden Bedingungen zu halten.

2.

Die Haltezeit beginnt am . . . . 189 . bis dahin 190 ., dauert sohin 6 Jahre.

Anm. Die Haltezeit ist niemals zu kurz und soweit als thunlich, nie unter 6 Jahren zu bemessen, weil jeder Bullenhalter erfahrungsgemäß immer einige Jahre braucht, sich in seine Aufgabe hinein zu finden, um darin das Mögliche zu leisten. Die lokalen Verhältnisse werden jedoch oft genug dies modificiren.

3.

N. N. hat die Bullen auf eigene Gefahr und Rechnung aufzustellen und das ganze Jahr hindurch . . . . . . Stück Bullen zu halten. Davon muß bei der ersten Aufstellung der ältere Bulle mindest $2^1/_2$ Jahre, der jüngste mindest $1^1/_2$ Jahre alt sein.

4.

Für diese Leistung empfängt N. N. aus der Gemeindekasse jährlich den Betrag von . . . . . . ℳ (mit Worten) zahlbar in . . . . . . Raten; andere Reichnisse empfängt derselbe nicht.

Anm. Es ist wünschenswerth, daß der Stierhalter seine Reichnisse an Geld aus der Gemeindekasse empfängt, selbst dann, wenn die Viehbesitzer alle Kosten der Bullenhaltung unter sich tragen sollten; letztere refundiren dann nur den Betrag zur Gemeindekasse. Die Vertretung der letzteren hat Pfändungsrecht; der Bullenhalter aber nicht! Soll der Bullenhalter Tüchtiges leisten, muß auch er seines Gegenreichnisses ganz gewiß sein. Werden Sprunggelder gewährt, oder Felder oder Naturalbezüge dazu gegeben, so wäre dies klar und bestimmt und zwar mit Nutzungswerth anzugeben.

5.

Jeder Zuchtbulle muß möglichst bald nach seiner Aufstellung und vor dessen Verwendung im Dienste zur Körung angemeldet und durch den Körausschuß zur Zucht tauglich anerkannt worden sein.

Zuwiderhandlungen hiergegen werden nach Art. 13 Abs. 1 des Körgesetzes bis zu 30 ℳ geahndet.

6.

Rassenbestimmung. Die Zuchtbullen müssen dem . . . . Schlage angehören und von Farbe (gelb und einfärbig oder gefleckt, scheckig ꝛc.) sein. Ob Stiere anderen Schlages zugelassen werden, hängt jederzeit nach gutachtlicher Einvernahme des betr. Thierarztes vom Gemeinde-Ausschusse ab. Die Kör-Kommission hat diesen Punkt strenge zu beachten, deren Anordnungen der Bullenhalter auch unbedingt sich fügen muß.

7.

Die Zuchtbullen müssen das ganze Jahr hindurch — soweit nur irgend thunlich — mit Trockenfutter und Getreide reichlich genährt und sauber gepflegt werden. Als Trockenfutter gilt: Heu von guten Wiesen und Kleefeldern; als Getreide: Haber und Roggen. Andere Futterarten, wie die Fütterung der Thiere mit Gerste oder Wicken hängt von specieller Genehmigung der Aufsichtskommission ab. Branntweinspülicht, Trebern, Schlappfutter, wie Rübenblätter und alles sog. weiche Futter darf niemals als Nahrung dienen.

8.

Der Stierhalter hat für einen geeigneten, zweckdienlichen und geschlossenen Sprungplatz Sorge zu tragen, und Kinder, wie unmündige Personen vom Sprunggeschäfte ferne zu halten; derselbe hat ferner einen gesonderten und hellen Stall für die Stiere herzustellen.

9.

Demselben ist ferner ausdrücklich untersagt, Kühe aus anderen Gemeinden bei seinen Stieren zuzulassen und die Stiere nur für den Rayon des zugewiesenen Körbezirkes zu verwenden. Aenderungen hierin hängen jederzeit von specieller Genehmigung des Gemeinde-Ausschusses ab. Ferner hat der Stierhalter darauf zu sehen, daß in der Regel jeder Bulle täglich nie mehr als 2- und im höchsten Falle 3mal zum Sprunge verwendet wird.

10.

Sind außer den regulären Körungen und Nachkörungen Untersuchungen der Stiere durch den Thierarzt benöthigt, welche durch das Verschulden des Bullenhalters hervorgerufen wurden, so trägt dieser die Kosten. Sie werden zwar von der Gemeindekasse bestritten, aus der Pachtsumme jedoch dorthin wieder refundirt.

11.

Sprungzeiten. Diese sind streng nach örtlichen Verhältnissen zu bestimmen, und so zu halten, daß die Bullen nach geschehener Fütterung zum Sprunge nicht zu verwenden sind.

12.

Streitigkeiten zwischen der Gemeinde und dem Stierhalter entscheidet endgiltig das k. Bezirksamt.

13.

Sollten irgendwelche Verhältnisse es rathsam erscheinen lassen, den abgeschlossenen Pachtvertrag zu kürzen, so steht der Gemeinde jederzeit das Recht zu, denselben nach vorausgegangener $^1/_2$ jähriger Kündigung ohne irgend welche Entschädigung zu lösen.

Dem Stierhalter resp. dessen Familie steht dieses gleiche Recht jedoch nur im Todesfalle desselben zu.

14.

Beide Contrahenten geben diesem Vertrage ihre ausdrückliche Zustimmung durch Unterschrift desselben zu. Nach event. Genehmigung wird derselbe 4fach gefertigt, wovon je ein Exemplar der Stierhalter, die Gemeinde, das k. Bezirksamt und das thierärztliche Mitglied des Körausschusses erhält.

Gelesen und genehmigt:

l. U.

N. N. am . . . . 189 .

N. N. Stierhalter.

Der Gemeinde-Ausschuß

N. N.

(L. S.)

III.

Anleitung

zur

Haltung und Beurtheilung der Zuchtstiere.

Die Haltung der Zuchtbullen ist von dem größten Einfluß auf deren erfolgreiche Verwendung. Dieselbe hat in der praktischen Anwendung der Lehre über Gesundheitspflege auf diese Thiere zu bestehen. Demgemäß sollen die Aufenthaltsräume, also die Stallungen der Zuchtstiere, welche gerade, wie die Wohnungen der Menschen, einen mächtigen Einfluß auf Gesundheit und körperliches Gedeihen der Insassen ausüben, allen in dieser Hinsicht zu stellenden Anforderungen entsprechen; sie sollen die Bullen gegen die schädlichen Einflüsse der Witterung schützen, denselben bequeme Ruhe- und Lagerplätze gewähren und die Fütterung, Pflege und Wartung erleichtern.

Trockenheit, geeignete Ventilation, also unbehinderter Zutritt von reiner Luft, sowie von Licht sind nothwendige Erfordernisse für einen Bullenstall. Der Stand selbst soll geräumig sein und hinreichend Platz gewähren. Es soll im Stalle zur Luftverpestung (Bildung von Miasmen), Ansammlung von schwüler, schwerer Luft nie kommen, in Folge dessen auch für guten Abfluß der Jauche, sowie für einen undurchlässig angelegten Untergrund, in welchem Excremente nicht versickern können, gesorgt sein. Daher soll der Stall auch entsprechend hoch (mindestens 3 Meter), mit genügenden Fenstern und je nach der Größe desselben auch mit mehreren Thüren versehen sein. Dabei soll für gehörige Lüftung (jedoch ohne Zug), häufige Erneuerung der Streu und stets durch gutes Material, das niemals gespart werden darf, gesorgt werden und zwar dies um so mehr, als die Bullen wegen ihrer Körperkraft und

Gefährlichkeit im Stalle stets angebunden sein müssen, am besten mittelst zwei starken eisernen Ketten. Dieselben werden entweder an der Krippe oder an besonderen Pfosten befestigt. Halfter und Halsriemen werden für die Zuchtstiere seltener verwendet, da sie theurer und weniger haltbar sind als die Ketten.

Die Stalltemperatur soll im Durchschnitt 11—13° R betragen. Zu warme Luft macht die Bullen träge und schlaff, zu kalte zehrt an ihrem Körper und beeinträchtigt die Sprungfähigkeit. In jedem größeren Bullenstalle sollte daher ein Thermometer aufgehängt sein, damit der Wärter jederzeit sich von der Höhe der Stallwärme überzeugen und solche dementsprechend reguliren kann.

Der Stall soll mindestens zweimal wöchentlich ausgemistet werden, wobei der Standboden und die Standscheidewände gehörig gereinigt und die Jaucherinne immer ebenso peinlich (unter Umständen auch mit einer Desinfektionsflüssigkeit, wie 1 %iger wässeriger Lysollösung) ausgespült werden. Ueberhaupt ist bei Verdacht auf Seuchen, wie namentlich Maul- und Klauenseuche, eine permanente, also in öfteren Zwischenräumen zu vollziehende Desinfektion und Waschung des Bullens mit einem unschädlichen Mittel im hohen Grade zu empfehlen.

Einen hauptsächlichen Faktor bei der Bullenhaltung bildet die Fütterung. Dieselbe muß alle jene Stoffe in richtiger Zusammensetzung und leicht verdaulicher Form enthalten, welche zum Aufbau und zur Erhaltung des Körpers, sowie ganz besonders zur ausreichenden Bildung des Samens nothwendig sind. Nun steht fest, daß die Bildung des Samens in seinem wesentlichsten Theile eine Zellbildung ist. Wie alle Zellbildung, ist auch die Samenbildung abhängig von einer genügenden Ernährung, von dem Vorhandensein einer entsprechenden Menge von Eiweißkörpern, Fett und anorganischen Substanzen, insbesondere von phosphorsauren Salzen. Hierauf ist bei der Fütterung der Zuchtstiere ganz besonders zu achten. Es ist nun bekannt, daß gutes Heu, insbesondere Kleeheu, neben einer reichlichen Menge an Stickstoff durch einen großen Gehalt an Kalk sich auszeichnet, daß Oelkuchen reich sind an Stickstoff, an Fett und namentlich auch an Phosphorsäure, daß Hafer ein leicht verdauliches Futter ist, welches alle Elemente zur Zellbildung enthält. Diese Futtermittel liefern dem Zuchtbullen Alles, was er zu einer vorzüglichen Leistung bedarf; es geht aber aus dieser Feststellung gleichzeitig hervor, wie wenig mit gehaltlosem, namentlich dem sog. sauren Wiesenheu (trotzdem sehr häufig solche Grundstücke noch ausdrücklich als „Bullen- oder Ochsenwiesen" in den bezüglichen Pachturkunden figuriren) bei der Zuchtstierfütterung bezweckt wird; die Thiere produziren einen nur wenig keimfähigen Samen, die Folge davon ist, daß viele Kühe nicht tragend werden oder im Falle der Aufnahme verkalben, wenn auch der Zuchtstier selbst trotz solcher Ernährung sich eines relativ guten Befindens erfreuen mag.

Bei der Fütterung sind außerdem alle fettmachenden und erschlaffenden Futtermittel, wie Kleie, Malzträber, Rüben, Schlempe, Brühfutter überhaupt zu meiden, ganz besonders aber schimmliges, modriges, mulstriges Futter, brandiges Stroh, Pflanzen, welche Giftstoffe enthalten ꝛc. Hingegen ist es gerathen, die gewöhnlichen Futterrationen mit Salzen, Viehsalz, doppeltphosphorsaurem Kalk in mäßigen Gaben zu versetzen, weil dadurch der Verdauungsproceß, wie auch die Samenbildung, vorausgesetzt, daß auch sonst nichts bei der Futterverabreichung außer Acht bleibt, gefördert werden kann.

Da jedoch die Erzeugung des Samens zwar eine reiche und stetige ist, nach Erschöpfung des Vorrathes aber der genügende Ersatz nur durch den vollständigen Verlauf eines Zellbildungsprocesses stattfinden kann, der einer gewissen Zeit bedarf, so darf nicht außer Acht gelassen werden, daß auch die reichste Ernährung der Zuchtstiere die Folgen ihres Mißbrauchs durch eine zu häufige und zu schnell auf einander folgende Begattung nicht verhüten kann.

Wie es nun ein Fehler ist, männliche Zuchtthiere kärglich zu ernähren und halb verhungern zu lassen, weil dadurch die Zeugungskraft herabgesetzt wird, so ist es andrerseits ein mindestens ebenso großer Fehler, sie mastig zu füttern. Denn bei starkem Fettansatz ist der Stoffwechsel verlangsamt, die Thiere sind nicht blos in der Bewegung, sondern auch im Sprunggeschäfte träge und erleiden durch die Herabsetzung der nervösen Erregbarkeit und durch die Beschränkung der Samenproduktion in ihrer Potenz und ihrem Befruchtungsvermögen Einbuße.

Bei der Fütterung der Bullen empfiehlt es sich im Allgemeinen, folgende Futterrationen einzuhalten:

a. für 1—2 jährige Bullen

pro Centner Lebendgewicht

1,5 kg Heu
0,4 „ Hafer
0,4 „ Häcksel,

d. i. etwa 9—12 kg Heu, je 2—3 kg Hafer und Häcksel täglich.

b. für über 2 Jahre alte Farren

pro Centner Lebendgewicht

1,3 kg Heu
0,2 „ Hafer
0,2 „ Häcksel,

d. i. etwa 12—15 kg Heu, 1,5—2 kg Hafer und Häcksel täglich.

Zur Gesunderhaltung trägt eine regelmäßige Futterzeit und Futterordnung wesentlich bei; am gebräuchlichsten sind drei Futterzeiten von gleicher Ration und Mischung. In gleicher Weise ist auch das Getränke — am besten reines, klares Brunnenwasser — täglich drei Mal zu verabreichen. Jeder Futterwechsel ist allmählich zu bewirken.

Für die Gesundheitspflege der Bullen kommt auch die Pflege der äußeren Körperhülle, der Haut und der Klauen in Betracht. Auf der Haut sammelt sich eingetrockneter Schweiß, Staub und Schmutz und die Oberhaut schiebt sich beständig in Form von kleinen Schüppchen ab, dadurch können die Oeffnungen der Schweiß- und Talgdrüsen verstopft und in Folge dessen die Hautthätigkeit zum Schaden der Thiere unterdrückt und gehemmt werden.

Die Haut muß deshalb täglich mit Striegel, Kardätsche und Strohwisch fleißig gereinigt werden. Das Sprüchwort „Der Putz deiner Thiere ist das halbe Futter" kommt auch hier zur Geltung.

In den heißen Sommermonaten und bei starker Inanspruchnahme der Bullen wirkt ein öfteres Waschen oder Uebergießen der Thiere mit kaltem Wasser sehr wohlthätig und stärkend; nur sind hierauf die Thiere trocken zu reiben.

Die Pflege der Klauen wird besonders dann nothwendig, wenn die Bullen beständig im Stalle stehen, in Folge dessen der Tragrand der Klauen sich nicht abreibt, diese in der Zehe zu lang werden und die Klauensohle zu weich wird. Dadurch können im Vernachlässigungsfalle die verschiedensten Klauen- und Fußleiden sich ausbilden, welche das Sprunggeschäft erschweren und selbst unmöglich machen können. Zur Verhütung solcher Uebelstände sollen die Klauen mindestens zwei Mal im Jahre von sachkundiger Hand ausgeschnitten und gereinigt werden.

Die Hauptsache in der Bullenhaltung bildet stets eine richtige Behandlung derselben. Selten werden wirklich bösartige Thiere geboren. Wenn sich die Thiere im späteren Alter als solche zeigen, so sind sie es meistens erst in Folge fehlerhafter Behandlung geworden. Betrachte man doch stets die Thiere als Wesen, welche ihrer ganzen Bauart nach dem Menschen sehr nahe stehen, so daß sie durchaus empfindlich für Freude und Schmerz sind. Neckereien, Ausbrüche von Jähzorn, Rohheiten mit Anschreien und Thätlichkeiten, Heftigkeit, verbunden mit unverdient harten Strafen und Mißhandlungen sind zu unterlassen. Die Zuchtstiere müssen im Gegentheil von Jugend auf mit Ruhe und Freundlichkeit behandelt werden, damit sie nicht allerlei Untugenden sich aneignen und bösartig werden. Der Wärter gewöhne die Thiere an Gehorsam durch ruhiges, aber thatkräftiges Verhalten. Er rufe den Zuchtstier an, ehe er in den Stand tritt oder irgend eine Bewegung von dem Thiere verlangt.

Um den Zuchtstier ohne Gefahr führen und bändigen zu

können, ist es geboten, demselben schon frühzeitig, also im jugendlichen Alter, einen Nasenring einzuziehen; wenn derselbe bereits verdorben oder wie sich die Leute ausdrücken „untreu" geworden und in den Jahren schon vorgeschritten ist, würde das Anlegen für die leichtere Handhabung des Bullens nichts mehr ausrichten können; ja man hat sogar vielfach die Wahrnehmung gemacht, daß dann die Thiere noch bösartiger werden. Günstig auf die Zeugungsfähigkeit der Bullen wirkt ganz besonders Bewegung in freier Luft. Bedauerlicher Weise sieht man es noch so häufig, daß Bullen dauernd angekettet sind an ihrem, womöglich noch recht unrein gehaltenen Standplatz, welchen sie nur verlassen, wenn sie den Sprungakt vollziehen müssen. Es ist auch zur Genüge bekannt, daß unter solchen Fällen die Thiere vor der Zeit sprungunfähig werden und umgekehrt solche, welche täglich längere Zeit im Freien sich bewegen, bis ins vorgeschrittene Alter noch mit Erfolg zur Zucht verwendet werden können. Wo für den Bullen kein Weideplatz oder keine Koppel (Tummelplatz, Hofraum) zur Verfügung ist, zeigt sich eine mäßige Verwendung zum Zuge zweckmäßig. Am entsprechendsten finden die Bullen eine solche beim Hereinholen des Grünfutters, indem man sie mit einer kräftigen Kuh zusammenspannt.

Das Sprunggeschäft soll erstens an einem geeigneten Ort (Sprungplatz), in geeigneter Weise mit Maß und Ziel und in Verhütung vor Ueberlastung und endlich an notorisch gesunden weiblichen Thieren vollzogen werden. Für die Beachtung dieser drei Cardinalpunkte ist bei der Behandlung der Stiere der Wärter verantwortlich.

Der Sprungplatz muß schon aus Gründen der Sittlichkeit (vgl. Art. 111 Abs. 2 des P.-St.-G.-B.) gegen den Zutritt Unberufener und gegen den Einblick von außen abgeschlossen sein. Am zweckmäßigsten ist es, wenn der Sprungplatz sich unter einem Dache mit dem Stalle befindet und sich an den Letzteren so anschließt, daß der Bulle von seinem Stande aus zum Sprungplatze gelangen und die Stallwärme sich diesem Raume mittheilen kann.

Wo eine solche Einrichtung nicht getroffen werden kann, muß unter allen Umständen für einen hinreichend großen und hoch eingezäunten Platz, dessen Untergrund möglichst fest und trocken (am besten sandiger Lehmboden) sein soll, gesorgt werden.

Um dem Bullen das Sprunggeschäft zu erleichtern, müssen die zugeführten Viehstücke geeignet befestigt werden; es bestehen hiefür verschiedene Manipulationen, wie das Anbinden an einem in der Wand angebrachten Ring, das Einstellen der Thiere in besondere Vorrichtungen, welche mittels Stangen, Holzgabeln 2c. hergestellt werden.

Erst nach gehöriger Befestigung soll der Bulle zum Sprunggeschäfte aus dem Stalle geführt werden und zwar niemals in ungestümer Weise, im Gegentheil soll demselben vor dem Sprunge erst einige Zeit gelassen werden, sich mit der Kuh zu beschäftigen. Es tritt so eher Befruchtung ein. Auch darf der Bulle während des Sprunges nicht gestört werden, damit das Absamen gut erfolgen kann. Junge, wenn auch kräftig entwickelte Stiere benutzte man anfangs nur mäßig und nur schonend zur Zucht; es soll anfangs nur eine kleine Zahl von faselbaren Rindern, wenn möglich nicht mehr als 45—50, jährlich zugeführt werden. In solchen Orten, in welchen sich die Kalbungszeit nur auf 3—4 Monate beschränkt, dürfen einem solchen Stier auch nicht mehr als 70 bis höchstens 80 Kühe zugeführt werden. Ein Zuchtstier sollte, auch im günstigsten Entwicklungsfalle, für gewöhnlich nur zweimal täglich springen, wenn er leistungsfähig bleiben und das Trächtigkeitsergebniß ein günstiges werden soll. Da durchschnittlich zur Befruchtung einer Kuh 2—3 Sprünge nothwendig sind, so kommen auf einen Bullen, dem z. B. 100 weibliche Rinder (nach der Vollzugsinstruktion Ziff. 3 zum bayer. Körgesetze die nur unter den günstigsten Verhältnissen vorgesehene höchst zulässige Ziffer) zugetheilt sind, durchschnittlich 250 Sprünge jährlich, welche sich jedoch nicht gleichmäßig auf die Jahrestage vertheilen.

Die geeignetste Zeit zur Ausübung des Sprunges, welche in der Regel durch die Verträge normirt wird, ist Morgens und Abends zwischen 5—8 Uhr, also vor der Fütterung, während es nicht rathsam ist, den Bullen unmittelbar nach derselben, also bei stark angefülltem Leibe, springen zu lassen.

Es ist selbstverständlich, daß kranke Thiere unter keinen Umständen zum Sprunge zugelassen werden sollen. Der Halter hat in dieser Hinsicht ein wachsames Augenmerk auf die Viehstücke zu üben, namentlich in der Richtung, ob solche nicht seuchenverdächtig sind, in Folge dessen genauestens sich von der Beschaffenheit der Maulhöhle, des Flotzmaules, der Klauen, der äußeren Haut, der Geschlechtstheile, des Euters, ganz besonders der Scheide, ob kein Ausfluß von Eiter, fauligem Sekret, Blut u. dgl. vorhanden und somit im Deckungsfalle eine Ansteckung des Bullens zu befürchten wäre, zu überzeugen. Findet der Halter Verdacht auf eine zum Viehseuchengesetz gehörige Krankheit bei zugeführten Viehstücken oder auch beim Bullen gegeben, so hat er sofort hiervon der Ortspolizeibehörde Anzeige zu machen und im Unterlassungsfalle Bestrafung gemäß § 65 Ziff. 2 des erwähnten Gesetzes zu gewärtigen. Es ist bei den öffentlichen Bullenhaltungen, die wegen ihres vielfachen Verkehrs sehr leicht zur Weiterverbreitung von Seuchen Anlaß werden, aber auch zur raschen Ermittlung von Viehseuchen dienen können, in dieser Hinsicht für den Wärter die größte Vorsicht geboten.

Die Beurtheilung der Zuchtstiere hat sich auf die Auswahl, das Alter und die individuellen Körperformen nach dem Züchtungszwecke und der Rinderrasse zu erstrecken.

Die Auswahl des Zuchtstieres hat mit viel größerer Sorgfalt zu geschehen, als die der Zuchtkuh, weil ersterer eine größere Vererbungskraft besitzt und seine Eigenschaften auf eine bedeutendere Anzahl von Nachkommen überträgt, als das weibliche Thier, welches in dieser Hinsicht auch einer obrigkeitlichen Kontrole, wie die Zuchtstierhaltungen, die hauptsächlich zur Hebung der Viehzucht beitragen sollten, nicht unterstellt werden kann. Die Zuchtstiere müssen aus einer gesunden, kräftigen Familie stammen und selbst in einem möglichst vollkommenen Gesundheitszustande sich befinden. Dazu ist nothwendig, daß der Bulle frei ist von sogenannten Erbkrankheiten und Erbfehlern, wie Tuberkulose, Perlsucht, Gehirn- und Rückenmarksleiden, Lähme, Sehnen- und Knochenleiden (Spat, Gallen) ꝛc., daß er Vorfahren besitzt, in welchen weder Erbfehler, noch sonst der Zuchtrichtung widerstrebende Eigenschaften sich gezeigt haben und eine hohe Kraftfülle erwarten läßt. Der Bulle muß auf den ersten Blick das Gepräge des männlichen Thieres, nämlich hervortretende kräftige Entwicklung des Vordertheils (Kopf, Hals, Bug, Vorderbrust und Brustkorb) zeigen. Jeder Bulle muß sich selbst durch jene Eigenschaften bereits auszeichnen, welche man von seiner Nachzucht erwartet. Bei allen Bullen sind Feinheit des Kopfes und des Gehörnes, Feinheit und Lockerheit der Haut, Feinheit der Behaarung und des Schwanzes, Härte und gesunde Bildung der Klauen Haupterfordernisse.

Da man in der Thierzucht nur mit vorzüglichen Thieren vorwärts kommen kann, so ist bei der Auswahl der Zuchtbullen, welche in erster Linie zur Vervollkommnung der Zucht berufen sind, hauptsächlich darauf zu sehen, daß solche die Eigenschaften ihrer Rasse und ihres Schlages in ausgezeichnetem Maße an sich tragen und diejenigen Kennzeichen besitzen, welche darauf mit Sicherheit schließen lassen, daß mit ihnen der beabsichtigte Zweck auch erreicht wird.

Entspricht also das allgemeine Aussehen in Bezug auf Munterkeit, Gesundheit, Gepräge der Männlichkeit und Rassigkeit, so hat die Musterung in Bezug auf das Alter und die einzelnen Körpertheile des Zuchtstieres zu erfolgen.

Das Alter, in welchem die Bullen zur Zuchtbenutzung herangezogen werden dürfen, ist für eine rationelle Viehzucht von hoher Wichtigkeit. Hier kann nicht genug betont werden, daß der ständige Rückgang der Viehzucht in manchen Gegenden häufig nur der Ursache zuzuschreiben ist, daß man die Stiere in zu jugendlichem Alter lange vor Beginn des Zahnwechsels verwendet, wodurch eine schwächliche Nachzucht erzeugt und die Zeugungskraft selbst vor der Zeit vernichtet wird. Nach Ziff. 17 der Vollzugsinstruktion zum Körgesetze sollen in der Regel nur solche Zuchtstiere angekört werden, welche mindestens $1^1/_2$ Jahre alt sind oder doch bis zum Beginne der eigentlichen Sprungzeit dieses Alter erreichen. Im Allgemeinen gelte daher als Regel, daß kein Stier eher zur Zucht verwendet werde, als bis diejenigen Eigenschaften, die er auf seine Nachkommen vererben soll, bei ihm auch wirklich vorhanden sind, bis er gehörig entwickelt und ohne Nachtheil für sein weiteres Wachsthum dem Zeugungsgeschäfte obliegen kann. Bei den meisten Viehschlägen ist dies erst mit einem Alter von $1^1/_2$ Jahren der Fall, nur ausnahmsweise von $1^1/_4$ Jahren ab — bei frühreifen, schnellwüchsigen Schlägen und sollen in diesem Alter die jungen Bullen nur schonend zur Zucht verwendet werden, so daß sie erst nach vollendeter Körperentwicklung eine entsprechende Zahl zur Bedeckung zugetheilt bekommen (im höchsten Falle 100 Stück).

Hinsichtlich des Körperbaues wäre zu bemerken, daß nach züchterischen Erfahrungen der Zuchtstier, von der Bugspitze bis zur hinteren Fläche des Hinterschenkels in wagerechter Linie gemessen, um $^1/_5$, mindestens aber um $^1/_6$ länger sein soll, als er, vom Boden bis zum Widerrist gemessen, hoch ist. Fast zwei Drittel, mindestens aber die Hälfte der Höhe des Thieres (vom Boden bis zum Widerriste gemessen) müssen auf die Tiefe in der Gurte, d. h. auf die Entfernung vom Widerriste bis zur Unterbrust (unmittelbar hinter der Schulter abgenommen) entfallen. Thiere, welche diese Maße nicht besitzen, sind kurz und springen schlecht oder sie sind hochbeinig und in der Entwicklung des Rumpfes zurückgeblieben.

Die Beurtheilung der einzelnen Körperformen wird in Bayern hinsichtlich der Zuchtstiere verschieden erfolgen müssen und lassen sich für alle Fälle maßgebende Direktiven nicht leicht aufstellen. Auch die Vollzugsinstruktion zum Körgesetze hat von der Aufstellung solcher abgesehen; nach Ziff. 17 Abs. 4 und 5 derselben ist vorzugsweise auf guten Gang, geschmeidige Haut und feines Haar Rücksicht zu nehmen. Von der Bezeichnung bestimmter Fehler, welche die Ankörung ausschließen, wird in Hinblick auf die Verschiedenartigkeit der Viehschläge und der örtlichen Verhältnisse abgesehen und zu der Sachkenntniß der

Körausschüsse vertraut, daß sie allen maßgebenden Verhältnissen entsprechend Rechnung tragen.

Da die bayerische Viehzucht im großen Ganzen mehr in den Händen der kleineren und mittleren Oekonomen ist, so sind Hochzuchten mit dem Zuchtziel nach einzelnen Leistungen selten. Das Bestreben geht vielmehr im Allgemeinen dahin, Rinder zu züchten, welche die Tauglichkeit zur Arbeit mit Milchproduktion und Mastfähigkeit vereinigen. Dabei sind einzelne Schläge bei geeigneter Haltung zu bestimmten Nutzungseigenschaften allerdings hervorragend veranlagt. Die Algäuer, Ansbach-Triesdorfer, der Glanschlag und das Frankenvieh liefern vorzügliche Milchkühe, die Miesbacher, Voigtländer, Ellinger, Scheinfelder, das Frankenvieh, die Kelheimer und Donnersberger sind unübertrefflich in der Zugleistung und ebenso vorzüglich in der Mast. Einige der genannten Schläge, z. B. die Voigtländer, Scheinfelder und Kelheimer haben die seltene Eigenschaft, daß sie ein mäßig mit Fett durchwachsenes Fleisch liefern, welches sich durch Zartheit und Wohlgeschmack auszeichnet.

Geht man nun bei der Beurtheilung der Zuchtstiere von den einzelnen Nutzungseigenschaften — Milch-, Mast- und Zugergiebigkeit —, welche an die betreffenden Viehschläge gestellt werden sollen, aus, so lassen sich hiefür folgende Gesichtspunkte aufstellen:

1. Für die Zucht des Milchviehes kommt in Betracht, daß der bezügliche Bulle mehr das Gepräge des weiblichen Thieres an sich trage und selbst milchreiche Kühe zu seinen Vorfahren rechne. Er soll dementsprechend einen fein geformten leichten Kopf haben, der Gesichtsausdruck soll sanft sein, die Ohren dünn, durchscheinend, der Hals nicht zu muskulös und lang mit weniger stark ausgebildeter Wamme, das Bug mäßig breit, Leib gestreckt, aber mehr tief, Kreuz breit, Hinterhand weit und breit, Füße zart und trocken (knochenrein), Haut weich, zart, nicht fest (bretterartig) anliegend, Hörner dünn und glatt, Behaarung fein. Die Hauptrepräsentanten des Milchviehes sind in Bayern die Algäuer, die grauen und graubraunen Gebirgsschläge, außerdem die Holländer.

2. Für die Zucht des Mastviehes kommt in Betracht, daß der bezügliche Bulle im Ganzen einen leichten, dabei kurzen und breiten Kopf habe; der Hals soll kurz, vordere Partie desselben (Anschluß an den Kopf): leicht, hintere Partie (Anschluß an die Schulter): voll und kräftig, stark in der Muskulatur, im Uebrigen mit gut entwickelter Wamme. Der Gesichtsausdruck soll mehr den des phlegmatischen Temperamentes zeigen; der Bug soll breit, das Kreuz breit sein, die Gliedmaßen sollen nicht zu lang, eher kurz sein; der Rumpf kurz im Verhältniß zur Tiefe, gedrängt, gleichsam zusammengeschoben, Schulter lang, breit und schräg gestellt, Becken: lang, Rückenlinie: vom Widerrist bis zum Schwanzansatze gerade, Brust: weit und sehr tief, daher Höhe von der unteren Brustbeinfläche bis zum Boden gering, Rippen: stark ausgebogen, mit engen Zwischenräumen, Lende: kurz und breit, Widerrist: sehr breit, dementsprechend Gliedmaßen auch weit gestellt, Hinterleib: bis zur Weichenfalte, im Ganzen geschlossen, alle Partien des Rumpfes: reich bemuskelt, daher Körperoberfläche: voll und mehr abgeglichen, ohne stark hervortretende Vertiefungen und Vorsprünge, Hinterschenkel: sehr fleischig, Haut im Ganzen: dick, aber weich, geschmeidig, leicht verschieb- und faltbar. Eine eigentliche ausgesprochene Mastrasse besitzt Bayern wie auch Deutschland überhaupt nicht, dagegen, wie bereits oben erwähnt, viele Schläge, welche sich gut mästen und auf welche diese Normen bei der Beurtheilung der hiefür zu körenden Zuchtstiere in der Hauptsache auch Anwendung finden sollen.

3. Für die Zucht des Arbeits- und Zugviehes kommt in Betracht, daß der bezügliche Bulle einen starken, breiten Kopf mit breiter Stirn, starken, gutgestellten Hörnern, kurzem, breitem Flotzmaul und breiten, derben Ohren besitzt; Hals: mächtig lang, ziemlich breit und tief, mit nur mäßig entwickelter Wamme; Nacken: kräftig; Brust: weit und geräumig; Rücken: möglichst gerade; Rippen: gehörig ausge-

weitet, Lende: breit, Widerrist: hoch, kräftig, Kreuz: hohes und langes Kreuz, Hinterleib: nicht zu tief, Bauch: nur mäßig gewölbt, Rumpf im Ganzen, namentlich aber das Hintertheil und die Lende: stark bemuskelt, die Gliedmaßen: nicht zu steil gestellt mit tadellosen Gelenken und flinkem, räumigen Gang, untere im Ganzen (Gestell) lang, Unterfuß aber im Verhältniß zur Länge des Vorarms kurz, Haut: dick, ziemlich anliegend, Haar: gröber und dichter.

Die körperliche Figur des Rumpfes und die gegenseitige Entwicklung der verschiedenen Partien desselben stehen etwa zwischen denjenigen des Fleisch- und Milchviehes.

Die meisten Landviehrassen Bayerns und Deutschlands repräsentiren den Typus des Arbeitsviehes, wiewohl auch nebenbei noch andere Nutzungseigenschaften zu erreichen gesucht werden und ist daher auf diese Formen bei der Körung der Zuchtstiere ein großes Gewicht zu legen.

4. Für die Zucht des Viehes mit kombinirter oder gemischter Nutzung, bei welcher also gleichzeitig mehrere beziehungsweise alle Nutzungseigenschaften Endzweck der Züchtung sind, und welche, wie bereits erwähnt wurde, hauptsächlich in Bayern gang und gäbe ist, kommt in Betracht, daß, je nachdem die eine oder die andere mehr hervortreten soll, die aufzustellenden Bullen in ihren Formen den Charakter dieser einheimischen Zuchtrichtung an sich tragen sollen. Jedem besonderen Zuchtziele, welches sich hiernach bildet, müssen nothwendig ganz bestimmte Formerscheinungen des Thierkörpers entsprechen und die Verschiedenheiten hierin sind ganz vornehmlich auf die Art und Weise zurückzuführen, wie die Thiere von Jugend auf erzogen, behandelt, geübt und ernährt werden.

Nach der badischen „Anleitung zur Zuchtfarrenhaltung" (veröffentlicht auf Anordnung des Ministeriums des Innern, Karlsruhe 1885, Verlag von Friedr. Gutsch) sind bei den Zuchtstieren, ohne Unterschied der Rasse oder des Schlages, abgesehen von den durch das Gewicht, den Bau, die Farbe und die Leistungsfähigkeit bei den verschiedenen Schlägen modificirten Abstufungen folgende Körperformen und Eigenschaften erwünscht:

„Die Länge des Kopfes darf diejenige der Schulter (Bugspitze — Widerrist) kaum erreichen. Die senkrechte Linie von der Mitte des Genickrandes bis zur Linie von einem Augenbogen zum andern soll nicht weniger messen, als die Linie von einem Hornansatze zum andern. Das Auge des Thieres soll hell, lebhaft, groß und fehlerfrei sein.

Der Hals sei wagrecht am Rumpfe angesetzt, nicht zu kurz und allzu fleischig. Er muß sich allmälig vom Rumpfe ab bis zum Ansatze am Kopfe verschmälern. Ein allzulanger Triel ist nicht wünschenswerth.

Auszuschließen sind Farren mit langen und schmalen Köpfen, kurzen und allzu mageren, oder auch zu dicken und unrichtig angesetzten Hälsen.

Der Rücken, die Lenden und das Kreuz sollen bis zum Ansatze des Schwanzes in einer und derselben wagerechten Linie liegen, d. h. das Thier soll vom Boden aus gemessen ebenso hoch sein am Widerriste, wie an der Kreuzspitze, wie an jedem Punkte zwischen den oben bezeichneten Theilen und wie am Ansatze des Schwanzes. Bei jungen Thieren kann es jedoch nachgesehen werden, wenn die Kreuzspitze um 1—4 Centimeter höher liegt als der Widerrist und bei Simmenthaler Farren auch, wenn das Thier am Ansatze des Schwanzes 10 Centimeter höher ist als am Widerriste. Dagegen ist es fehlerhaft, wenn der Rücken hinter dem Widerriste oder in seiner Mitte gesenkt ist, oder umgekehrt, wenn er in der Mitte höher ist, als am Widerriste und an den Lenden. 2 Centimeter Unterschied genügen hier, um ein Thier von der Verwendung als Vaterthier auszuschließen. Außerdem müssen Rücken, Lenden und Kreuz breit sein und nicht dachförmig zu beiden Seiten abfallen.

Die Brustwandungen (Rippen) müssen faßförmig gewölbt und tief sein und fast bis zur Hüfte zurückreichen, so daß zwischen dem hinteren Rand der letzten Rippe und der Hüfte kaum der Raum für die Breite einer mittelgroßen Hand übrig bleibt.

Die Vorderbrust sei breit, so daß die Schultern und Vorderbeine weit auseinander stehen. Hinter der Schulter soll der Brustkorb mindestens eben so breit sein, als die Vorderbrust. Die Breite des Rumpfes soll hier ein Drittel der Körperhöhe am Widerrist betragen.

Die Lenden müssen breit und kurz und somit die Hungerlöcher klein sein. Ein Haupterforderniß ist, daß die Lende nicht tiefer als die Kreuzspitze liegt, weil solche Thiere schlecht springen.

Das Becken (Kreuz) soll eine wagrechte Richtung, eine der Entwickelung der Vorhand entsprechende Breite von einer Hüfte zur anderen, sowie von einem Gesäßhöcker zum gegenüberliegenden besitzen. Die Länge des Beckens, von der Hüfte zum Gesäß gemessen, muß mindestens ebenso groß sein als die Länge der Schulter. Die Breite des Beckens, von einem Hüftgelenk zum andern abgenommen, soll wie die Brustbreite mindestens ein Drittel der Widerristhöhe des Thieres betragen. Auch soll das Becken tief herabreichen, so daß das Thier von hinten gesehen nicht allzu hoch „gespalten" erscheint. Der Ansatz des Schwanzes soll soviel als möglich nach hinten liegen und weder aufgeworfen, noch abschüssig sein. Die rechte und die linke Hüfte müssen in der gleichen Höhe und in gleicher Entfernung von der Kreuzspitze liegen.

Die Flanke des Farrens sei voll, der Leib geschlossen, der Bauch weder aufgezogen, noch tief herabhängend. Die nicht von den Gliedmaßen bedeckten, daher freiliegenden Theile der Brust und des Bauches dürfen in ihrer Länge nur wenig mehr als die Hälfte der ganzen Rumpflänge messen, d. h. die wagrechte Linie von der Bugspitze bis zum hinteren Rand des Hinterschenkels soll nahezu um das Doppelte länger sein, als die innerhalb der gedachten Linie liegende andere Linie vom Ellenbogenhöcker bis zum Hinterknie.

Baufehler des Rumpfes, welche das Thier von der Zucht ausschließen, sind Senkrücken, stark aufgewölbter Rücken (Buckel), starkes Ueberbautsein, enge, vogelbrustartige oder eingefallene Vorderbrust, Bugleere, Flachrippigkeit, Eingeschnürtsein in der

Gurte, lange, schmale Lenden mit weiten Hungerlöchern, spitzes Kreuz und spitzes Gesäß, Einhüftigkeit, Hängebauch, unverhältnißmäßige Höhe zur Länge des Thieres oder zur Tiefe der Brust.

An den Gliedmaßen ist Folgendes zu beachten:

Die Schulter soll schräg, lang und gut gefleischt sein, der Bug kräftig, der Vorarm lang und keulförmig, das Knie breit und lang, die Schiene kurz und der Fessel kräftig sein.

Die Richtung der vorderen Gliedmaßen darf vom Ellenbogen bis zum Fessel von der senkrechten Linie nicht abweichen, auch eine Verdrehung der Gliedmaßen nach außen oder nach innen nicht vorhanden sein. Von vorn gesehen, muß die vordere Gliedmaße die entsprechende hintere und, von der Seite gesehen, die linke Gliedmaße die rechte decken.

Fehlerhaft sind daher die knieenge und die knieweite, die bodenenge und die bodenweite, die vor- und die rückbiegige, die vor- und rückständige, sowie die zehenenge und die zehenweite Stellung.

An den hinteren Gliedmaßen sind ein kräftiger Ober- und Unterschenkel („tüchtige Hosen“) erforderlich.

Der Unterschenkel sei möglichst lang und mit der Schiene durch ein breites und massig gebautes, kantiges Sprunggelenk verbunden, über welches die Haut dicht gespannt ist, so daß die darunter liegenden Knochen und Sehnen deutlich hervortreten. Der Winkel des Sprunggelenkes soll soweit als thunlich geöffnet sein. Von den Schienen und Fesseln gilt dasselbe, was von diesen Theilen des Vorderbeines gesagt ist.

Die hinteren Gliedmaßen sollen in derselben Entfernung von einander stehen wie die vorderen. Eine allzu steile Stellung der hinteren Gliedmaßen ist ebenso verwerflich, wie eine im Sprunggelenk zu sehr gewinkelte oder gebogene. Insbesondere fehlerhaft sind die Kuhhessigkeit, die Säbelbeinigkeit, die Vor- und Rückständigkeit, die kurze, schmale und schwache Hose und ein unausgesprochenes und schwammiges Sprunggelenk.

Im Schritt, vor und zurück geführt, muß das Thier

einen geräumigen Gang mit regelmäßiger Fußfolge zeigen und dabei den Kopf hoch tragen, auch Lust zum Ritte zeigen.

Ferner muß das Thier von Charakterfehlern frei sein. Bei ruhiger Berührung der Haut darf das Thier nicht mit einem Sprunge ausweichen, oder mit den Hinterfüßen ausschlagen, oder Versuche zum Stoßen machen."

Wie also gewisse Normen für die Tauglichkeit der Zuchtbullen in Betracht kommen, so sind ebenso bestimmte Fehler und Formen maßgebend, welche die Tauglichkeit ausschließen und Grund zur Abkörung sind. Hieher gehören zunächst fehlerhaft ausgebildete Geschlechtswerkzeuge, zu kurz ausgebildeter Schlauch, in Folge dessen Unvermögen zum Sprunge, krankhafte Zustände an der Geschlechtsruthe, der Vorhaut, Geschwülste, Neubildungen, chronische Catarrhe, Ausflüsse aus der Geschlechtsöffnung, Verengerungen oder Verwachsungen der Vorhaut, Impotenz in Folge von Rheumatismen (Kreuzlähme), Fußleiden u. dgl.

Außerdem können fehlerhafte Stellungen und Gangarten, normwidrige Körperformen die Tauglichkeit der Zuchtstiere aufheben. Hieher gehören u. A. fehlerhafte Fußstellung (bes. sog. Säbelbeine), vorbiegige, rückbiegige, kuhhässige, abschüssige Stellung, Ueberköthen (Stelzfuß), ferner sind zu beanstanden ein großer, plumper Kopf mit fehlerhaft gestellten und zu groben Hörnern, zu plumper Knochenbau, überbautes Kreuz, zu hoch angesetzter, dicker Schwanz mit zu dicker Schwanzwurzel, zu enge, niedere Brust, Hängebauch, Senkrücken, schmaler Rücken und schmales Kreuz, scharfkantiger Widerrist (sogen. Schneider), allzu spitzes und schmales Hintertheil, grobe Haut mit grobem Haar, unverhältnißmäßig schwache und dünne Beine bei sonst kräftigem Körperbau u. dgl.

Im Regierungsbezirke Mittelfranken sind bestimmte Direktiven vorgezeichnet, nach welchen die Beurtheilung bei den Körungen, der Beaufsichtigung und Ueberwachung der

Musterzuchtstationen, Stammzuchtvereine, sowie bei Prämiirungen der Bullen und Zuchtthiere überhaupt, namentlich insoweit für deren Aufstellung und Zucht öffentliche Geldzuschüsse geleistet werden, zu erfolgen hat. Fragliche Vorschriften sind vom landwirthsch. Kreisausschuß festgesetzt und erschienen im Druck bei C. Brügel und Sohn in Ansbach 1886. Auf Seite 23 und 24 der erwähnten Schrift sind die einzelnen Fehler, welche bei der Musterung zu berücksichtigen sind, in einer besonderen Fehler-Tabelle aufgezählt und zwar:

A. Bei Bullen, Kühen und Kalben aller Schläge.

1. Zu plumpe, oder überhaupt fehlerhafte Kopfbildung mit auffallenden, den Körper verunstaltenden Hörnern.
2. Dünner Hals und schwache Wamme (namentlich bei Bullen), insofern ersterer nicht als besonderes Rassezeichen, wie bei den Holländern angesehen werden muß.
3. Mangelnde Tiefe und Weite der Brust.
4. Auffallend leerer Uebergang der beiden Seitentheile des Halses an die Schultern.
5. Spitzige und scharfe Beschaffenheit des Widerristes (Stockes).
6. Bugleere und Eingeschlagensein höhern Grades (Bugstößigkeit).
7. Zu kurzer und zu schmaler Rücken, sodann Senk- und Karpfenrücken.
8. Zu flache abgeschlagene Rückenwölbung (Halb- und Hohlrippen).
9. Zu tiefe Weichen (Hungergruben).
10. Hängebauch und einseitiger Bauch.
11. Zu schmale Lende und Hüfte (gedrosselt).
12. Auffällig schiefe Abdachung und mangelhafte Ausbildung der Kreuz- und Beckenpartie.
13. Spitziges Gesäß.
14. Unregelmäßiger, das Hintertheil entstellender Schweifansatz, selbstverständlich unter Berücksichtigung der Rasse-Eigenthümlichkeiten.

15. Schlechte unvollkommene Ausbildung an den Oberschenkeln.
16. Hochbeinigkeit, namentlich in Verbindung mit stark ausgeschnittenen Unterschenkeln (Bemerkung wie ad 14).
17. Zu schwache Unterfüße, Sprunggelenke und Schienbeine.
18. Zu kurze Unterfüße.
19. Fehlerhafte Fußstellung und Gangart.
20. Zu langsame Entwicklung oder zurückgebliebenes Wachsthum im Verhältnisse zum Alter.
21. Mangel an Gleichförmigkeit im Körperbau überhaupt.
22. Krankheiten, sowie entstellende, oder die Zuchtverwendung beeinträchtigende Gebrechen aller Art, insbesondere an den männlichen Geschlechtstheilen.

B. Bei den Kühen aller Schläge.

23. Färrisches Aeußere überhaupt.
24. Schlechte Milchzeichen.
25. Alle die Geburt und Ernährung des Kalbes beeinträchtigende Fehler an den Geschlechtstheilen und am Euter.

C. Bei allen Thieren des Ellinger und Scheinfelder Schlages.

26. Mangel an Reinheit und Aechtheit der Farbe und Abzeichen.

Nach dem statistischen Jahrbuch für das Königreich Bayern, zweite Auflage 1895, hatte die Beurtheilung oder die Körung der Zuchtstiere seit dem Bestehen des Körgesetzes folgendes Ergebniß:

Regierungsbezirke	Zahl der zur Körung (Haupt- u. Nachkörung) vorgeführten Zuchtstiere	Zahl der angekörten Zuchtstiere	Von den angekörten Stieren werden gehalten		Von den angekörten Stieren sind	
			von Gemeinden u. Genossenschaften	von Privaten	besserer Qualität	minderer Qualität
Oberbayern	7006	6292	877	5415	4227	2065
Niederbayern	5411	4871	1129	3742	2692	2179
Pfalz	2572	2381	2085	296	1821	560
Oberpfalz	2508	2194	1439	755	1338	856
Oberfranken	1633	1468	580	888	1006	462
Mittelfranken	2570	2424	1460	964	1786	638
Unterfranken	2384	2224	1636	588	1847	377
Schwaben	6178	5490	1934	3556	3344	2146
Königreich **1894**	30262	27344	11140	16204	18061	9283
1893	31618	28657	11325	17332	19348	9273
1892	32321	29101	11330	17771	19325	9776
1891	32408	29283	11649	17634	19396	9887
1890	34006	29632	11429	18203	19833	9799
1889	35338	30878	11429	19449	19665	11213

Da eine rationelle Kälberaufzucht die Grundlage für jede Art von Rindviehzucht, wie ganz besonders für die Zucht wohlgeformter und allen Anforderungen entsprechenden Bullen bildet, so soll bei der Wichtigkeit des Gegenstandes eine kurze Anleitung hiezu, wie solche von dem um die badische Viehzucht so hoch verdienten Verbandsinspektor Heitzmann in Meßkirch in der Deutschen Thierärztlichen Wochenschrift vom Jahre 1895 veröffentlicht wurde, angeschlossen werden; dieselbe verdient ganz besondere Beachtung für die Zucht der Bullenkälber.

Die Aufzucht des Kalbes.

Die Aufzucht des Kalbes hat die Aufgabe, dem jungen Thierkörper die seinen Aufbau fördernden Stoffe zuzuführen und die in dem Kalbe schlummernden Nutzungsanlagen möglichst vollkommen zur Entwickelung zu bringen.

Die Nutzungsanlagen des Kalbes sind: Schnellwüchsigkeit, Arbeitskraft, Mastfähigkeit und Milchergiebigkeit. Zur richtigen und gleichmäßigen Entwickelung dieser vier Nutzungen sind erforderlich: reichliche und richtige Fütterung des Kalbes im ersten Lebensjahr und genügende Bewegung im Freien. Schnell und richtig wachsen kann ein zur Schnellwüchsigkeit veranlagter Thierkörper nur, wenn ihm die erforderliche Nahrung jederzeit in genügender Menge und guter Beschaffenheit verabreicht wird. Die Nahrung des Kalbes muß daher folgende Eigenschaften haben:

1. sie muß reich sein an den Stoffen, aus denen der Körper sich aufbaut;
2. sie muß leicht verdaulich sein;
3. sie darf nicht zu voluminös sein.

Die Stoffe, aus denen der Körper sich aufbaut, sind in der Hauptsache Eiweiß, Fett, Wasser, kohlensaurer Kalk und phosphorsaure Salze. Je reicher die Nahrung an diesen Stoffen ist, um so rascher und um so besser geht die Entwickelung des Körpers vor sich. Eiweiß und Fett bilden, abgesehen von dem Wasser, die größte Masse des Körpers. Aus ihnen setzen sich hauptsächlich das Fleisch und die inneren Organe zusammen. Der Körper braucht deshalb eine eiweiß- und fettreiche Nahrung. Die Knochen enthalten außer Eiweiß noch andere Stoffe, welche denselben die Stärke und Dauerhaftigkeit verschaffen. Es sind dies kohlensaurer Kalk und phosphorsaure Salze. Je reicher die Nahrung an diesen Stoffen ist, um so besser wird der Knochenbau, von dem die Leistungsfähigkeit des Thieres abhängt. Werden diese zwei Stoffe in zu geringer Menge zugeführt, so erhält das Thier ein mangelhaftes Fundament, das Wachsthum bleibt zurück und das Thier wird krank. (Lecksucht — Kalkhunger.)

Gute Knochen enthalten 4—16% Kalk und 50—54% phosphorsaure Salze, Knochen unter 3% Kalk sind krank.

Es liegt somit ganz in der Hand des Züchters, je nach der Fütterung, die er einhält, ein Thier aufzuzüchten, das die Aufzuchtskosten reichlich lohnt oder das diese Kosten nicht deckt.

Die wichtigsten Futtermittel für Kälberaufzucht sind:

O.-Z.	Futtermittel	Gehalt an Eiweiß in 100 Theilen	Gehalt an Fett in 100 Theilen	Gehalt an Kalk in 1000 Theilen	Gehalt an Phosphorsalze in 1000 Theilen
	I. Heu.				
1	Weißklee	14,9	3,5	20,20	8,8
2	Rothklee	11,0	3,2	20,00	5,6
3	Esparsette	13,3	2,5	16,80	4,9
4	Luzerne	14,4	2,5	8,80	5,8
5	Gutes Wiesenheu . . .	9,5	2,3	10,10	3,3
	II. Stroh.				
1	Erbsenstroh	7,3	2,0	25,10	3,0
2	Bohnenstroh	9,9	1,5	12,00	4,1
3	Gerste mit Kleegras . .	6,5	2,0	3,50	2,0
4	Haferstroh	4,0	2,0	4,50	1,9
	III. Früchte.				
1	Saubohnen	25,1	1,6	1,33	11,1
2	Erbsen	22,4	3,0	1,53	8,1
3	Leinsamen	21,7	35,6	2,60	13,5
4	Roggen	14,0	2,0	0,40	9,8
5	Hafer	12,0	6,0	1,20	7,6
6	Mais	10,6	6,5	0,14	5,5
7	Weizen	13,2	1,6	0,50	9,3
8	Gerste	11,2	2,1	0,40	8,9
	IV. Gewerbliche Produkte.				
1	Malzkeime	24,2	2,1	1,09	18,0
2	Roggen- u. Weizenkleie .	14,5	3,5	2,50	26,0
3	Mohnkuchen	31,9	10,0	27,10	31,7
4	Rapskuchen	31,6	9,6	29,30	11,0
5	Leinkuchen	29,5	10,0	4,90	20,0
6	Lufttrockene Biertreber . .	28,0	7,8	4,60	15,6

Aus dieser Zusammenstellung ist ersichtlich, daß der Gehalt dieser Futtermittel an den zum Aufbau des Körpers nöthigen Nährstoffen ein sehr verschiedener ist und daß das eine Futtermittel an einem Nährstoffe reich sein kann, während es von den anderen sehr wenig enthält. Es ist deshalb durchaus nicht gleichgiltig, was man füttert, sondern man muß Futtermittel auswählen, die einen reichen Gehalt der oben erwähnten vier Nährstoffe besitzen. Dabei kommt aber sehr in Betracht, daß bei den ausgewählten Futtermitteln ein richtiges Verhältniß zwischen Eiweiß und Fett besteht. Man nennt das Verhältniß des Eiweißes zu den stickstofffreien Körpern (Kohlenhydrate und Fette) das Nährstoffverhältniß. Bei jungen Kälbern sollen auf 2 Theile Eiweiß 1 Theil Fett kommen; bei älteren Kälbern 3 Theile Eiweiß auf 1 Theil Fett. Nahrungsmittel von dem bezeichneten Nährstoffverhältniß werden im Körper gut ausgenützt. Aus diesem Grunde ist der Hafer für ganz junge Kälber (von 3 Wochen ab) ein leicht verdauliches und gut nährendes Futtermittel, weil sein Nährstoffverhältniß ist wie 2:1, d. h. auf 2 Theile Eiweiß 1 Theil Fett kommt. Ebenso hat Mais ein sehr gutes Nährstoffverhältniß. Malzkeime dagegen besitzen wohl viel Eiweiß, aber zu wenig Fett. Auf 24 Theile Eiweiß kommen nur 2,1 Theile Fett. Es fehlt also den eiweißreichen Malzkeimen an Fett, weßhalb bei Verfütterung von Malzkeimen diesen ein fettreiches Futtermittel zugemischt werden muß, derart, daß ein Verhältniß von Eiweiß und Fett wie 2:1 oder 3:1 entsteht. Man nennt diese Zusammensetzung von Futtermitteln „Futtermischung".

Fütterung des Kalbes.

Die erste Nahrung des Kalbes ist die Muttermilch. Die Milch enthält bei richtiger Fütterung der Kuh alle Baustoffe für das Kalb, ist leicht verdaulich und nimmt einen kleinen Raum ein. Deswegen wachsen die Kälber bei genügender Milchnahrung rasch, nehmen bedeutend (täglich 2—$2^1/_2$ Pfd.) im Gewicht zu und zeigen schöne Formen und schlanken Leib.

Die Milch kann dem Kalb entweder durch Saugenlassen

oder durch Tränken aus dem Kübel verabreicht werden. Für die Aufzucht ist das Tränken aus dem Kübel die beste Art. Es ist aber schwierig, das Kalb in den ersten 8—10 Tagen richtig aus dem Kübel zu tränken, deshalb empfiehlt es sich, das Kalb während dieser kurzen Zeit saugen zu lassen und dann aus dem Kübel zu tränken.

Bei dem Tränken kann man zur Milch Zusätze machen, wobei das Kalb von der ursprünglich flüssigen allmählich an feste Nahrung gewöhnt wird, ohne daß das Kalb es merkt und ohne daß das Wachsthum desselben unterbrochen wird. Das oft so lästige Entwöhnen nach langem Saugenlassen fällt somit weg. Bei richtiger Aufzucht soll es kein Entwöhnen mehr geben; ein allmählicher Uebergang von der ursprünglichen flüssigen zur festen Nahrung ist Aufgabe der Fütterung in einer rationellen Zucht. Das ist nur möglich bei der Verabreichung der Milch aus dem Kübel. Das Tränken verlangt aber Pünktlichkeit und Reinlichkeit.

Bezüglich der Milchnahrung entsteht die Frage: Wie lange soll man dem Kalb Vollmilch geben? Die Vollmilchnahrung bildet die erste Grundlage für den Aufbau des jungen Körpers. Je mehr Vollmilch, um so besser das Gedeihen, um so werthvoller wird das Thier.

Dem Simmenthaler Kalb muß deshalb 3 Monate lang genügend Vollmilch gegeben werden und erst im 4. Monat wird sie allmählich entzogen.

Die Vollmilchnahrung wird aber schon vom zweiten Monat ab durch Zugabe von Kraftfutter und Heu unterstützt und bei dem Entzug der Vollmilch werden diese Zugaben entsprechend vermehrt.

Fütterungsweise während der ersten 4 Monate.

Im 1. Monat. Nur Vollmilch bei täglich dreimaliger Verabreichung. Gibt die Kuh wenig Milch oder erhält sie wenig Kraftfutter, so empfiehlt es sich, der Milch von der 3. Woche ab einen aus Hafermehl und Maismehl bestehenden Brei zuzusetzen. Die Kälber nehmen diesen Zusatz in der Milch sehr gerne auf und der Nährwerth der Milch wird durch denselben bedeutend erhöht. Nach dem Tränken soll dem Kalb das Maul mit frischem Wasser abgewaschen werden.

Die Kälber fressen im Alter von 14 Tagen oft Stroh. Sie zerbeißen einige Halme und schlucken dieselben. An dem Strohfressen gehen jährlich hunderte von Kälbern zu Grunde. Man muß deshalb den Milchkälbern bei Strohstreue einen Maulkorb anlegen oder während dieser Zeit kein Stroh streuen, sondern Sägspähne oder Torfstreu.

Im 2. Monat. Genügend Vollmilch nebst einem Zusatz von 1/2 Pfd. Haferschrot pro Tag in die Krippe, vermengt mit etwas geschnittenem Kälberheu.

Das Kälberheu muß folgende Eigenschaften haben:

1. Es muß leicht verdaulich sein. Je früher das Gras und die Ackerfutterkräuter: Klee, Esparsette, Luzerne geschnitten werden, um so leichter verdaulich ist das aus diesen Pflanzen gewonnene Heu, und umgekehrt, je älter diese Pflanzen sind, um so schwerer sind sie zu verdauen, weil nach dem Verblühen der Pflanzenstengel verholzt und hart wird. Das ist insbesondere bei Kleeheu, Esparsette- und Luzerneheu der Fall. Das für Kälber bestimmte Heu muß deshalb aus Gras 2c. gewonnen werden, welches recht früh, spätestens aber zur Zeit des Beginnens der Blüthe geschnitten wird.

2. Das Kälberheu muß reich an phosphorsaurem Kalk sein, welchen das Kalb zur Knochenbildung bedarf.

Unter unsern Futterpflanzen sind die Kleearten am kalkhaltigsten. Deshalb ist junges Kleeheu für Kälber werthvoll, während Wiesenheu ohne Klee zu wenig Kalk enthält. Auch bei den Kleepflanzen ist das Alter in Bezug auf Kalkgehalt von Bedeutung. Vielfache Untersuchungen haben ergeben, daß mit dem Alter der Pflanze der Kalkgehalt abnimmt. Aus diesem Grunde soll der Klee bei Beginn der Blüthe gemäht werden. Ein Pfund gut gewittertes (luftgetrocknetes) junges Kleeheu ist so viel werth als 2 Pfd. des besten Wiesenheus und 4 bis 5 Pfd. mittleren Wiesenheus. Wiesenheu ohne Klee taugt nichts für die Kälberaufzucht.

Als gutes Kälberheu bezeichne ich eine Mischung von $^1/_3$ Kleeheu, $^1/_3$ Wiesenheu und $^1/_3$ Esparsetteöhmd. Das Heu soll den Kälbern geschnitten und mit dem Kraftfutter vermischt gegeben werden, im Alter von 4—5 Monaten kann dasselbe theilweise auch ungeschnitten verabreicht werden, aber man gebe es stets in der Krippe und niemals in der Raufe.

Zu viel Heu, und selbst das beste ist dem Kalbe nicht zuträglich, weil es zur übermäßigen Ausdehnung des Bauches und hierdurch zur Bildung der Schnürbrust führt. Der Simmenthaler Züchter sagt deshalb: „das Kalb muß schlank gefüttert sein".

Im 3. Monat. Vollmilch nebst $^1/_2$ Pfd. Haferschrot in die Milch und $^1/_2$ Pfd. Haferschrot in die Krippe nebst genügend Kälberheu.

Im 4. Monat. Langsamer Abzug der Vollmilch. Ersatz derselben durch Magermilch und Leinsamenschleim.

Man verkocht täglich $^1/_2$ Pfd. zerquetschten Leinsamen mit Wasser zu einem dicken Schleim und gießt denselben der Milch zu. Ferner setzt man der Milch pro Tag $^1/_2$ Pfd. Haferschrot zu und gibt 1 Pfd. Haferschrot in die Krippe mit genügend Kälberheu vermengt. Während des 4. Monats wird die Vollmilch gänzlich entzogen.

Im 5. und 6. Monat. Soll das Wachsthum nicht gestört werden, so muß bis Ende des ersten Jahres die Fütterung gleichmäßig dem Lebendgewicht des Körpers entsprechend fortgesetzt werden.

Man gibt im 5. Monat täglich 2 Tränken, bestehend aus $^1/_2$ Pfd. Roggenschrot und $^1/_2$ Pfd. Leinsamen, pro Tag. Diese Futtermittel werden mit Wasser gekocht und dem dickflüssigen Tranke etwas Magermilch und Salz beigemengt.

Im 6. Monat wird nur noch ein Trank des Tages gereicht. Am Ende des Monats fällt der Trank weg. Warme wässerige Tränke in großer Menge erschlaffen den Magen und geben Veranlassung zu rechtsseitigem Hängebauch.

Als Kraftfutter wird im 5. und 6. Monat gegeben pro Tag:

1 Pfd. Haferschrot in die Krippe,
$^1/_2$ Pfd. Mohnkuchen nebst Heu.

Im 7.—12. Monat pro Tag:

$^1/_2$ Pfd. Haferschrot,
1 Pfd. Weizen- oder Roggenkleie,
1 Pfd. Malzkeime,
$^1/_2$ Pfd. Mohnkuchen.

Die Malzkeime werden mit kaltem Wasser angefeuchtet, sodaß sie alles Wasser aufsaugen. Man läßt sie von einer Futterzeit bis zur anderen stehen. Bei der Fütterung werden die übrigen Kraftfuttermittel nebst Heuhäcksel mit den Malzkeimen vermengt gegeben.

Diese Fütterungsweise verlangt somit an Kraftfutter:

1.	Hafer	250	Pfd.	à	6,—	Pf.	=	15,— Mk.
2.	Leinsamen	45	„	„	10,—	„	=	4,50 „
3.	Roggen	30	„	„	6,—	„	=	1,80 „
4.	Kleie	210	„	„	3,50	„	=	7,35 „
5.	Mohnkuchen	105	„	„	6,—	„	=	6,30 „
6.	Malzkeime	180	„	„	4,—	„	=	7,20 „
								42,15 Mk.

Bei dieser Fütterung wächst das Kalb rasch heran, bekommt ein kräftiges Knochengerüst, setzt Fleisch an und erhält ein Lebendgewicht, welches die Auslagen für das aufgewendete Kraftfutter beim Verkauf zum Schlachten reichlich deckt.

Eine zweckmäßige Fütterung im ersten Jahr hat außer der kräftigen und schönen Körperentwickelung noch zwei weitere werthvolle Folgen, und zwar:

1. wird das Thier zu einer guten Futterverwerthung für das ganze Leben befähigt,

2. der Längsdurchmesser der Brusthöhle wird größer. Je größer aber der Brustraum, um so leistungsfähiger ist das Thier sowohl in der Arbeit als in der Milch.

Bewegung.

Zur richtigen Entwickelung des Körpers ist freie Bewegung des Thieres von größerer Bedeutung als vielfach geglaubt wird. Ausschließliche Stallhaltung hat Baufehler im Gefolge, die den Werth des Thieres bedeutend vermindern. Sie beeinträchtigt das richtige Wachsthum der Vorhand und besonders die Entwickelung der Brust und begünstigt zu starkes Wachsthum der Mittelhand. Die Vorhand bleibt zu kurz, die Schulter erhält häufig eine zu steile Lage, die Mittelhand wird zu lang und daher schwach und die Wirbelsäule wird verbogen, indem sie hinter den Schultern einsinkt und im Rücken sich aufwölbt (Schnürbrust). Diese Fehler lassen sich nur durch entsprechende Bewegung verhüten.

Die erste Bewegung wird dem Kalbe im „Laufstall", wo es nicht angebunden werden darf, gegeben. Der Laufstall braucht nicht groß zu sein, es genügt ein Raum, der dem Kalbe gestattet, sich frei umzuwenden und sich nach Belieben zu legen. Ist mehr Raum vorhanden, um so besser. In warmer Jahreszeit soll dem Kalbe aber genügende Bewegung im Freien verschafft werden. Hunderte von Landwirthen besitzen in der Nähe des Stalles einen Grasgarten, meist mit Obstbäumen bepflanzt, in welchen in der Regel wenig und schlechtes Gras wächst. Das wären die besten Kälbergärten, aber der Bauer nimmt Rücksicht auf das bischen Gras und läßt lieber seine Kälber im dumpfen schwülen Stall an der Krippe angebunden liegen, als daß er ihnen die Wohlthat freier Bewegung in gesunder, sauerstoffreicher Luft gewährt. Er heimst dafür einige Zentner Gras mehr ein, verliert aber hunderte von Mark in Folge mangelhafter Entwickelung seiner Kälber.

Ein Kalb richtig aufziehen, heißt somit, dasselbe im ersten Lebensjahr reichlich füttern und ihm genügende Bewegung im Freien gewähren. Von der Befolgung dieser Grundsätze hängt das Erträgniß der Viehzucht ab.

IV.

Anleitung

zur Gründung und zum Betriebe von Zuchtgenossenschaften und Zuchtvereinen.

Der Ernst der Zeit und die gesammte wirthschaftliche Lage machen, wie auf die Industrie, auch auf die Thierzucht ihren Einfluß geltend. Dementsprechend sind auch hier die Anforderungen gegenüber den früheren Zeitverhältnissen gesteigerte geworden; die Viehzüchter sind daher in ihrem eigensten Interesse genöthigt, ihre Leistungsfähigkeit zu erhöhen, um sowohl den einheimischen Markt befriedigen als auch an der ausländischen Concurrenz sich mit Erfolg betheiligen zu können.

Als ein Mittel zur Förderung und Hebung des Betriebes hat sich nun, wie auf industriellem, so auch auf dem Gebiete der Thierzucht das Genossenschaftswesen, das sich ganz naturgemäß aus den Zeitverhältnissen von selbst herausgebildet hat, erwiesen. Durch Gründung und rationellen Betrieb von Zuchtgenossenschaften gelingt es am ersten, eine Verbesserung und Vervollkommnung des einheimischen Viehschlages herbeizuführen, gemeinsame Bestrebungen der Viehzüchter, durch welche eine höhere Rente aus der Zucht erzielt werden soll, wachzurufen und bestehende Mängel im Züchtungsverfahren möglichst auszumerzen. Es ist aber selbstverständlich, daß das Fundament zu solchen Bestrebungen, bestehend in geeignetem, einheimischen Zuchtmaterial und in einem entsprechenden Verständniß der Züchter (Intelligenz) in Bezug auf rationelle Zucht, Fütterung und Haltung der Thiere und ebensolchen Betrieb des damit engverknüpften Feld- und Wiesenbaues (namentlich des Getreide- und Kleebaues) vorhanden sein muß. Ohne diese Voraussetzung könnte auch der bestorganisirte Genossenschaftsbetrieb keinen Erfolg bringen. Damit ist schon gesagt, daß nicht überall und planlos unter gänzlicher Verkennung des Zweckes solche Vereinigungen ins Werk gesetzt werden können. Eines schickt sich nicht für alle; dieser Grundsatz kommt ganz besonders auch in der Viehzucht zur Geltung und ohne feste Grundlage, auf welcher mit Erfolg weiter gebaut werden kann, läßt sich kein Fortschritt und keine Vervollkommnung der Zucht erreichen. Wenn auch das genossenschaftliche Princip durch gegenseitige Aneiferung und Förderung schon Großartiges geleistet hat, so kann ihm doch keine andere Bedeutung beigelegt werden, als daß es lediglich das treibende Agens, der wirksame Faktor, für einen besseren Ertrag werden kann, welcher gleichsam eine in ihrer Anlage bereits vorhandene Frucht zu ihrer vollen Reife befähigen soll.

In allen Regierungsbezirken Bayerns, am meisten aber in dem von Unterfranken, hat sich das Genossenschaftswesen in der Viehzucht Bahn gebrochen. Man kann Zuchtgenossenschaften im engen und weiteren Sinne unterscheiden; zu den letzteren gehören sowohl die auf freier Vereinbarung (Genossenschaftsbildung) beruhenden, gemeindlichen Zuchtstierhaltungen als auch die über einen ganzen Distrikt sich erstreckenden Zuchtvereine, zu den ersteren gehören die Musterzuchtstationen und Stammzuchtvereine. Je nach den obwaltenden wirthschaftlichen Verhältnissen, den individuellen Anschauungen der Züchter sind beide Normen oft nicht viel von einander verschieden, doch tritt bei der in ihrem Endziel mehr präcisirten Züchtervereinigung für die Genossenschaften die Gemeinsamkeit der Bestrebungen, welche sowohl auf männliches als weibliches Zuchtvieh Bezug haben, mehr zu Tage als bei jenen, welche lediglich einen einzelnen Nutzungszweck oder die ausschließliche Züchtung oder Aufstellung von männlichen Zuchtthieren ins Auge fassen.

Aufgabe der Stammzuchtbezirke beziehungsweise Stammzuchtvereine ist es, die im Lande vorhandenen Viehschläge in sich selbst durch Inzucht zu verbessern und deren Absatzgebiet zu erweitern. Nur wenn auf dem Wege der

Inzucht dieses Ziel gar nicht oder in nicht absehbarer Zeit in Folge mangelhaften Materiales und zu sehr herabgekommener Zuchtthiere zu erreichen sein sollte, soll nach dem für die Bildung der Stammzuchtbezirke ursprünglich aufgestellten Züchtungsplane ausnahmsweise auch zur Einfuhr fremden Blutes geschritten werden dürfen. Vgl. Gutachten zur Hebung der Rindviehzucht in Bayern von Dr. Gg. May in Weihenstephan v. 9. Dezember 1875, dann von demselben Verfasser „Die Viehzucht in Niederbayern", Landshut 1879 S. 734 f.

Eine Zuchtgenossenschaft im engeren Sinne ist daher eine Vereinigung von Züchtern, welche es sich zur Aufgabe macht, für den vorhandenen Viehstand geeignete, je nach Bedarf auch von auswärts bezogene Musterzuchtthiere aufzustellen, um so dessen Verbesserung und Vervollkommnung herbeizuführen, mit den erhaltenen Produkten weiterzuzüchten und nur die geringwerthigen, den Zuchtanforderungen nicht entsprechenden Exemplare dem Verkaufe zu unterstellen. Es bleiben daher mittelmäßige und ungeeignete Produkte, welche nachtheilig auf die Zucht einwirken und auf dem Wege der Blutauffrischung und sonstiger Verbesserung des Zuchtbetriebes erzielte Erfolge zu Nichte machen könnten, innerhalb der Genossenschaft von der Zucht ausgeschlossen. Eine Zuchtgenossenschaft in diesem enger gefaßten Sinne stellt somit ein für sich abgeschlossenes Ganze innerhalb des Zuchtbezirkes eines Viehschlages dar, eine gleichmäßige und mit Nachdruck zu verfolgende Zuchtrichtung innerhalb des vorhandenen Viehschlages ist die Cardinalbedingung für dieselbe und muß gleichsam das Signum oder die Marke für die Vereinigung sein. Zu dem Zwecke muß zunächst klar gestellt werden, welcher von den vorhandenen und für die Zucht in Betracht kommenden Viehschlägen als der einheimische, in seiner Eigenart zu erhaltende, weiter aber zu vervollkommnende anzuerkennen ist, ferner ob die Weiterentwicklung, Verbesserung und Vervollkommnung desselben auf dem Wege der Inzucht oder der Kreuzung anzustreben ist. Ist also eine bestimmte Zuchtrichtung statuirt, so muß, um derselben eine feste Basis zu verleihen, eine geeignete Auswahl von Zuchtthieren getroffen werden, weshalb bei derartigen Unternehmungen im Anfange immer auch von auswärts Originalthiere bezogen werden, die dann mit entsprechenden mustergiltigen des einheimischen Viehschlages gepaart und deren Nachkommen innerhalb der Genossenschaft zur Zucht weiter verwendet werden, um so für die Folge ein gutes Zuchtmaterial zu erhalten. Es werden also insbesondere männliche und nach Bedürfniß, soferne an solchen nicht entsprechender Vorrath zur Hand sein sollte, auch weibliche Zuchtthiere erworben und deren Nachkommen lediglich zur Nachzucht verwendet, nur Thiere, die mit Mängeln behaftet oder sonst erhebliche Fehler im Bau besitzen, Anlagen zu erblichen Krankheiten haben, bleiben von der Zucht ausgeschlossen und als überschüssige Waare für den Verkauf an den Metzger oder Händler zurückgestellt. Es hat somit jeder der betheiligten Viehzüchter einer solchen Genossenschaft ein Interesse daran, daß die Zucht durch geringe Exemplare nicht gestört wird und daß durch die Produktion von gutem Material eine derartige Institution einen guten Ruf bekommt. Ist ein solcher einmal vorhanden beziehungsweise erworben, dann ist es dem Züchter auch ein Leichtes auf dem betretenen Wege weiter zu züchten, und die im Anfange aufgewendeten Mittel, besonders die zum Ankaufe von Originalthieren verausgabten, werden ihre reichlichen Früchte tragen; denn ist einmal mit einer zweckmäßigen Fütterung und Haltung der Thiere, was immer die Hauptsache für jede Zucht ist, sowie mit guter Auswahl von Zuchtmaterial begonnen, dann wird auch bald die gebührende Rente hievon erzielt werden, die Nachfrage wird bald eine große werden, und die Viehpreise werden in Folge dessen um ein Bedeutendes steigen. Die Jahresberichte der einzelnen landwirthschaftlichen Kreis-Vereine in Bayern über die alljährlichen Ergebnisse der Zuchtvereine, wie solche in den diesbezüglichen Organen abgedruckt sind, liefern sprechende Belege dafür, was auf dem Wege des Genossenschaftswesens in der Thierzucht geleistet wird und wie rentabel bei solchem Betriebe sich dieser Zweig der Landwirthschaft erweisen kann.

Wo nur irgend die wirthschaftlichen und finanziellen

Verhältnisse es gestatten und die Erträge aus der Viehzucht nach Maßgabe der einheimischen Schläge gehoben werden können, sollte der genossenschaftliche Betrieb nach der einen oder der anderen Richtung, womöglich auch im Anschlusse an die so segensreich wirkenden örtlichen Darlehenskassenvereine, mit deren Hülfe für gemeinsame Beischaffung von Kraftfutter, künstlichem Dung, Viehsalz ꝛc. gewirkt werden kann, ins Auge gefaßt werden. Derselbe kann in größerem oder kleinerem Umfange Platz greifen. Sobald nur eine Anzahl von mindestens 50 mustergiltigen weiblichen Rindern in einer Gemeinde vorhanden ist, mit denen eine Veredelung der Viehzucht durch ausgezeichnete Bullen leicht zu erreichen ist. Natürlich müßten sämmtliche Theilnehmer einer solchen Genossenschaft sich verpflichten die Nachzucht nach bestimmten Regeln und Anforderungen aufzuziehen und die bestentwickelten wiederum zur Zucht verwenden; daß diese Aufzuchtsverhältnisse von sämmtlichen Theilnehmern gleichmäßig beachtet werden müssen, ist deshalb nothwendig, damit die Zucht nach Außen hin einen Namen erhält und Käufer an sich zu ziehen vermag; denn ein paar vereinzelte Musterexemplare entgehen der allgemeinen Beachtung und können für den Handel kein Anziehungspunkt sein. Ist die Veredelung bereits um einige Grade gestiegen, so wird es sich darum handeln, einen Zuchtstier ersten Ranges zu erwerben und zur Aufbringung der Mittel hiezu würden auch kleine Beiträge der Genossenschaften erforderlich sein. Reichen dieselben für die Anschaffungskosten nicht aus, so besteht ja gegenwärtig schon ein bedeutender Fond, aus welchem die k. Kreisregierungen sowohl wie die landwirthschaftlichen Kreisausschüsse bereitwilligst Zuschüsse gewähren. Um das Bekanntwerden einer solchen Muster- oder Edelzucht in weitere Kreise zu vermitteln und um den eifrigsten Gliedern der Genossenschaft eine entsprechende Anerkennung zuzuwenden, müßten auch von Zeit zu Zeit Ausstellungen veranstaltet und Prämien vertheilt werden. Auch müßten die Genossenschaften sonst mit ihren Produkten wie bei Bullenmärkten, Thierschauen und allen sich darbietenden Gelegenheiten hervortreten. Sehr förderlich sind daher solchen Unternehmungen Preisviehmärkte, Thierschauungen, Nutz- und Zuchtviehmärkte, wenn solche in dem Zuchtbezirk abgehalten werden.

In Bayern hat sich nun in richtiger Erkenntniß der großen Bedeutung eines geordneten Zuchtbetriebes für den Ertrag desselben das Genossenschaftswesen auf dem Gebiete der Viehzucht allenthalben Eingang verschafft und sich immer mehr ausgebreitet. Seit dem Jahre 1875 sind von Seiten des Kreis- und Bezirkscomités des landwirthschaftlichen Vereins und zwar auf Anregung des um die Landwirthschaft in Bayern hochverdienten damaligen Wanderlehrers für Thierzucht, Professor Dr. May in Weihenstephan eine Reihe von Stammzuchtbezirken und Zuchtvereinen ins Leben getreten und mit erheblichen Geldzuwendungen von Seite der landwirthschaftlichen Vertretungen ausgestattet worden.

Derartige Vereinigungen bestehen in Oberbayern für oberbayerisches Alpenfleckvieh, für das Miesbach-Simmenthaler, Pinzgauer und Murnau- Werdenfelser Vieh;

in Niederbayern für das Kehlheimer Vieh;

in der Pfalz für das Glan- und Donnersberger Vieh;

in der Oberpfalz für das Kehlheimer und Voigtländer Vieh;

in Oberfranken für Voigtländer, Scheinfelder und Scheckvieh;

in Mittelfranken für das Ansbach-Triesdorfer, für das Scheinfelder und

in Unterfranken für das einfarbig rothgelbe Frankenvieh und für das gefleckte Vieh am Untermain;

in Schwaben für das Algäuer, Rieser und Donauvieh.

Größere Zuchtverbände bestehen namentlich in Oberbayern im Gebiete des oberbayerischen Alpenfleckviehes, dann in Schwaben im Gebiete des Algäuer Viehschlages, von welchen jeder Verband einen eigenen Zuchtinspektor besitzt, sowie in Unterfranken im Gebiete des rothgelben Frankenviehes, welch letzterer, gegründet zur Förderung der Zucht und Ausfuhr dieses Schlages, mit dem Sitze in Schweinfurt, sich auch auf die einschlägigen Bezirke von Ober- und Mittelfranken, sowie die Herzogthümer Coburg und Sachsen-Meiningen ausdehnt und gleich den anderen Vereinigungen eine sehr rege Thätigkeit entfaltet.

Nach dem statistischen Jahrbuch für das Königreich Bayern 2. Auflage haben im Jahre 1893 418 Rindviehzuchtvereine mit einem Mitgliederstand von 23070 und einem Vermögen von 109025 Mark bestanden.

Für die Gründung und den Betrieb von Zuchtgenossenschaften, Zuchtvereinen und Musterzuchtstationen sind **Normalschemen** in den einzelnen Regierungsbezirken Bayerns eingeführt; dieselben können je nach den einschlägigen Verhältnissen entsprechend abgeändert, in ihren Bestimmungen erweitert oder eingeschränkt werden.

Nachfolgend sind die hauptsächlichsten Statuten der einzelnen Regierungsbezirke angeführt.

I. Regierungsbezirk Oberbayern:

Genossenschaft
zur
Zuchtbullenhaltung in . . . . . .

Statuten.

§ 1.

Die Genossenschaft hat den Zweck, durch die Haltung guter, für die Viehzucht der Gegend entsprechender Zuchtstiere und durch angemessene Ernährung und Pflege der Zuchtthiere und Aufstell-Kälber die Rindviehzucht zu heben.

§ 2.

Jeder Besitzer von faselbaren Kühen und Kalbinnen in der Gemeinde kann Mitglied der Genossenschaft werden.

§ 3.

Die Angelegenheiten der Genossenschaft werden in General-Versammlungen berathen und beschlossen, an welchen jedes Mitglied theilnehmen kann. Eine Frauensperson kann dieses Recht zwar nicht persönlich ausüben, sich jedoch durch einen großjährigen Sohn oder ein anderes Genossenschaftsmitglied vertreten lassen.

§ 4.

Die Anzahl der aufzustellenden Zuchtstiere ist nach der Zahl der faselbaren Kühe und Kalbinnen in der Art zu bemessen, daß auf einen Zuchtstier in der Regel nicht über 100 Stück kommen.

§ 5.

Jeder Genossenschafter hat die Zahl seiner faselbaren Thiere anzugeben. Der Stierhalter wird durch die Genossenschaft entschädigt und der treffende Antheil auf jedes Mitglied nach der Anzahl seiner faselbaren Thiere ausgeschlagen.

§ 6.

Die Dauer der Genossenschaft wird vorläufig auf 10 Jahre festgesetzt und jeder Genossenschafter gebunden, die auf ihn fallenden Beiträge während dieser Zeit zu leisten.

§ 7.

Die Stiere werden auf Kosten der Genossenschaft beschafft und bleiben deren Eigenthum. In der Regel findet alle 2—3 Jahre Stierwechsel statt. Die nöthigen Geldmittel werden entweder aus dem vorhandenen Zuchtstierfond beschafft oder durch verzinsbares Anlehen aufgebracht, für welches alle Genossenschafter solidarisch haften.

Für den Fall, daß der Stier krank oder unfruchtbar wird oder verendet (nothgeschlachtet wird) und ein Verschulden des Stierhalters nicht nachgewiesen werden kann, so wird auf Rechnung der Genossenschaft ein neuer Stier angekauft und der sich ergebende Verlust aus der Genossenschaftskasse, oder wenn diese nicht ausreicht, von den Theilhabern nach Maßgabe der angemeldeten Zahl ihrer Mutterthiere gedeckt.

§ 8.

Die Stiere werden Genossenschaftern in Pflege gegeben. (Stierhalter.)

Die Genossenschaft gibt dem Stierhalter jährlich für einen Stier . . . . Mark Futtergeld und ist demselben von den Genossenschaftern außerdem für jedes dem Stiere zugetriebene Mutterthier ein Sprunggeld von . . . Pfennigen zu entrichten.

§ 9.

Die Herstellung und Instandhaltung eines ordentlichen, abgeschlossenen Deckplatzes ist Aufgabe des Stierhalters.

§ 10.

Ergibt sich beim Verkaufe eines Stieres gegen den Einkaufspreis ein Verlust, so trägt diesen die Genossenschaft, jedoch nur, wenn dieser Verlust nicht etwa durch mangelhafte Ernährung und Pflege des Stieres entstanden ist; sollte dieses der Fall sein, so hat der Stierhalter den Verlust zu tragen. Den etwaigen Mehrerlös beim Verkaufe nach Abzug der Ankaufsausgaben überläßt die Genossenschaft dem Stierhalter.

§ 11.

Für den Anfang soll die Stierhaltung auf 2 Jahre überlassen werden; sie kann nach Ablauf dieser Frist demselben oder auch einem andern Genossenschafter übertragen werden.

§ 12.

Das Halten der Zuchtthiere muß von den Mitgliedern so geschehen, wie es die Regeln einer guten sorgsamen Wart und Pflege vorschreiben und sind die Stiere zu den Mutterthieren in den Wintermonaten von Morgens 8 bis Abends 5 Uhr und in den Sommermonaten von Morgens 5 bis Abends 7 Uhr zuzulassen.

Die hiezu nöthige Bedienung des Stieres ist vom Stierhalter zu leisten und hat derselbe auch ein fortlaufendes Deckregister bezw. Stammzuchtregister nach einem diesen Satzungen beigefügten Formulare zu führen.

Ausgetrieben mit der Heerde darf der Stier nicht werden.

§ 13.

Wenn der Stierhalter seine Obliegenheiten nach vorstehendem § 12 nicht erfüllt, so soll er hieran erinnert werden; im Wiederholungsfalle wird demselben die Stierhaltung sofort entzogen und in solchem Falle hat er keinen Anspruch auf das Pflegegeld (§ 8) während dieses Jahres.

Auf das Sprunggeld hat er nur Anspruch für die gedeckten Mutterthiere bis zu dem Tage, an welchem ihm der Stier abgenommen wird.

Die Stierhaltung wird dann sofort einem anderen Genossenschafter übertragen.

§ 14.

Damit ein guter Grund zur Erzielung eines konstanten Viehschlages erzielt werde, verpflichten sich die Genossenschafter:

1) Während der zehnjährigen Dauer der Genossenschaft nur Stiere ein- und desselben Viehschlages (Rasse, Stamm) zur Zucht zu verwenden und zwar nachdem der Zweck dieser Genossenschaften ist, vorzüglich den . . . . Schlag zu züchten, so dürfen nur Stiere, welche diesem angehören, zur Zucht benützt werden.
2) Die von dem Genossenschafts-Ausschuß als besonders schön erkannten und zur Aufzucht für geeignet befundenen Kuhkälber entweder selbst aufzuziehen, oder nur an ein anderes Mitglied der Genossenschaft zur Aufzucht zu verkaufen, nicht aber an den Metzger. Ausnahmsweise auch schöne Stierkälber aufzuziehen, ist wünschenswerth.
3) Die aufgezogenen Kalbinnen im sprungfähigen Alter wieder einem Genossenschaftsstier zuzuführen. Es muß je-

doch hiebei darauf gesehen werden, daß die jeweiligen Stiere mit den ihnen zuzuführenden Mutterthieren in nicht zu naher Verwandtschaft stehen.

§ 15.

Zur Vertretung der Genossenschaft wird aus den Genossenschaftern ein Ausschuß aus drei Mitgliedern durch die Generalversammlung auf 3 Jahre gewählt, denen noch der jeweilige Bezirks- oder Distrikts-Thierarzt als Sachverständiger beigegeben ist.

Das eine der Mitglieder ist der Vorsitzende in allen Versammlungen, das zweite der Schriftführer und Kassier und das dritte der Beisitzer und Stellvertreter der beiden ersteren, wenn eines von diesen am Erscheinen verhindert ist.

§ 16.

Dieser Ausschuß führt die Geschäfte der Genossenschaft, überwacht den Stierhalter und die Genossenschaft in Bezug auf ihre eingegangenen Verpflichtungen, ertheilt Ermahnungen und kann den Stierhalter im Falle § 13 entlassen und einen neuen an dessen Stelle erwählen; er unterschreibt mit Rechtsverbindlichkeit die Schriftstücke, er beruft die General-Versammlungen und muß eine solche mindestens einmal im Jahre berufen, um über den Stand der Genossenschaftsangelegenheiten zu berichten, er hat die Wahlen anzuordnen und die erforderlichen Beschlüsse, deren Ausführung er dann zu besorgen hat, fassen zu lassen. Er kauft und verkauft die Genossenschaftsstiere und thut überhaupt Alles, was nicht ausdrücklich der General-Versammlung vorbehalten ist oder nach seinem Dafürhalten derselben zur Beschlußfassung vorgelegt werden soll.

Der dem Ausschusse beigegebene Sachverständige ist zu allen Berathungen beizuziehen und ist er bei allen Fragen, welche sich auf die Qualität und Haltung der Stiere wie auf die Qualität der Nachzucht beziehen, auch stimmberechtigt.

§ 17.

Die Funktionen der Ausschußmitglieder werden nicht honorirt, nur etwaige eigene Auslagen vergütet.

§ 18.

In einer gegen Ende des 10. Jahres zu berufenden Generalversammlung (§ 6) soll über die längere Dauer oder die Auflösung der Genossenschaft Beschluß gefaßt werden. Wenn die Auflösung beschlossen wird, so soll der Gewinn oder Verlust nach stattgehabter Rechnungsabgleichung unter den Genossenschaftern nach Maßgabe der Mutterthiere vertheilt werden; doch kann die Auflösung nur erfolgen, wenn $^2/_3$ der Genossenschaft dafür stimmen, während alle sonstigen Beschlüsse nach einfacher Stimmenmehrheit gefaßt werden.

§ 19.

Die Mitglieder verpflichten sich die aus öffentlichen Fonds erhaltenen Zuschüsse in dem Falle zurückzuerstatten, als sich die Genossenschaft vor der festgesetzten Zeit auflösen oder innerhalb derselben die Bestimmungen obigen Statutes nicht einhalten sollte.

. . . . am . . . ten . . . . 18 . .

Die Genossenschaft für Zuchtbullenhaltung der Gemeinde . . . .

(folgen die Unterschriften)

(Siehe die folgenden Tabellen.)

Stammzuchtregister

für die Genossenschaft zur Bullenhaltung

in der Gemeinde...

a) Verzeichniß über die Stiere.

Fortlaufende Nummer	Signalement und Abstammung des Stieres	Beschaffenheit der Nachzucht desselben	Zeit des Ankaufes und Ankaufs-Preis	Zeit des Verkaufes und Erlös

b) Verzeichniß über die Muttertiere

Fortlaufende Nummer	Signalement und Namen oder Nummer der Kuh oder Kalbin	Besitzer des Thieres	Abstammung väterlicher Seite	Abstammung mütterlicher Seite	Besondere Eigenthümlichkeiten, Vorzüge, Mängel 2c. des Mutterthieres

und über die Nachzucht von denselben.

Gedeckt vom Stier Nr.	Zeit des Sprunges		Zeit der Geburt des Jungen		Beschreibung des Jungen u. Nummer desselben (ob Kuhkalb oder Stierkalb, Farbe ꝛc.).	Wird das Junge zur Zucht aufgestellt oder nicht?
	Monat	Tag	Monat	Tag		

II. Regierungsbezirk Niederbayern:

Hier sind die gleichen Statuten für Zuchtstier-Genossenschaften wie in Oberbayern eingeführt. Es wird daher auf solche verwiesen.

III. Regierungsbezirk Oberpfalz:

Satzungen

der

Zuchtstiergenossenschaft für den ..... Rindviehstamm in der Gemeinde ...., landwirthschftl. Bezirks-Ausschusses ....

§ 1.

Die Unterzeichneten vereinigen sich zu einem genossenschaftlichen Verbande, welcher den Zweck verfolgt, den (Kelheimer, Chamauer, Scheckvieh 2c.) Rindviehstamm in möglichster Vollkommenheit zu züchten.

§ 2.

Der Beitritt zur Genossenschaft steht jedem Viehbesitzer der Gemeinde X. frei, erstreckt sich aber auf die Gesammtzahl seines faselbaren Rindviehstandes.

Die Aufnahme erfolgt auf Anmeldung durch den Vorstand.

§ 3.

Die Vereinsmittel werden beschafft:

a. durch Eintrittsbeiträge,
b. " jährliche Beiträge der Mitglieder,
c. " Zuschüsse vom landw. Kreis-Ausschuß, vom landw. Bezirks-Ausschuß und vom Distriktsrathe,
d. " Sprunggelder,
e. " sonstige Einnahmen.

Die Höhe des Eintrittsgeldes wird pro Stück faselbaren Viehes auf . . . . ℳ festgestellt.

Die Höhe der Beiträge der Mitglieder und der Sprunggelder, welche für Mitglieder und Nichtmitglieder in verschiedenen Abstufungen zu erheben sind, wird von Jahr zu Jahr vom Ausschusse bestimmt.

§ 4.

Die Einnahmen werden in nachstehender Weise verwendet:

a. zum Ankaufe vorzüglicher Zuchtstiere von . . . . Rasse, sowie zur Deckung des Mindererlöses, welcher sich beim An- und Wiederverkauf der Zuchtbullen ergeben sollte,
b. zur Bestreitung der Kosten, welche aus der Zuchtstierhaltung erwachsen,
c. womöglich zum Ankaufe weiblicher Zuchttiere.

§ 5.

Die Dauer der Genossenschaft wird vorläufig und in der Voraussetzung, daß die nöthigen Fonds nach Maßgabe des § 3 vorhanden sind, auf zehn Jahre festgesetzt.

Der Austritt eines Mitgliedes ist nur zulässig bei Auflösung des Haushaltes oder bei Verkauf des Gesammtviehstandes, außerdem nur mit Zustimmung des Ausschusses.

Mit dem Austritte eines Mitgliedes erfolgt stillschweigend dessen Verzichtleistung auf das Genossenschaftsvermögen.

§ 6.

Die angekauften Zuchtstiere bleiben Eigenthum der Genossenschaft und dürfen, so lange sie als Zuchtstiere für die Befruchtung der Genossenschafts-Thiere dienen, niemals in das Eigenthum des jeweiligen Zuchtstierhalters übergehen.

Die Zuchtstiere dürfen nur in vom Ausschusse als gut anerkannten Ställen untergebracht werden und niemals an den Wenigstnehmenden vergeben oder im Turnus gehalten werden.

§ 7.

Der Zuchtstierhalter muß sich zur kräftigen Ernährung

des Stieres verpflichten und darf denselben nur für Kühe und Kalbinnen von Viehbesitzern aus der Gemeinde X. benutzen.

§ 8.

Die Zuchtstiere sind bei einer als zuverlässig bekannten Viehversicherungsgesellschaft zu versichern.

§ 9.

Die Genossenschaftsmitglieder verpflichten sich, ihre faselbaren weiblichen Thiere nur vom Genossenschaftsstiere belegen zu lassen und die gefallenen zur Zucht tauglichen Kälber, sofern sie solche selbst aufzuziehen beabsichtigen, an Züchter des Genossenschaftsverbandes zu verkaufen, werden jedoch nach Verlauf einer dreiwöchentlichen Frist dieser letzteren Verpflichtung entbunden.

§ 10.

Die Leitung des Vereines geschieht durch einen von der General-Versammlung auf drei Jahre zu wählenden Ausschuß, bestehend aus einem Vorstande und zwei Ausschußmitgliedern.

Der Ausschuß hat das Recht der Kooptation aus der Mitte der Genossenschaftsmitglieder.

§ 11.

Der Vorstand kann mit Zustimmung des Ausschusses gleichzeitig die Schriftführer- und Kassiers-Geschäfte besorgen.

§ 12.

Die Funktionen des Vorstandes und der Ausschußmitglieder sind Ehrensache.

Baare Auslagen in Geschäfts-Ausführungen werden vergütet.

§ 13.

Aufgabe des Ausschusses ist:

a. Ankauf tüchtiger Zuchtstiere und nach Maßgabe der vorhandenen Mittel auch guter weiblicher Thiere,
b. Unterbringung der Zuchtthiere bei verläßigen Viehzüchtern und Vereinbarung der Entschädigung für deren Haltung,

c. Ueberwachung der Haltung der Zuchtthiere und des Zuchtgeschäftes überhaupt, zu welchem Zwecke insbesondere periodische Besichtigungen vorzunehmen sind,
d. Versicherung der Thiere,
e. Festsetzung und Einhebung der Beiträge und Führung der Kassengeschäfte überhaupt,
f. Vertretung der Interessen des Vereines nach Außen.

§ 14.

Alljährlich beruft der Ausschuß eine ordentliche General-Versammlung zum Zwecke der Rechnungsablegung und Berichterstattung über seine Thätigkeit, sowie zur Ausschußwahl nach je 3 Jahren.

Frauenspersonen müssen sich in den Verhandlungen durch einen volljährigen männlichen Bevollmächtigten vertreten lassen.

§ 15.

Außerordentliche Versammlungen finden nur statt:
a. beim Abgange von Ausschußmitgliedern,
b. zum Zwecke von Statutenabänderung,
c. wenn sie von einem Dritttheile der Genossenschaftsmitglieder unter Vorlegung der von diesen beantragten Berathungsgegenstände verlangt werden.

§ 16.

Allen Organen der Distriktsverwaltungsbehörde, sowie des landwirthschaftlichen Kreis- und des Bezirks-Ausschuß wird das Recht der Einsichtnahme von der Geschäftsführung und den sämmtlichen Genossenschafts-Einrichtungen eingeräumt.

§ 17.

Die Auflösung des Vereines vor Ablauf der im § 5 bestimmten Zeit kann nur durch die General-Versammlung beschlossen werden und setzt die Zustimmung von Zweidritttheilen der jeweiligen Vereinsmitglieder voraus.

Von dem nach Tilgung der etwa vorhandenen Schulden verbleibenden Vermögen wird diejenige Summe, welche die Genossenschaft von den landwirthschaftlichen Ausschüssen und dem Distriktsrathe erhalten hat, dem landwirthschaftlichen Bezirks-Ausschusse zum Zwecke der Unterstützung anderer Zuchtgenossenschaften überwiesen.

§ 18.

Eine Abänderung dieser Statuten ist nur unter Einwilligung von Zweidrittheilen sämmtlicher Genossenschaftsmitglieder zuläſſig.

Also beschlossen in der zu X. am . . ten . . . . . 18 . . zum Zwecke der Gründung der Genossenschaft berufenen Versammlung.

(Folgen die Unterschriften:)

Vertrag betr. die Errichtung eines Musterzuchthofes in Waldsassen für rothbraunes Voigtländer Vieh.

Zwischen dem Kreiskomitee, nunmehr Kreisausschuß des landw. Vereins der Oberpfalz und von Regensburg und dem Klostergute in Waldsassen wurde heute behufs Errichtung eines Musterzuchthofes für das rothbraune Voigtländer Vieh nachstehender Vertrag abgeschlossen:

§ 1.

Dieser Musterzuchthof hat den Zweck, durch Aufstellung möglichst tadelloser Zuchtthiere beiderlei Geschlechtes, durch rationelle Kälberaufzucht und durch Abgabe guten Zuchtmaterials den oben bezeichneten Viehschlag auf dem Wege zielbewußter Inzucht zu verbessern.

§ 2.

Zu diesem Behufe verpflichtet sich das Klostergut in Waldsassen:

I. Unter maßgebender Mitwirkung einer vom Kreisausschuß zu bestellenden Approbirungs- und Aufsichtskommission (§ 4) tadellose Zuchtstiere aufzustellen, dieselben zur Zucht zu verwenden, so lange sie diensttauglich, und sie ohne Genehmigung der Aufsichtskommission nicht abzuschaffen.

II. Den bezw. die Zuchtstiere gegen ein 1 ℳ 50 ₰ für jedes weibliche Thier nicht übersteigendes Sprunggeld auch zum Decken rassereiner Thiere des rothbraunen Schlages im Besitze anderer oberpfälzischer Züchter zur Verfügung zu stellen, soferne die Zahl aller in einem Jahre von dem Stiere belegten weiblichen Thiere 100 nicht übersteigt.

III. Bezüglich Verwendung, Fütterung, Wart und Pflege des Stieres nachstehende Anweisungen genau zu befolgen:

a. Nur solche Zuchtstiere dürfen decken, welche mindestens 18 Monate alt und vollkommen gesund sind und zwar sollen sie bis zum vollendeten 2. Lebensjahre nur 1 Mal, von da ab nicht öfter als 2 Mal täglich springen.

b. Jeder Zuchtstier hat als Futter täglich mindestens 3 ℔ Haber und 18 ℔ Heu nebst einem Eßlöffel von Salz, dieses vertheilt auf 2 Mahlzeiten, zu bekommen; die Verabreichung von mastigem, wässrigen Futter, wie z. B. von Rüben, Trebern, Schlempe u. dgl. ist unzulässig.

c. Wart und Pflege der Stiere muß in jeder Hinsicht eine sachgemäße und sorgfältige sein.

d. Jeder Stier soll entsprechende Bewegung erhalten, sei es durch mäßiges Einspannen oder durch Verbringen auf einen geeigneten Laufplatz (selbstverständlich letzteres nicht gleichzeitig mit weiblichen Thieren).

e. Für Kalbinnen unter 20 Monaten, dann für kranke, mit Ausflüssen aus den Geschlechtsorganen behaftete, abgemagerte, viel hustende und oft rindrig werdende Thiere ist der Stier zu verweigern.

§ 3.

Das Klostergut in Waldsassen verpflichtet sich weiter:

IV. 36 Kühe bezw. 12 zuchtfähige Kalbinnen des rothbraunen Viehschlages von bestmöglichster Qualität sich zu beschaffen und selbe der Approbation der Aufsichtskommission zu unterstellen und thunlichst lang zur Zucht zu verwenden, auch die Anweisungen genannter Kommission bezüglich

Zuchtwahl zu befolgen. Die weiblichen Thiere müssen gleichfalls in jeder Hinsicht sachgemäß und gut gehalten, gefüttert und verwendet werden.

V. Ein genaues Stamm- und Sprungregister für alle approbirten Thiere zu führen und die Geburt eines jeden Kalbes entsprechend einzutragen.

VI. Sämmtliche von approbirten Eltern abstammenden Kälber, soweit sie gesund und nicht krüppelhaft sind, zur Nachzucht aufzustellen, sie frühestens 8 Wochen nach der Geburt von der Muttermilch allmälig abzugewöhnen, sie möglichst mit Dürrfutter unter Zugabe von Haber, Leinsamen oder dgl. groß zu füttern, sie unangebunden in einem Laufstall zu halten, ihnen einen Tummelplatz im Freien anzuweisen und die Stierkälber vor ihrer Musterung durch die Aufsichtskommission weder kastriren zu lassen, noch zu verkaufen.

Im Alter von 6—9 Monaten werden die jungen Thiere von der Aufsichtskommission gemustert und die zuchttauglichen entsprechend gezeichnet (z. B. Ohrenplatten). Diese dürfen dann nur an solche Viehhalter der Oberpfalz (bezw. von Oberfranken) verkauft werden, welche sich verpflichten, mit den Thieren weiter zu züchten.

§ 4.

Der landw. Kreis-Ausschuß der Oberpfalz wählt die in den vorstehenden Paragraphen bezeichnete Aufsichts- und Approbationskommission, welcher neben den bereits angeführten Aufgaben auch das Recht zukommt, jederzeit von dem Betriebe des Zuchthofes Einsicht zu nehmen.

§ 5.

Unter vorstehenden Bedingungen verpflichtet sich dagegen der Kreisausschuß, dem Klostergut in Waldsassen:

A. zum Ankaufe der nothwendigen Zuchtstiere einen Zuschuß von je 100 ℳ für den Stier;

B. zum Ankaufe von je einer Kuh bezw. Kalbin 50 ℳ;

C. einen jährlichen Unterhaltungsbeitrag: für jeden Zuchtstier 50 ℳ, und für jedes Kalb 12 ℳ zu gewähren und stellt ferner in Aussicht,

D. durch Stallschauen und Jungviehprämiirungen die Bestrebungen des Zuchthofes zu unterstützen.

§ 6.

Sollte es in der Durchführung dieses Vertrages irgendwie zu Streitigkeiten kommen, so entscheidet darüber mit Ausschluß jedes anderen Rechtsweges lediglich und endgiltig die genannte Aufsichtskommission.

§ 7.

Vorstehender Vertrag wird vorläufig auf die Dauer von 6 Jahren abgeschlossen. Kommt das Klostergut seinen Verpflichtungen nicht vollständig nach, oder werden dem Kreis-Ausschuß die erforderlichen Staatsbeihilfen nicht mehr gewährt, so steht dem Kreisausschuß sofortige Kündigung frei. Der Kreisausschuß hat zugleich Bestimmung über die von ihm zu leistenden Rückersätze zu treffen. Bei Differenzen hierwegen ist die endgiltige Entscheidung mit Ausschluß des Rechtsweges der Aufsichtskommission übertragen.

Außerdem hat der landwirthschaftliche Kreis-Ausschuß für den Regierungsbezirk Oberpfalz und Regensburg noch **Bestimmungen für die Preisevertheilungen** in den Stammzuchtbezirken für das rothbraune Oberpfälzer (Voigtländer) und für das Oberpfälzer Braunblässen-(Kelheimer) Vieh, sodann **Vorschriften** für die Preisevertheilungen auf den Oberpfälzischen Bezirksthierschauen in Vereinsbezirken mit gemischtem Rindviehstande und **Bedingungen** bei der Gewährung von Zuschüssen zum Ankaufe von Zuchtstieren für Gemeinden und Genossenschaften in einer Brochüre (Druck und Verlag bei M. Wasner, Regensburg 1892) erlassen.

IV. Regierungsbezirk Oberfranken:

Hier sind die Satzungen für Zuchtstiergenossenschaften von denen im Regierungsbezirk Oberpfalz maßgebenden nicht wesentlich verschieden und fast gleichlautend wie jene. Es wird daher auf solche verwiesen.

V. Regierungsbezirk Unterfranken:

I.

Vertrag.

Zwischen dem landwirthschaftlichen Kreis-Ausschuß für Unterfranken und Aschaffenburg und den unterzeichneten Viehbesitzern in . . . ., Bez.-A. . . . . wurde heute behufs Gründung einer Musterzuchtstation der nachstehende Vertrag abgeschlossen:

§ 1.

Der Zweck der Musterzuchtstation ist, durch Aufstellung und entsprechende Haltung möglichst tadelloser Zuchtthiere beiderlei Geschlechts, sowie durch rationelle Aufzucht der Kälber den einheimischen Viehschlag zu verbessern.

§ 2.

Zu diesem Ende verpflichten sich die unterzeichneten Viehzüchter:

1. durch eine von dem landwirthschaftlichen Kreis-Ausschuß zu bestellende Approbations- und Aufsichts-Kommission aus ihren Kühen die zur Zucht besonders tauglichen ausmustern und mit einem Brandzeichen versehen zu lassen.
2. Die gebrannten Kühe nur von dem approbirten Zuchtstier der Musterzuchtstation bespringen zu lassen.
3. Die Geburt eines jeden Kalbes sofort dem Zuchtstierhalter, behufs Eintrags desselben in das Sprungregister, anzuzeigen.
4. Sämmtliche von den gebrannten Kühen und den Bullen der Musterzuchtstation abstammenden gesunden, nicht krüppelhaften Kälber zur Nachzucht aufzustellen, sie erst nach

Verlauf von mindestens 6 Wochen von der Muttermilch allmälig abzugewöhnen, sie möglichst mit trockenem, resp. Dürrfutter zu füttern, ihnen, wenn irgend thunlich, einen Laufstall oder Tummelplatz anzuweisen.

§ 3.

Im Alter von 6—9 Monaten werden die Stierkälber der Zuchtstation durch die Approbations-Kommission einer Musterung unterworfen und die zur Züchtung tauglichen mit einem Brandzeichen versehen.

§ 4.

Die gebrannten Zuchtstiere dürfen nur zum Zwecke der Züchtung an im Kreise Unterfranken und Aschaffenburg wohnende Viehzüchter oder Gemeinden verkauft werden.

Ueber die nicht gezeichneten Zuchtstiere und die Kalbinnen steht dem Besitzer das freie Verfügungsrecht zu.

§ 5.

Der vorstehende Vertrag wird auf die Dauer von . . . Jahren abgeschlossen, jedoch steht dem Kreis-Ausschuß das Recht zu, jedem Einzelnen der mitunterzeichneten Viehbesitzer denselben zu kündigen, wenn die Aufsichts-Kommission finden sollte, daß der eine oder der andere Viehbesitzer den eingegangenen Verpflichtungen nicht in entsprechender Weise nachkommt.

Würzburg, den . . . . . 18 . . . ., den . . . . . 18 . .

Der
landwirthschaftliche Kreis-Ausschuß
für Unterfranken und Aschaffenburg.

Der I. Vorstand:

Anmerkung: In seiner Sitzung vom 16. November 1895 hat der landwirthschaftliche Kreis-Ausschuß von Unterfranken beschlossen, eine neue Bestimmung in den Vertrag aufzunehmen, wonach es den Mitgliedern der Musterzuchtstationen verboten ist, auswärts gezogene, männliche, zur Zucht bestimmte Kälber anzukaufen und in ihre Stallungen einzustellen.

II.

Statuten

des

Vereines für Hebung der Rindvieh-Zucht

im Distrikte . . . .

Nr. . . . . . .

§ 1.

Der landwirthschaftliche Bezirksverein . . . . . . gründet zur Hebung der Rindviehzucht für den Umfang des Distriktes . . . . als Zweigverein eine Genossenschaft mit der Bezeichnung:

„Zuchtverein . . . .“ Nr. . . . .

§ 2.

Der Beitritt zu diesem Zuchtvereine für eines oder für mehrere Thiere steht jedem Züchter frei, der sich beim Vorstande anmeldet und durch Unterschrift der Mitgliederliste sich zur Befolgung der Statuten und Bezahlung der auf den Zweck gerichteten Beiträge verpflichtet.

§ 3.

Zweck des Vereines ist die Verbesserung der Formen und Eigenschaften des einheimischen Rindviehschlages (unter Erhaltung der Einfärbigkeit, wo solche verlangt wird), durch Aufstellung beziehungsweise Einführung musterhafter Zuchtstiere, Körung des Nachwuchses für die Zucht und Verzeichnung desselben in einem sogenannten Heerdebuch (zum Nachweise der Abstammung).

§ 4.

Zur Leitung der bezüglichen Geschäfte wählt die Genossenschaft der Züchter jährlich einen Ausschuß von 5 Mitgliedern (incl. des Thierarztes). Diese wählen aus ihrer Mitte einen Vorstand, und dieser veranlaßt sofort die Wahl eines engeren Ausschusses von 2 Mitgliedern, welch letztere mit dem einschlägigen Thierarzte die Heerdebuchs-Kommission bilden.

Die 4 bürgerlichen Ausschußmitglieder des Zuchtvereins sind aus verschiedenen Gegenden des Distriktes zu wählen und besorgen wie der Vorstand ihre Verrichtungen vorläufig unentgeltlich. Außer der Geschäftsleitung steht dem Vorstande auch die Schriftführung und Kassaverwaltung zu.

§ 5.

Dem Zuchtvereins-Ausschusse bezw. der Heerdebuchs-Commission liegt ob:

1. die Einrichtung und Führung des Heerdebuches und des Stammregisters (durch seine Heerdebuch-Commission);
2. die Auswahl der Zuchtthiere und deren Revision;
3. die Aufnahme und der Ausschluß von Vereinsmitgliedern;
4. die Festsetzung der Beiträge;
5. jährlich 2 Mal, gemeinsam mit einem Mitgliede des Kreisausschusses die Körung der Nachzucht;
6. die Führung der Brandzeichen.

§ 6.

Zur Beschlußfassung sind nach vorheriger rechtzeitiger Einladung der Ausschußmitglieder und Bekanntgabe des Berathungsstoffes wenigstens 3 Stimmen erforderlich.

Alle Beschlüsse werden nach Mehrheit gefaßt, bei Stimmengleichheit entscheidet die Stimme des Vorsitzenden. Im Falle der Stimmengleichheit bei einer Körung gibt jene Hälfte den Ausschlag, bei welcher sich die Stimme des Kreisausschußmitgliedes befindet.

§ 7.

In das Heerdebuch des Zuchtvereines können nur Thiere der fränkischen Schläge, oder der Simmenthaler Rasse, oder der Kreuzungsprodukte jener mit dieser aufgenommen werden.

Die aufzunehmenden Thiere müssen vorzügliche Formen haben und sich in guten Ernährungs- und Stallverhältnissen befinden.

Die Aufnahme von Zuchtthieren in das Heerdebuch geschieht durch die Heerdebuch-Kommission regelmäßig jährlich 1 Mal im Frühjahre, und zwar gelegentlich der ordentlichen Zuchtstiermusterung, sowie ausnahmsweise auch im Herbste, oder wenn überhaupt ein besonderer Anlaß dazu besteht.

Die Einladung hiezu erfolgt durch den der Heerdebuch-Kommission angehörenden Thierarzt.

§ 8.

Die Gründer des Zuchtvereines, als welche alle innerhalb der ersten 2 Jahre (vom Tage der Constituirung an gerechnet) Beitretenden angesehen werden sollen, sind für ihre, den Erzstamm der Zuchtheerde bildenden Thiere von der Zahlung einer Aufnahmsgebühr befreit. Für jedes später eingetragene Thier ist eine Gebühr von 3 ℳ, für jedes Stück der Nachzucht, welches in das Heerdebuch eingeschrieben wird, 1 ℳ zur Heerdebuchskasse zu bezahlen.

Für die Körung und den Brand eines Zuchtstieres sind 3 ℳ zu bezahlen.

Die übrigen Einnahmen des Zuchtvereines bestehen in Zuschüssen des landwirthschaftlichen Bezirks- und Kreisvereines, sowie aus Distrikts- und Kreismitteln.

Die Geldmittel des Zuchtvereines werden zur Bestreitung der auf den Zweck gerichteten Auslagen, zum Ankaufe und Unterhalte vorzüglicher Zuchtstiere, sowie zu Prämiirungen der Mitglieder verwendet.

§ 9.

Der Eigenthümer eines im Heerdebuch verzeichneten weiblichen Thieres muß dasselbe bei dem ihm (von der Heerdebuchs-Commission) bezeichneten Bullen decken lassen.

§ 10.

Stierkälber, welche von im Heerdebuch verzeichneten Thieren

stammen, dürfen ohne Erlaubniß des zur Heerdebuchs-Commission gehörenden Thierarztes nicht verkauft oder verschnitten werden.

§ 11.

Jeder Eigenthümer von Thieren, welche im Heerdebuch eingeschrieben sind, hat, ohne Rücksicht auf deren Zahl, bei Berathungen des Vereines nur Eine Stimme.

§ 12.

Alle 2 Jahre soll eine Revision der im Heerdebuch verzeichneten Thiere stattfinden und sind hiebei ausgeartete, oder Thiere, die unter anhaltend ungünstigen Fütterungs- und Pflegeverhältnissen stehen, zu streichen.

§ 13.

Die Eintragungen in das Heerdebuch, der Stand desselben, sowie die Besitzer gekörter Bullen werden vorerst auf Kosten des landwirthschaftlichen Bezirksvereins im Amtsblatte, sowie unentgeltlich im fränkischen Landwirthe bekannt gemacht und dem Eigenthümer auf Wunsch in dem hiezu bestimmten Formulare von der Heerdebuch-Kommission bestätigt.

§ 14.

Von dem Stammregister wird jährlich ein Exemplar nach vorheriger Lesung durch den landwirthschaftlichen Bezirksverein dem kgl. Bezirksamte zu den Akten übergeben.

§ 15.

Als Nachweis der Abstammung eines Kalbes von zwei im Heerdebuch verzeichneten Thieren gilt die Bescheinigung des Bullenhalters über die erfolgte Deckung auf dem hiezu bestimmten Formulare.

§ 16.

Mit der Eintragung in das Heerdebuch werden die Statuten und Instruktionen für die betreffenden Besitzer verbindlich.

§ 17.

Nichterfüllung der Satzungen und unwahre, auf das

Heerdebuch bezügliche Angaben haben den Ausschluß aus dem Vereine und Streichung der betreffenden Thiere im Heerdebuche zur Folge.

§ 18.

Uebergangsbestimmung.

Der landwirthschaftliche Bezirksausschuß ladet unter Darstellung des Zweckes zur Gründung des Zuchtvereines gelegentlich einer allgemeinen Versammlung ein und nimmt Beitrittserklärungen sofort entgegen.

Instruktion.

§ 1.

Wer sich zum Eintritte in den Zuchtverein anmeldet, hat die Statuten zu unterschreiben.

§ 2.

Der Ausschuß des Zuchtvereins hat, wenn möglich, unter den Mitgliedern die geeigneten Bullenhalter ausfindig zu machen, mit welchen derselbe über die Verpflegung und Benützung des Bullen, sowie über die Führung der nöthigen Aufschreibungen und die Vergütung einen schriftlichen Vertrag abschließt.

§ 3.

Auswahl und Ankauf der Bullen liegt der Heerdebuchs-Kommission ob, welche hiezu auch ihr thierärztliches Mitglied bevollmächtigen kann.

Vorläufig kann auch mit einem Gemeindebullenhalter ein Abkommen getroffen werden, wenn die Verhältnisse dafür sprechen.

§ 4.

Die Aufnahme und der Ausschluß von Zuchttieren in und aus dem Heerdebuche geschieht gemäß § 5 Ziff. 3, § 6 und § 7, Abs. 3, sowie § 17 der Statuten durch die Heerdebuchs-Kommission. Im Falle der Verhinderung eines Mitgliedes derselben ladet der Vorstand einen Ersatzmann unter den übrigen Ausschußmitgliedern zur Sitzung ein.

§ 5.

Die Mitglieder des Zuchtvereines verpflichten sich, den Kälbern wenigstens 6 Wochen lang die ganze Milch des Muttertieres zukommen zu lassen, sodann auf mehrere Monate ein Beifutter von gekochtem Leinsamen, Körnern oder Haberschrot zu geben und sie bis zum Alter von mindestens 9 Monaten in einem Laufstalle zu halten.

§ 6.

Für die männlichen Thiere und ebenso für die weiblichen wird je ein eigenes Heerdebuch geführt, jedes mit eigener fortlaufender Numerirung.

Die nachgezogenen Thiere erhalten die Ordnungsnummer ihrer Mütter als Zähler, den Grad der Abstammung als Nenner. Die Vatertiere werden mit römischen Zahlen bezeichnet.

Es würde demnach eine Kalbin von Kuh Nr. 18 und Bullen III abstammend, die Ordnungs-Nummer $III^{18}/_{1}$, das Kalb von dieser und Bullen V die Ordnungsnummer $V^{18}/_{2}$ u. s. w. führen.

Das Heerdebuch soll enthalten:

1) Name und Wohnort des Eigenthümers.
2) Nummer, Signalement, Name, Alter und Abstammung des aufgenommenen Thieres.
3) Datum der Geburt und der Einschreibung desselben.
4) Verzeichniß und Approbation der Nachzucht.

§ 7.

Die in das Heerdebuch eingeschriebenen Thiere werden auf der hinteren Fläche des linken Horns mit der Nummer des Zuchtvereins, rechts mit ihrer Ordnungsnummer gebrannt.

Die von der Heerdebuchs-Kommission gemeinschaftlich mit einem Mitgliede des Kreisausschusses gekörte männliche Nachzucht erhält auf der linken Hüfte den Brand Z. St., d. h. Zuchtstation.

§ 8.

Der Bullenhalter hat gemäß § 15 der Statuten auf Verlangen über jede Deckung einer in das Heerdebuch eingeschriebenen Kuh oder Kalbin, Bescheinigung nach dem Formulare . . . . . zu ertheilen.

§ 9.

Der Termin zur Körung nachgezogener Bullen wird von der Heerdebuchs-Kommission im Benehmen mit dem Kreisausschuß festgesetzt.

§ 10.

Jährlich im Dezember wird von der Heerdebuchs-Kommission ein Protokoll über den Stand des Zuchtvereins aufgenommen, welches enthalten muß:

Zugang, — Abgang, — gegenwärtigen Bestand; — Bullenhaltung, — Nachzucht, — Körung; ein Urtheil über den Erfolg der Station und sonstige Bemerkungen, — wovon dem kgl. Bezirksamte nach vorheriger Lesung durch den landwirthschaftlichen Bezirksausschuß eine Abschrift zu den Akten zu übergeben ist. Von dem Zuchtverein werden diese Protokolle gleichfalls in einem eigenen Hefte gesammelt.

Musterungs-Vorschrift.

Wo es sich um genaue Beurtheilung von Körperformen handelt, insbesondere zu Vergleichungen, sind ihr folgende Maßverhältnisse zu Grunde zu legen:

1) Höhe des Widerrüstes.
2) „ der Kreuzspitze.
3) „ „ Rückenmitte.
4) „ des Schweifansatzes (am 1. Schweifwirbel).
5) „ der Unterbrust (hinter dem Vorarme).
6) „ „ Bauchfalte (Mitte derselben).
7) „ des Ellenbogens.
8) „ „ Hinterknie's (Mitte).
9) „ „ Vorderknie's (Mitte).
10) „ „ Sprunggelenkes (Mitte).

11) Länge des Halses (vom Stirnwulste bis zum 1. Dornfortsatze).
12) " " Rückens (von da bis zur letzten Rippe).
13) " der Lenden (von da bis zum Becken).
14) " " oberen Croupe (vom vorderen Beckenrande bis zum 1. Schweifwirbel).
15) " " seitlichen Croupe (vom Darmbeinwinkel bis zum Gesäßbeinhöcker).
16) " " Schulter.
17) " " Bug-Gesäßlinie.
18) " vom Ellenbogen bis zum Hinterknie.
19) Breite der Stirne am Hornfortsatze.
20) " " " an den Augenbogen.
21) " " Vorderbrust.
22) " des Brustkorbes hinter den Schultern.
23) " der Lendenmitte.
24) " " Hüften.
25) " des Gesäßes.

Stammregister des Zuchtvereins

Nr. curr.	Wohnort, Vor- u. Zuname des Tierbesitzers.	Des Zuchttieres											
		Beschreibung und Rasse.	Abstammung von		Geburt		Zugang zur Station			Abgang von der Station			
			Bulle Nr.	Kuh	Jahr	Mon.	Jahr	Mon.	Tag	Jahr	Mon.	Tag	
1													
2													
3													
4													
5													
6													
7													
8													
9													
0													

Nr. ....

Verzeichnis der Nachzucht														Bemerkungen.
18..		18..		18..		18..		18..		18..		18.		
Zeit der Geburt u. Approb.		Zeit der Geburt u. Approb.		Zeit der Geburt u. Approb.		Zeit der Geburt u. Approb.		Zeit der Geburt u. Approb.		Zeit der Geburt u. Approb.		Zeit der Geburt u. Approb.		
mnnl.	weibl.	mnnl.	weibl.	mnnl.	weibl.	mnnl.	weibl.	mnnl.	weibl.	mnnl.	weibl.	mnnl.	weibl.	
gebor. am approbirt		gebor. am approbirt		gebor. am approbirt		gebor. am approbirt		gebor. am approbirt		gebor. am approbirt				Die approb. Bullen werden rot verzeichnet. Bei den Kälbern kommt auch die Abstammung vom Vatertiere zum Ausdruck, z. B. 1 Bullenkalb v. Bullen III = 1/III.

Liste des

Laufende Nr.	Name des Eigentümers	Name, Nummer der Kuh oder Kalbin	Verzeichnis und Datum			
			zum 1. Male		zum 2. Male	
			Tag	Monat	Tag	Monat
1						
2						
3						
4						
5						
6						
7						
8						
9						
0						

Bullenhalters.

der einzelnen Deckungen:						Summa	Bemerkungen.
zum 3. Male		zum 4. Male		zum 5. Male			
Tag	Monat	Tag	Monat	Tag	Monat		

Bescheinigung.

Dem .... zu ....
wird hiemit bestätigt, daß seine .... mit dem Namen .... und der Ordnungsnummer .... heute von dem Bullen Nr. .... bedeckt worden ist.

.... den .... 188....

Der Zuchtstierhalter:

....

Der Unterzeichnete bestätigt hiemit dem .... die .... erfolgte Geburt eines .... Kalbes.

.... den .... 188..

Beschreibung des Kalbes:
Farbe:
Abzeichen:

Der Bürgermeister:

....

Bescheinigung.

Dem .... zu ....
wird hiemit bestätigt, daß ein .... seiner Heerde mit dem Namen .... und der Ordnungs-Nummer .... in das Heerdebuch des Bezirkes .... aufgenommen wurde.

Alter und Beschreibung des Tieres:

....
....
....
....
....

.... den .... 188....

Die Heerdebuchs-Kommission:

(L. S.) ....

VI. Regierungsbezirk Mittelfranken:

Statuten
des
Stammzucht-Vereines
Bibart-Scheinfeld.

I. Organisation des Vereines.

§ 1.

Die Gründung des Stammzucht-Vereines Bibart-Scheinfeld erfolgt durch einen genossenschaftlichen Verband für den Amtsbezirk Scheinfeld.

§ 2.

Zweck des Stammzucht-Vereines ist:
a) den Scheinfelder Rindviehschlag in seinen nutzbaren Eigenschaften durch rationelle Inzucht zu verbessern und
b) das Absatzgebiet desselben zu erweitern.

§ 3.

Mitglied des Vereins kann Jeder werden, der zur Vereinskasse einen jährlichen Beitrag von zwei Mark bezahlt.

§ 4.

Die Vorstandschaft des Vereines besteht aus einem I. Vorstand und aus 10 Ausschußmitgliedern, aus welchen ein II. Vorstand zu wählen ist.

§ 5.

Vorstand und Ausschußmitglieder werden auf einer in der ersten Hälfte des Januar eines jeden Jahres abzuhaltenden Generalversammlung für das laufende Jahr gewählt und müssen 5 Ausschußmitglieder aus dem Distrikte Bibart und 5 aus dem Distrikte Scheinfeld sein.

Auf dieser Generalversammlung findet Rechnungsablage für das Vorjahr statt.

§ 6.

Dem Vorstande ist ein Sekretär und Kassier beizugeben; dieselben erhalten für ihre Dienstleistungen Entschädigung aus der Vereinskasse.

§ 7.

Die Einnahmen des Vereines bestehen aus den Mitgliederbeiträgen, aus Zuschüssen aus Staats-, Kreis- und Distriktsmitteln und aus sonstigen Schenkungen.

II. Thätigkeit des Vereines.

§ 8.

Zweck (a) nach § 2, rationelle Inzucht sucht der Verein durch Belehrung über richtige Auswahl der Zuchttiere zu erreichen, sowie durch jährliche Abhaltung eines Preis-Zuchtvieh-Marktes in Scheinfeld.

Ferner bereist der Vorstand und 2 Ausschußmitglieder alljährlich vor dem Zuchtvieh-Markt den Amtsbezirk behufs Besichtigung des Viehstandes und zeichnet dabei die schönsten Zuchttiere durch einen Nummernbrand auf das linke Horn. Die so gezeichneten Zuchttiere können auf Wunsch in das Stammzuchtbuch eingetragen werden. Für männliche und weibliche Tiere werden gesonderte Stammzuchtbücher geführt.

Statt dieser jährlichen Frühjahrsbereisung können aber auch durch eine ebenso zusammengesetzte Kommission die auf dem Preis-Zuchtvieh-Markt vorgeführten Thiere gemustert und die ausgewählten reinen Thiere auf Wunsch mit dem Nummernbrande auf das linke Horn versehen werden. Ebenso erfolgt für diese Thiere auf Wunsch der Eintrag in das Stammzuchtbuch.

§ 9.

a. Auf diesen Preis-Zuchtvieh-Märkten wird der Verein die schönsten vorhandenen Zuchtstiere ankaufen und an die Gemeinden des Amtsbezirkes Scheinfeld verstreichen; der Mindererlös wird aus der Vereinskasse gedeckt.
b. Sechs Wochen vor dem Preis-Zuchtvieh-Markte werden

die Gemeinden des Amtsbezirkes zur Anmeldung zum Verstriche aufgefordert und hat die Anmeldung längstens 10 Tage vor dem Markte zu geschehen und zwar beim Sekretär des Vereins.

c. Beim Verstriche sind folgende statutenmäßige Strichsbedingungen zu stellen:

1) Um Familienzucht zu vermeiden, darf eine Gemeinde auf einen Zuchtstier, der in ihrem Gemeindebezirke erzeugt wurde, nicht streichen.

2) Der erstrichene Zuchtstier muß 2 Jahre in der Gemeinde gehalten werden, für welche er erstrichen wurde; nur die Vorstandschaft kann, im Falle der Zuchtstier untauglich werden sollte, die Genehmigung zum Verkaufe ertheilen, oder im Falle ein erstrichener Zuchtstier in einer Gemeinde überzählig erscheint, die Genehmigung ertheilen, daß der Zuchtstier in einer anderen Gemeinde des Amtsbezirkes seine 2 jährige Dienstzeit vollende.

3) Der Zuchtstierhalter hat den Vereinsmitgliedern den erstrichenen Zuchtstier gegen 1 Mark Sprunggeld zur Disposition zu stellen.

Anderweitige als nothwendig erscheinende Strichsbedingungen sind vor dem Strich durch den Ausschuß festzustellen.

d. Der Vorstand des Vereins hat sich durch periodische Besichtigungen der erstrichenen Zuchtstiere von deren zweckmäßigen Wart und Pflege zu überzeugen.

§ 10.

Der Ankauf der Zuchtstiere erfolgt durch eine Ankaufs-Kommission von 3 Mitgliedern, welche für jeden Markt vom Ausschusse zu wählen sind.

Wenn zu vermuthen wäre, daß der Verein auf dem Preiszuchtviehmarkte seinen Bedarf an Zuchtstieren nicht decken könnte, so kann der Vorstand den Ankauf vor dem Markte bewerkstelligen lassen.

§ 11.

Ist im Laufe des Jahres eine Gemeinde eines Zuchtstieres benöthigt, und ist dieselbe nicht in der Lage, bis zum nächsten Verstriche warten zu können, so kann der Ausschuß auch in anderer Weise als nach § 9 und 10 für die Beschaffung eines passenden möglichst guten Zuchtstieres Sorge tragen.

§ 12.

Gemeinden, welche einen mit Mitteln des Vereins beschafften Zuchtstier, ohne vorher die Genehmigung des Vorstandes erholt zu haben, veräußern, verfallen in eine Konventionalstrafe von 100 Mark.

§ 13.

Hat sich ein erstrichener Zuchtstier in der Zucht so gut bewährt, daß eine Haltung desselben im 3. Jahre von der Gemeinde gewünscht wird, so kann dieß unter der Bedingung gestattet werden, daß derselbe keine Kalbinnen springt, da er sonst auf seine Töchter kommen würde.

Ein solcher Bulle kann auch nach dem 3. Jahre an der Prämiirung älterer Bullen theilnehmen.

§ 14.

Auf dem Preiszuchtviehmarkte werden Preise vertheilt:

1) an junge Bullen, die mindestens 1 Jahr alt sind und zur Zucht noch nicht verwendet wurden;
2) an ältere Bullen, die mindestens $^1/_2$ Jahr in einer Gemeinde des Amtsbezirkes Scheinfeld als Gemeindebullen gedient haben;
3) an sichtbar trächtige Kalbinnen;
4) an sichtbar trächtige oder mit den Kälbern ausgestellte Kühe, die das 8. Lebensjahr noch nicht überschritten haben.

§ 15.

Die Vorstandschaft hat über die Verwendung der Mittel des Vereins zu bestimmen, sowie den Preiszuchtmarkt zu organisieren; demnach fällt derselben die Wahl der Preisrichter, die Festsetzung der Preise, die Wahl der Ankaufs-Kommission ꝛc. zu; nur ist dieselbe an nachfolgende Bestimmungen bezüglich Verwendung der Vereinsgelder gebunden:

1) Die Mitgliederbeiträge sind in erster Linie zur Bestreitung der Regie-Ausgaben des Vereines nach § 6 und beim Preiszuchtviehmarkte zu verwenden, in zweiter Linie zu Preisgeldern.
2) Die Distriktszuschüsse aus beiden Distrikten sind lediglich als Preisgelder zu verwenden.
3) Die Kreis- und Zentralfondszuschüsse sind nur zum Ankaufe und Verstriche von Zuchtstieren nach § 9 und 11 zu verwenden. Erübrigungen hieraus können auch nach § 16 Verwendung finden.
4) Geschenke werden nach den Bestimmungen des Gebers, oder nach § 16, oder zu Preisgeldern verwendet.

§ 16.

Erübrigungen des Vereines sollen an hervorragende Zuchtstierhalter der Gemeinden des Amtsbezirkes Scheinfeld als Belohnung für gute Pflege und Fütterung ihrer Zuchtstiere verwendet werden.

Besondere Berücksichtigung soll hiebei solchen Zuchtstierhaltern zu Theil werden, welche ihre Zuchtstiere unter schwierigen Verhältnissen (wie Futtermangel ꝛc.) gut gehalten haben und in zweiter Linie solchen, welchen der Zutrieb zum Preiszuchtmarkt wegen großer Entfernung von Scheinfeld erschwert ist.

Zu diesem Zwecke hat der Vorstand und die Ausschußmitglieder im Laufe des Jahres sich über die Haltung der Gemeindezuchtstiere möglichst genaue Kenntniß zu verschaffen und ist in einer, in der zweiten Hälfte des September stattfindenden Ausschußsitzung die Vertheilung dieser Prämien vorzunehmen.

§ 17.

Den Zweck (b) des § 2 „Erweiterung des Absatzgebietes des Scheinfelder Rindviehstammes“ sucht der Stammzuchtverein dadurch zu erreichen, daß er

1) durch Errichtung der Preis-Zuchtvieh-Märkte auswärtigen Käufern Gelegenheit zum Kaufe gibt;
2) dadurch, daß der Sekretär des Vereins mit den auswärtigen Käufern die Correspondenz zu vermitteln hat, sowie denselben beim Ankauf innerhalb des Amtsbezirkes Scheinfeld behülflich sein soll.

§ 18.

Das Streben des Stammzucht-Vereines geht dahin, daß dem Bezirke Scheinfeld unbeschadet des Exportes die schönsten Zuchtthiere erhalten bleiben; die Viehzüchter des Amtsbezirkes sollen den Verein in diesem Streben dadurch hauptsächlich unterstützen, daß sie namentlich die besten weiblichen Zuchtthiere dem Bezirke möglichst lange zu erhalten suchen.

§ 19.

Aenderungen in gegenwärtigen mit dem 1. Februar 1887 in Kraft tretenden Statuten können nur vom Vorstande und unter Zuziehung von 6 Ausschußmitgliedern vorgenommen werden.

Scheinfeld, den 10. Januar 1887.

Obige Statuten wurden durch hohe Regierungs-Entschließung vom 11. Februar 1887 Nr. 2887 genehmiget.

Außerdem sind vom landwirthschaftlichen Kreis-Ausschusse für Mittelfranken revidirte Vorschriften betreffend die Ueberwachung der im Regierungsbezirke Mittelfranken für Hebung der Rindviehzucht stattfindenden Verwendung öffentlicher Geldzuschüsse erlassen. (Im Druck erschienen bei C. Brügel und Sohn, Ansbach 1886.) Dieselben beziehen sich auf die Bullenhaltung, auf das weibliche Zuchtmaterial, besonders in Berücksichtigung der im Kreise bestehenden Stammzuchtvereine und kommen einem allgemeinen Statut für solche vollständig gleich.

VII. Regierungsbezirk Schwaben.

I.

Statuten

für die

Zuchtstier-Genossenschaft

in der

Gemeinde . . . . . .

---

§ 1.

Die unterzeichneten Viehzüchter der Gemeinde . . . . . . vereinigen sich zu einem genossenschaftlichen Verbande, welcher den Zweck verfolgt, durch Anschaffung möglichst vorzüglicher Zuchtstiere ihre Rindviehzucht zu fördern und zu verbessern.

§ 2.

Der Beitritt zur Genossenschaft steht jedem Viehbesitzer der Gemeinde . . . . frei, erstreckt sich aber auf die Gesammtzahl seines zur Zucht verwendeten weiblichen Rindviehstandes.

Die Aufnahme erfolgt auf Anmeldung durch den Vorstand.

§ 3.

Die Mittel zur Anschaffung vorzüglicher Genossenschafts-Zuchtstiere werden gewonnen:

a) durch die Eintrittsgebühren der Mitglieder;
b) durch die Sprunggelder;
c) durch den Verkauf der zuchtuntauglich gewordenen Genossenschaftsstiere;
d) durch Zuschüsse von Seite der Gemeinde, des Distrikts oder des landwirthschaftlichen Vereines.

Die Höhe der Eintrittsgebühr wird vom Stück des faselbaren Viehes auf . . . . ℳ festgesetzt.

Das vom Stück zu zahlende Sprunggeld und zwar von Vereinsmitgliedern und von Nichtmitgliedern wird in jedem Jahre vom Ausschusse festgesetzt.

§ 4.

Die Dauer der Genossenschaft wird vorläufig auf 10 Jahre festgesetzt.

Der Austritt eines Mitgliedes ist nur zulässig: bei Auflösung des Haushaltes, oder bei Verkauf des Gesammt-Viehstandes, außerdem nur mit Zustimmung des Ausschusses.

Mit dem Austritte eines Mitgliedes erfolgt stillschweigend dessen Verzichtleistung auf das Genossenschaftsvermögen.

§ 5.

Die angekauften Genossenschafts-Zuchtstiere müssen:

a) dem in der Gemeinde einheimischen Rindviehschlage und der einmal festgesetzten Zuchtrichtung möglichst vollkommen entsprechen;

b) vom Ausschusse in als gut anerkannten Ställen untergebracht, und

c) dürfen niemals an den Wenigstnehmenden vergeben oder im Turnus gehalten werden.

Diese Zuchtstiere bleiben Eigenthum der Genossenschaft und dürfen, insolange sie zuchttauglich sind, weder in das Eigenthum des jeweiligen Zuchtstierhalters übergehen, noch verkauft werden.

§ 6.

Der Zuchtstierhalter muß sich verpflichten

a) den Genossenschafts-Zuchtstier gut zu ernähren, ohne denselben, so lange er zur Zucht verwendet wird, zu mästen;

b) den Zuchtstier zunächst für Kühe und Kalbinnen zu verwenden, welche den Genossenschafts-Mitgliedern gehören; für weibliche Rinder von Nichtmitgliedern darf der Stier nur insoweit benützt werden, als solches vom Ausschusse gestattet ist.

§ 7.

Die Genossenschafts-Mitglieder verpflichten sich, ihre faselbaren weiblichen Thiere nur vom Genossenschafts-Zuchtstiere bespringen zu lassen und die geborenen Kälber, welche sich vorzugsweise zur Zucht eignen, selbst aufzuziehen oder an Züchter des Genossenschafts-Verbandes zum Zwecke der Aufzucht zu verkaufen.

Wenn ein Mitglied ein Kalb nicht selbst aufzuziehen beabsichtigt und sich innerhalb 3 Wochen kein dem Genossenschafts-Verbande angehöriger Käufer für dasselbe findet, erlischt die letztere Verpflichtung.

§ 8.

Die Leitung des Vereins geschieht durch einen von der Generalversammlung auf 3 Jahre zu wählenden Ausschuß, bestehend aus einem Vorstande und zwei Ausschußmitgliedern.

Der Ausschuß hat das Recht, sich aus der Mitte der Genossenschafts-Mitglieder zu verstärken.

Der Vorstand kann mit Zustimmung des Ausschusses gleichzeitig die Geschäfte des Schriftführers und des Kassiers besorgen.

Die Funktionen des Vorstandes und der Ausschußmitglieder sind Ehrensache. Nur baare Auslagen in Geschäftsausführungen für die Genossenschaft werden vergütet.

§ 9.

Aufgabe des Ausschusses ist:

a) Ankauf tüchtiger Zuchtstiere;
b) Unterbringung der Zuchtstiere bei verlässigen Züchtern und Vereinbarung der Entschädigung für die Zuchtstierhaltung;
c) Ueberwachung der Haltung und Benützung der Genossenschafts-Zuchtstiere und zu diesem Zwecke zeitweise Besichtigung derselben;
d) Festsetzung der Eintrittsgebühren und der Sprunggelder, Einhebung dieser Gebühren und Führung der Kassengeschäfte überhaupt;

e) Verkauf der zuchtuntauglich gewordenen Genossenschafts-Zuchtstiere;
f) Vertretung der Interessen des Vereins.

§ 10.

Alljährlich beruft der Ausschuß eine ordentliche Generalversammlung zum Zwecke der Rechnungsablage und Berichterstattung über seine Thätigkeit, sowie zur Ausschußwahl nach je 3 Jahren.

Außerordentliche Generalversammlungen finden nur statt:
a) beim Abgange von Ausschußmitgliedern,
b) zum Zwecke von Statutenabänderungen und
c) wenn sie von $^1/_3$ der Genossenschaftsmitglieder unter Vorlegung der von diesen beantragten Berathungsgegenständen verlangt werden.

§ 11.

Aenderungen dieser Statuten sind nur dann zulässig, wenn in einer Generalversammlung $^2/_3$ sämmtlicher Genossenschaftsmitglieder dafür stimmen.

Die Auflösung des Vereins vor Ablauf der im § 4 bestimmten Zeit kann nur durch die Generalversammlung beschlossen werden und setzt die Zustimmung von $^2/_3$ sämmtlicher Vereinsmitglieder voraus.

Von dem, nach Tilgung der etwa vorhandenen Schulden verbleibenden Vermögen, wird diejenige Summe, welche die Genossenschaft durch Zuschüsse vom Distrikte oder dem landwirthschaftlichen Vereine erhalten hat, an den Distrikt oder den landwirthschaftlichen Verein zum Zwecke der Unterstützung anderer Zuchtstier-Genossenschaften zurückerstattet, der Ueberschuß aber unter die Mitglieder gleichmäßig nach der Stückzahl der eingetragenen weiblichen Rinder vertheilt.

§ 12.

Von Statutenänderungen und sonstigen besonderen Vorgängen innerhalb des Zuchtstier-Genossenschaftsverbandes ist von dem Vorstande den einschlägigen landwirthschaftlichen Bezirks-ausschüssen Nachricht zu geben.

Also beschlossen in der zu .... am .. ten .... 18 .. zum Zwecke der Gründung der Genossenschaft berufenen Versammlung.

(Folgen die Unterschriften.)

Bemerkungen zu dem vorstehenden Statuten-Entwurfe.

In diesem Statuten-Entwurfe für Zuchtbullen-Genossenschaften sind nur die wesentlichsten Punkte berücksichtigt, welche zum Zwecke der Beschaffung guter Zuchtstiere für den Umfang einer Gemeinde oder einer Ortschaft erforderlich sind; diese Satzungen können von den Züchtern, welche sich zu einer Genossenschaft vereinigen wollen, nach Bedürfniß erweitert und ergänzt werden, die Bestimmungen hinsichtlich des Hauptzweckes, nämlich der Anschaffung, Unterhaltung und Verwendung geeigneter Genossenschafts-Zuchtstiere sollten jedoch vorzugsweise im Auge behalten bleiben.

Der genossenschaftlichen Vereinbarung zur Anschaffung von möglichst vorzüglichen Zuchtstieren für eine Gemeinde oder Ortschaft liegt die erprobte Thatsache zu Grunde, daß durch die fortdauernde Verwendung eines guten männlichen Zuchtmaterials die Vervollkommnung der Rindviehzucht am sichersten und raschesten zu erreichen ist, weil ja durch einen Zuchtstier eine größere Anzahl Kühe und Kalbinnen befruchtet und ein bedeutender Einfluß auf die Nachzucht erzielt wird.

Dabei darf allerdings nicht übersehen werden, daß die guten Eigenschaften von den männlichen und weiblichen Zuchtthieren nur in gleichen Theilen vererben, und um eine gute Nachzucht zu erzielen, nicht blos der Stier, sondern auch die Kühe und Kalbinnen die guten Eigenschaften besitzen müssen, welche man von den nachgezüchteten Thieren verlangt. Es ist deßhalb die erste Regel bei der Hausthierzucht, nur immer die besten Kälber zur Nachzucht anzustellen, stets zu berücksichtigen.

Damit ist allerdings noch nicht Alles gethan, wenn die Rindviehzucht gedeihen soll, es ist weiters nothwendig, die zur Nachzucht bestimmten Kälber im ersten Jahre kräftig zu ernähren und insbesondere denselben nicht zu früh die Muttermilch zu entziehen, weil diese Nahrung für das junge Thier durch kein anderes Futtermittel ersetzt werden kann. Ueberhaupt ist für alles Zuchtvieh eine richtige, reichliche, aber nicht zur Mastung führende Fütterung nothwendig; der Ausspruch „die Verbesserung der Viehzucht geht durch das Maul" ist nicht unbegründet. Man sollte deßhalb auch in einer Wirthschaft nicht mehr Vieh halten, als das ganze Jahr hindurch gut ernährt werden kann.

Wohl zu beachten ist endlich, daß die Ställe die Wohnungen für die Thiere sind, in welchen sie fast das ganze Jahr hindurch zubringen müssen, und daß Reinlichkeit, gute Pflege, Ordnung in der Fütterung und reine Luft das Wohlbefinden der Thiere und deren Gesundheit bedeutend befördern, mithin auch die Züchtungszwecke wesentlich begünstigen.

Zuchtbullen-Genossenschaften, deren Mitglieder vorstehende Regeln beachten, und welche die Lösung ihrer Aufgabe ernstlich und beharrlich anstreben, werden bald die Früchte ihrer Bemühungen ernten und den Grund zur Bildung von Stammzuchten legen, die um so mehr Vortheil versprechen, auf je größere Bezirke sich dieselben ausbreiten.

Schließlich ist noch zu erwähnen, daß der Kreis-Ausschuß des landwirthschaftlichen Vereins den Zuchtbullen-Genossenschaften, deren Statuten den hier gegebenen Normen entsprechen, bei seinen Versteigerungen von Original-Zuchtstieren dieselben Begünstigungen — Stundung des Ankaufspreises — einräumen wird, wie solche den Gemeinden bewilligt werden.

II.

Genossenschafts-Statuten

des

Stammzucht-Vereines

für

das einfärbige Gebirgsvieh.

Sitz und Zweck des Vereines.

§ 1.

Der Verein hat seinen Sitz in Obergünzburg.

§ 2.

Der Stammzuchtverein für das einfärbige graue und braune Gebirgsvieh hat den Zweck

1) diese Rasse in seinen nutzbaren Eigenschaften durch sorgfältige Auswahl der männlichen und weiblichen Zuchtthiere durch Reinzucht, rationelle Fütterung und zweckmäßige Aufzucht der Kälber zu vervollkommnen.
2) verlässige Bezugsquellen für gutes Zuchtvieh des einfärbigen Gebirgsviehes herzustellen:
3) durch musterhafte Zucht die Anregung zu immer weiterhin sich ausbreitender Verbesserung der Rindviehzucht zu geben.

§ 3.

Der Stammzuchtverein erstreckt sich vorläufig auf die Gemeinde Obergünzburg; der Vereins-Ausschuß behält sich vor, auch Rindviehzüchter aus den Nachbargemeinden aufzunehmen.

Eintritt in den Verein und Austritt aus demselben.

§ 4.

Jeder im Vereinsbezirke wohnende Landwirth kann Mitglied des Vereins werden; zu diesem Zweck hat er sich bei dem Vereinsvorstande anzumelden.

§ 5.

Das Vereinsjahr beginnt mit dem 1. September.

§ 6.

Der Austritt aus dem Verein kann erst 3 Jahre nach dem Eintritte erfolgen und muß 3 Monate vor Ablauf des Jahres erklärt werden.

Von der Haltung und Anerkennung der Stammzuchtthiere.

§ 7.

A. Zuchtstiere.

a) Die in den Gemeinden des Stammzuchtvereins erforderlichen Zuchtstiere werden aus Mitteln der Genossenschaft vom Vereins-Ausschusse angeschafft und müssen die für die Verbesserung des einfärbigen Gebirgsviehes erforderlichen Eigenschaften in möglichst hohem Grade besitzen.

b) Die Abschaffung eines Genossenschafts-Zuchtstieres darf in der Regel nicht vor dessen nachgewiesener Zuchtuntauglichkeit erfolgen und muß in einer Generalversammlung des Vereins beschlossen worden sein.

c) Der Vereins-Ausschuß regelt die Uebernahmsbedingungen mit dem Zuchtstierhalter, sowie die Höhe der Sprunggelder, welche für Kühe und Rinder der Mitglieder 50 Pf. nicht übersteigen dürfen.

Die Verträge mit dem Zuchtstierhalter unterliegen der Genehmigung der Generalversammlung.

d) Die Zuchtstiere des Stammzuchtvereines sollen in der Regel nur zum Sprunge der Kühe und Kalbinnen der Genossenschaftsmitglieder verwendet werden. Ausnahmen hievon können vom Ausschusse unter gewissen Bedingungen gestattet werden.

e) Die Fütterung, Pflege und Benützung der Zuchtstiere muß eine den Zuchtzwecken entsprechende, sorgfältige sein.

f) Die Genossenschafts-Zuchtstiere werden nach Alter, Farbe und Abzeichen, sowie nach ihrer Abstammung in das Stammzucht-Register eingetragen und mit dem Stammzucht-Brandzeichen (A. St.) auf dem rechten Horne, sowie mit der Nummer des Stammregisters auf dem linken Horne versehen.

B. Weibliche Zuchtthiere.

a) Jedes Vereinsmitglied hat die Zahl seiner zuchtfähigen Kühe und Rinder (Kalbinnen) beim Eintritt in den Verein dem Vereins-Vorstande anzumelden.

b) Der Ausschuß besichtigt die angemeldeten Thiere, trägt diejenigen, welche vermöge ihrer Formen und Eigenschaften sich für die Verbesserung des Viehschlages eignen, in das Stammregister ein und versieht dieselben mit dem Stammbuch-Brandzeichen.

c) Der Verkauf einer in das Stammregister eingetragenen Kuh oder Kalbin ist innerhalb 14 Tagen dem Vereins-Vorstande anzuzeigen.

C. Kälber.

a) Die Vereinsmitglieder verpflichten sich die zur Zucht tauglichen Kälber, welche von den in das Stammregister eingetragenen Kühen und Kalbinnen geboren werden, aufzuziehen oder an andere Züchter zu verkaufen.

Die Kälber werden im Alter von 8 bis 10 Monaten vom Ausschuß gemustert und die zur Zucht geeigneten in das Stammregister eingetragen und mit dem Vereins-Brandzeichen versehen.

Von den Prämiirungen.

§ 8.

Im Stammzucht-Vereinsbezirke wird alljährlich eine Ausstellung der anerkannten Stammzuchtthiere und Prämiirung der besten Stücke veranstaltet, wobei folgende Bestimmungen maßgebend sind:

a) Um Preise kann nur mit solchen Viehstücken concurrirt werden, welche im Stammregister eingetragen sind.

b) Die zur Preisebewerbung ausgestellten Thiere sind nach folgenden Abtheilungen aufzustellen und zu prämiiren:

1. ältere Zuchtstiere mit 4 und nicht mehr als 6 Ersatzschaufeln;
2. junge Zuchtstiere von mindestens 1 Jahre und nicht mehr als 2 Ersatzschaufeln;
3. Kühe, trächtig oder mit dem Kalbe, bis zu 8 Jahren;
4. Rinder (Kalbinnen) von mindestens 1 Jahre und mit nicht mehr als 4 Ersatzschaufeln;
5. ganze Zuchtfamilien von mindestens 6 Stücken verschiedenen Geschlechts und im Alter nicht unter 1 Jahr aus dem Rindviehbestande eines Züchters.

c) In jeder Abtheilung kann ein Züchter nur einen Preis erhalten.

d) Für Rindviehstücke, welche nicht wenigstens seit $1/2$ Jahr im Besitze des Züchters und in das Stammregister eingetragen sind, darf ein Preis nicht zuerkannt werden.

e) Prämiirte Thiere erhalten den Prämienbrand des Stammzuchtvereins (pr) neben dem Stammzucht-Brandzeichen.

f) Wenn prämiirte Thiere vor Ablauf eines Jahres außerhalb des Stammzuchtbezirkes verkauft werden, hat der Prämiirte die erhaltenen Geldprämien an die Genossenschaftskasse zurückzubezahlen.

g) Das Preisgericht hat aus 5 Mitgliedern zu bestehen und entscheidet durch Stimmenmehrheit. Züchter des Stammzuchtvereines können nicht Preisrichter sein. Dem Kreis-Ausschuß bleibt vorbehalten, von diesen 5 Preisrichtern zwei zu ernennen.

Die Mittel des Vereins.

§ 9.

Die Mittel zur Durchführung der Vereinszwecke werden beschafft:

a) durch den Jahresbeitrag, welcher für jedes in das Stammregister eingetragene Rindviehstück vorläufig auf 50 Pfennige festgesetzt wird;

b) aus dem Erlöse durch den Verkauf von Genossenschafts-Zuchtstieren;

c) durch Unterstützungen aus Central-, Kreis- und Bezirks-Comités-, Distrikts- und Gemeinde-Fonds.

Verwaltung des Vereins.

§ 10.

Die Mitglieder des Stammzucht-Vereins wählen in einer Generalversammlung einen Ausschuß. Derselbe hat zu bestehen:

1. aus einem Vorstand,
2. einem Schriftführer,
3. einem Kassirer und
4. zwei Beisitzern.

Die Funktionsdauer des Ausschusses ist drei Jahre, die nach Ablauf dieser Zeit abtretenden Ausschußmitglieder sind wieder wählbar. Das Amt eines Ausschußmitgliedes ist ein Ehrenamt.

Generalversammlungen des Vereins haben jährlich wenigstens zwei stattzufinden; eine solche ist beschlußfähig, wenn die Hälfte aller Vereinsmitglieder anwesend ist. Sollte letzteres nicht der Fall sein, so wird eine weitere Generalversammlung berufen, welche ohne Rücksicht darauf, wie viele Mitglieder sich einfinden, Beschlüsse fassen kann, was übrigens bei der Einberufung zu erwähnen ist.

Geschäftsführung.

§ 11.

1) Der Vereins-Ausschuß hat die Aufgabe, die Ausführung der Vereins-Statuten zu leiten und zu überwachen, insbesondere

a) die Genossenschafts-Zuchtstiere anzuschaffen, deren gute Haltung zu beaufsichtigen; wenn solche untauglich werden bei der Generalversammlung die Abschaffung zu beantragen und den Verkauf zu besorgen.

b) Die Kühe und Rinder hinsichtlich deren Würdigkeit zur Eintragung als Stamm-Zuchtstiere in das Stamm-Register unter Beiziehung eines dem Stammzucht-Bezirke nicht angehörigen Sachverständigen zu prüfen.

c) Das Stamm-Register zu führen.

d) Den Stand und den Fortgang der Rindviehzucht im Stammzucht-Bezirke beständig im Auge zu behalten, den Vereinsmitgliedern berathend zur Seite zu stehen und ermunternd auf dieselben einzuwirken, von Zeit zu Zeit belehrende Vorträge über Fütterung, Pflege und Behandlung der Zuchtthiere, dann über die zweckmäßige Aufzucht der Kälber, weiters über Verbesserung der Stallungen u. s. w. zu veranlassen 2c.

e) Der Ausschuß hat je auf Einladung des Vorstandes und so oft zusammenzutreten, als es die Geschäfte nothwendig machen. Wenn es nöthig erscheint, können auch andere Vereinsmitglieder beigezogen werden.

f) Allenfallsige Anträge und Beschwerden sind an den Ausschuß zu richten, der hierüber Entscheidung trifft, oder — wenn es erforderlich sein sollte — solche der nächsten Generalversammlung zur Entscheidung vorlegt.

2) Der Vereinsvorstand beruft die Generalversammlungen ein und besorgt unter Mitwirkung des Schriftführers die Correspondenz, ebenso wie durch beide die Anfragen über die Ankäufe von Stammzuchtthieren beantwortet und die Ankäufe vermittelt werden.

3) Der Vereinskassier nimmt die Beiträge der Vereinsmitglieder sowie sonstige Vereinsgelder in Empfang und verwahrt dieselben. Größere Beträge, welche nicht alsbald wieder verausgabt werden, sollen in sicherer Weise verzinslich angelegt werden.

Am Schlusse des Jahres legt der Kassier der Generalversammlung Rechnung ab.

Pflichten und Rechte der Vereinsmitglieder.

§ 12.

Jedes Mitglied ist verpflichtet, die Zwecke des Vereins zu fördern und die Bestimmungen der Statuten genau zu befolgen. Anträge und Beschwerden sind an den Ausschuß zu richten, der hierüber Entscheidung trifft, oder — wenn es erforderlich sein sollte — solche der nächsten Generalversammlung zur Entscheidung vorlegt.

Jedes Mitglied ist berechtigt, an den Vortheilen, welche der Verein bietet, gleichmäßigen Antheil zu nehmen. Mit dem Austritte aus dem Vereine erlöschen alle Rechte an denselben, insbesondere jeder Anspruch an das Vereinsvermögen.

Statutenänderungen und Auflösung des Vereins.

§ 13.

Statutenänderungen sind nur dann zulässig, wenn in einer zu diesem Zwecke einberufenen Generalversammlung $^2/_3$ der sämmtlichen Vereinsmitglieder anwesend sind und die Majorität sich dafür erklärt.

§ 14.

Die Auflösung der Genossenschaft kann nur dann erfolgen, wenn in einer Generalversammlung $^3/_4$ aller Vereinsmitglieder zugegen sind und von diesen $^2/_3$ dafür stimmen. Aus dem vorhandenen Vereinsvermögen sind vor allem die etwa vorhandenen Schulden des Vereins zu bezahlen. Die aus Staats-, Kreis- und Bezirks-Ausschüssen- sowie aus Distrikts- und Gemeinde-Fonds herkommenden und noch nicht verwendeten Geldzuschüsse müssen, mit Rücksicht auf die hieran geknüpften Vorbehalte, an die Kasse des landwirthschaftlichen Bezirks-Vereines, in dessen Sprengel sich der Stammzucht-Verein befindet, übergeben werden. Der weiters vorhandene Ueberschuß ist gleichheitlich unter die Genossenschaftsmitglieder zu vertheilen.

Die Statuten des

Stammzucht-Vereins Steinheim

für den einheimischen Fleck-Viehschlag sind diesen des einfärbigen Viehes gleichlautend.

VIII. Regierungsbezirk Pfalz:

Satzungen
der
Zuchtgenossenschaft

. . . .

Mitglied

. . . .

in . . . .

Der Kreis-Ausschuß
des landwirthschaftlichen Vereins der Pfalz
von der Erwägung ausgehend,

daß die pfälzischen Zuchtgenossenschaften die Rindviehzucht wesentlich zu heben im Stande sind, daß daher deren einheitliche Förderung und Unterstützung als eine wichtige Aufgabe des landwirthschaftlichen Vereines der Pfalz zu betrachten ist, daß jedoch die von letzterem den Genossenschaften zu gewährenden Mittel nur unter Mitwirkung und Aufsicht des Kreis-Ausschusses und seiner Organe die richtige Verwendung finden und ihren Zweck erfüllen können,

erläßt folgende Bestimmungen, zu deren Annahme und Befolgung sich die pfälzischen Zuchtgenossenschaften durch Unterschrift ihrer Ausschüsse zu verpflichten haben:

I. Zweck der Zuchtgenossenschaft.

§. 1.

Die Zuchtgenossenschaft setzt sich zum Zweck, das einheimische, einfarbige Glan-Donnersberger Vieh auf dem Wege rationeller Reinzucht sowohl hinsichtlich seiner Körperformen wie seiner Nutzungseigenschaften möglichst zu vervollkommnen;

§ 2.

Dieses Ziel soll erreicht werden:

1. Durch Aufstellung vollkommen rassereiner vorzüglicher

Zuchtstiere und durch möglichst lange Erhaltung derselben zur Nachzucht;

2. durch Eintragung der ausgewählten Zuchtthiere und ihrer Abkömmlinge in ein eigenes Zuchtregister;
3. durch Zutheilung der jeweils vorhandenen besten Zuchtkühe und Zuchtrinder zu einem passenden guten Stier;
4. durch sorgfältige Aufzucht und Ernährung der von den ausgewählten Zuchtstieren abstammenden Zuchtprodukte;
5. durch periodische, jährlich mindestens einmal stattfindende Musterungen der eingetragenen Elternthiere und ihrer Abkömmlinge;
6. durch Zuerkennung von Prämien an die besten Zuchtprodukte;
7. durch zeitweise vorzunehmendes Probemelken;
8. durch Vermittelung des Ein- und Verkaufes des besseren Zuchtmaterials für die Mitglieder der Genossenschaft;
9. durch Anschaffung populärer Schriften über Viehzucht und Viehhaltung und durch deren Verbreitung unter die Mitglieder;
10. durch den Eintrag geeigneter Thiere in das in Aussicht stehende pfälzische, bezw. deutsche Herdbuch.

II. Mitglieder; deren Rechte und Pflichten.

§ 3.

Mitglied der Zuchtgenossenschaft kann jeder Viehzüchter der Gemeinde und deren Umgegend werden, der ein oder mehrere zur Eintragung in das Zuchtregister geeignete Thiere besitzt und solche zur Nachzucht im Sinne der Vereinssatzungen verwendet und außerdem den von der Genossenschaft festgesetzten Mitgliederbeitrag entrichtet. (§ 17, Ziff. 3.) Wer als Mitglied aufgenommen werden will, hat dem Vorstande der Genossenschaft mündlich oder schriftlich Anzeige zu erstatten unter gleichzeitiger Angabe der in das Zuchtregister aufzunehmenden Thiere. Findet die Musterungskommission, bezw. der Ausschuß (§ 11) die angemeldeten Thiere zum Eintrag geeignet, so gilt die Aufnahme des betreffenden Züchters ohne weiteres Erfordernis als erfolgt.

Jedes aufgenommene Mitglied behält die Eigenschaft als solches so lange, als es nicht freiwillig ausscheidet, (§ 6) oder als es nicht in Folge Beschlusses des Vereinsausschusses wegen wiederholter Zuwiderhandlungen gegen die Satzungen aus der Genossenschaft ausgeschlossen wird. (§ 11, Ziff. 7.)

§ 4.

Die Mitglieder der Genossenschaft haben das Recht, sich satzungsgemäß an der Ordnung der Genossenschaftsangelegenheiten zu betheiligen, die Eintragung der von den ausgewählten Elternthieren abstammenden Zuchtprodukte in das Zuchtregister zu verlangen und mit denselben an den jährlichen Musterungen und Prämiirungen der Genossenschaft Theil zu nehmen. Stimmberechtigt sind nur solche Mitglieder, welche im Laufe des Kalenderjahres im Besitze eines eingetragenen Thieres waren.

§ 5.

Die Mitglieder der Genossenschaft sind verpflichtet:

1. ihre ausgewählten und eingetragenen weiblichen Thiere nur von dem hierzu bestimmten Stier decken zu lassen;
2. die Geburt eines von solchen Thieren abstammenden Kalbes innerhalb einer Woche unter genauer Bezeichnung der Elternthiere dem Vorstande, bezw. dem Registerführer anzuzeigen;
3. diese Kälber sorgfältig aufzuziehen und reichlich zu ernähren, sofern der Ausschuß die Aufzucht für wünschenswerth erklärt;
4. die Kälber, event. auch deren Mütter bei den periodischen Ausstellungen vorzuführen;
5. gezüchtete und mit einer Prämie ausgezeichnete Thiere nicht ohne Einwilligung des Ausschusses an außerhalb der Genossenschaften gleicher Zuchtrichtung stehende Personen abzugeben, im Falle der Zuwiderhandlung aber die Prämie zurückzuzahlen und außerdem eine in die Ge-

nossenschaftskasse fließende Konventionalstrafe von 10 ℳ zu entrichten;

6. jeden Verkauf und Todesfall eines eingetragenen Thieres, ob Elternthier oder Nachkommenschaft, innerhalb einer Woche dem Registerführer anzuzeigen und davon auch in dem Auszuge (§ 13, Abs. 2) Vormerk zu machen;
7. dem landwirthschaftlichen Vereine als Mitglied beizutreten.

§ 6.

Der freiwillige Austritt aus der Genossenschaft kann nicht vor Ablauf des Kalenderjahres erfolgen und muß mindestens 4 Wochen vor Schluß desselben dem Vorstande schriftlich angezeigt werden.

Mit dem Austritt aus der Genossenschaft hört jeder Anspruch an das etwa vorhandene Vereinsvermögen auf. Stirbt ein Mitglied der Genossenschaft, so treten die Erben desselben bis zur Aufhebung der Wirthschaft in die Rechte und Pflichten desselben ein.

III. Organisation.

§ 7.

Die Organe der Genossenschaft sind:

1. der Vorstand,
2. der Ausschuß,
3. der Registerführer,
4. die Generalversammlung.

Vorstand.

§ 8.

Dem Vorstand obliegt die Leitung der sämmtlichen Vereinsangelegenheiten, der Vorsitz in den Ausschußsitzungen und Generalversammlungen, sowie die Vertretung der Genossenschaft nach außen.

Ausschuß.

§ 9.

Die Geschäfte der Genossenschaft besorgt ein Ausschuß,

der aus drei Genossenschaftsmitgliedern und dem von dem betreffenden landwirthschaftlichen Bezirks-Ausschusse abzuordnenden Thierarzt (Bezirks- oder Distriktsthierarzt) besteht. Der Thierarzt ist zu allen Sitzungen des Ausschusses unter Bekanntgabe der Tagesordnung vom Vorstande rechtzeitig einzuladen.

Die drei dem Ausschusse angehörigen Genossenschaftsmitglieder werden durch die Generalversammlung nach einem von dieser zu bestimmenden Modus auf die Dauer von drei Jahren gewählt.

Die nach Ablauf dieser Periode austretenden Mitglieder sind wieder wählbar. (§ 17, Ziff. 1.)

§ 10.

Der Ausschuß entscheidet über alle ihm zustehenden Vereinsangelegenheiten mit einfacher Stimmenmehrheit und ist beschlußfähig, wenn drei Mitglieder zugegen sind. Bei Stimmengleichheit gibt die Stimme des Vorstandes den Ausschlag.

Der Ausschuß wird je nach Bedürfniß, mindestens aber alljährlich zweimal, vom Vorstand zusammenberufen. Die Einladungen zu den Sitzungen des Ausschusses sind an alle Mitglieder desselben direkt, entweder mündlich oder schriftlich zu richten.

§ 11.

Dem Ausschuß obliegt insbesondere:

1. Die Musterung und Auswahl der in das Zuchtregister einzutragenden Thiere;
2. die Bezeichnung der von den eingetragenen Elternthieren abstammenden ausgewählten Zuchtkälber mit Genossenschafts-Stempel nach Maßgabe der von dem Kreis-Ausschuß zu erlassenden speziellen Weisung;
3. die Bezeichnung der in dem Zuchtregister zu vermerkenden Vorzüge und Mängel der Elternthiere und ihrer Nachkommen;
4. die Belehrung der Mitglieder hinsichtlich der zweckmäßigsten Art und Weise der Aufzucht der Kälber;

5. die Vermittelung von An- und Verkauf von Zuchtthieren;
6. die Entscheidung über alle einkommenden Beschwerden, welcher Art diese auch sein mögen, vorbehaltlich der der Generalversammlung zukommenden Befugnisse;
7. die Ausschließung der Genossenschaftsmitglieder, welche wiederholt den Satzungen und Instruktionen zuwiderhandeln, vorbehaltlich der Berufung an die Generalversammlung. (S. § 3.) Das ausgeschlossene Mitglied verliert alle Rechte an die Genossenschaft;
8. die Ausführung und Leitung der jährlichen Ausstellungen.

§ 12.

Der Ausschuß wählt aus seiner Mitte — vom Thierarzt abgesehen — den Vorstand und bezeichnet ein weiteres Mitglied, welches die Führung des Zuchtregisters und des Protokollbuches sowie das Rechnungswesen der Genossenschaft zu besorgen hat.

Registerführer.

§ 13.

Der Registerführer hat die ausgewählten Thiere in das vom Kreis-Ausschuß vorgeschriebene Zuchtregister einzutragen und letzteres jederzeit evident zu halten.

Außerdem hat derselbe jedem Genossenschaftsmitgliede einen Auszug aus dem Register anzufertigen und einzuhändigen.

Generalversammlung.

§ 14.

An der Generalversammlung können sämmtliche Mitglieder der Genossenschaft, sowie die Delegirten des Kreis- oder des Bezirks-Ausschusses theilnehmen.

Stimmberechtigt sind jedoch nur die Genossenschaftsmitglieder.

§ 15.

Alljährlich hat mindestens eine ordentliche Generalversammlung stattzufinden. Dieselbe hat sich möglichst an die in

§ 21 vorgesehene Musterung und Prämiirung der Nachzucht anzuschließen.

Außerordentliche Generalversammlungen werden je nach Bedürfniß von dem Vorstande berufen.

Die Einladungen zu allen Generalversammlungen erfolgen im Einvernehmen mit dem Ausschuß mindestens eine Woche vorher speziell an jedes Mitglied und zwar je nach der Wahl des Ausschusses schriftlich oder mündlich.

§ 16.

Jede ordnungsmäßig einberufene Generalversammlung ist ohne Rücksicht auf die Zahl der anwesenden Mitglieder beschlußfähig.

Giltige Beschlüsse werden mit absoluter Mehrheit der anwesenden stimmberechtigten Mitglieder gefaßt.

Etwaige Anträge der Genossenschaft auf Aenderung der Statuten erfordern die Zustimmung von $^2/_3$ der anwesenden Mitglieder. (S. § 27.)

§ 17.

Die Generalversammlung entscheidet endgiltig über alle Vereinsangelegenheiten, die nicht speziell in der Kompetenz des Ausschusses liegen. Derselben bleibt namentlich vorbehalten:

1. Die Wahl von drei Ausschußmitgliedern (§ 9);
2. die Beschlußfassung über die vom Vorstande festgesetzten Verhandlungsgegenstände, insbesondere die Feststellung des Voranschlages und die Bescheidung der Jahresrechnung auf Grund der vom Ausschuß gemachten Vorschläge;
3. die Beschlußfassung über die Höhe der ordentlichen und etwaigen außerordentlichen Mitgliederbeiträge;
4. die Bescheidung der Beschwerden wegen Ausschlusses nach Maßgabe des § 11, Ziff. 7;
5. die Auflösung der Genossenschaft. (S. § 24.)

§ 18.

Die Beschlüsse der Generalversammlung wie des Ausschusses werden in das Protokollbuch eingetragen und von den Ausschußmitgliedern unterfertigt.

IV. Mittel und deren Verwendung.

§ 19.

Die zur Durchführung der Vereinszwecke nothwendigen Mittel werden beschafft:

1. durch Zuschüsse des landwirthschaftlichen Vereines,
2. durch die von der Generalversammlung festzusetzenden Vereinsbeiträge,
3. durch sonstige Zuwendungen.

V. Musterung und Prämiirung der eingetragenen Zuchtthiere.

§ 20.

Im Laufe des Jahres hat mindestens einmal, womöglich aber zweimal, eine Musterung und Revision der sämmtlichen eingetragenen Elternthiere und deren Nachkommen durch den Vereinsausschuß und den Abgeordneten des Bezirks-Ausschusses von Stall zu Stall statt zu finden. Mit dieser Revision ist, soweit thunlich, eine Belehrung über Zucht und Haltung der Thiere zu verbinden. Auch können bei dieser Gelegenheit weitere Zuchtstiere ausgewählt und in das Zuchtregister eingetragen oder solche aus dem Letzteren gestrichen werden.

§ 21.

Außerdem finden alljährlich innerhalb der Genossenschaft Jungviehausstellungen statt, mit welchen je nach Maßgabe der vorhandenen Mittel eine Prämiirung der besten Zuchtprodukte verbunden wird.

Ort und Zeit dieser Ausstellungen werden unter Zustimmung des Kreis-Ausschusses von dem Bezirks-Ausschuß im Einvernehmen mit dem Genossenschaftsvorstande bestimmt und binnen angemessener Frist bekannt gegeben.

§ 22.

Anspruch auf Preise hat Jungvieh männlichen und weiblichen Geschlechtes bis zu zwei Jahren, welches nachweislich von einem eingetragenen Mutterthiere abstammt und selbst in das Zuchtregister eingetragen ist.

Die mit Preisen bedachten Thiere sind in dem darauf folgenden Jahre dem Preisgericht wiederum vorzuführen und können, wenn entsprechend gehalten, bei zureichenden Mitteln abermals prämiirt werden.

§ 23.

Die Zuerkennung der Preise bei diesen Ausstellungen erfolgt durch ein Preisgericht, das den vom Bezirks-Ausschuß abzuordnenden Thierarzt (Bezirks- oder Distriktsthierarzt) zum Vorstand hat und aus zwei weiteren vom Bezirkskomitee zu wählenden Mitgliedern besteht.

Letztere dürfen nicht Mitglieder der Genossenschaft sein.

Für die Zuerkennung der Preise ist die von dem Kreiskomitee zu erlassende Instruktion maßgebend.

VI. Auflösung der Genossenschaft.

§ 24.

Bei Auflösung der Genossenschaft (S. § 17, Ziff. 5) fällt das etwa vorhandene Vermögen der Kasse des Bezirkskomitees anheim.

VII. Aufsicht.

§ 25.

Die Aufsicht über die Genossenschaften steht dem Kreiskomitee und seinen Organen zu.

Zu den jährlichen Musterungen und Ausstellungen entsendet der Kreis-Ausschuß den Kreisthierarzt und in dessen Verhinderung einen anderen Sachverständigen.

§ 26.

Etwaige Streitfragen zwischen der Genossenschaft und den Abgeordneten des landwirthschaftlichen Vereines werden auf erstattetes Gutachten des Bezirks-Ausschusses vom Kreis-Ausschuß beschieden.

§ 27.

Eine Aenderung der vorstehenden Satzungen kann nur durch den Kreis-Ausschuß erfolgen. (S. § 16.)

Vollzugsvorschriften
zu den
Satzungen
der
pfälzischen Zuchtgenossenschaften.

§ 1.

Die Aufsicht über die Zuchtgenossenschaften steht zunächst den landwirthschaftlichen Bezirks-Ausschüssen zu, welche den betreffenden Bezirks- oder Distriktsthierarzt mit der technischen Leitung und Kontrolle derselben beauftragen.

§ 2.

Dem abgeordneten Thierarzte, der nach § 9 der Satzungen zugleich Mitglied des Genossenschafts-Ausschusses ist, obliegt insbesondere:

1. Die Mitwirkung bei der Auswahl der zur Aufnahme in das Zuchtregister angemeldeten Thiere (§ 11, Ziff. 1 der Satzungen),
2. die Musterung und Kontrolle der eingetragenen Elternthiere und deren Nachkommenschaft (§ 20 d. S.),
3. die Revision des Zuchtregisters, die genaue Feststellung der Zahl der Mitglieder, der eingetragenen Mutter- und Vaterthiere, sowie der bei den jährlichen Ausstellungen prämiierten Thiere,
4. die Vornahme von Körpermessungen an eingetragenen Thieren und die Eintragung der erzielten Maße in das Zuchtregister oder in ein eigens hiezu geführtes Verzeichniß nach Maßgabe der nachfolgenden Bestimmungen,
5. die Belehrung der Mitglieder über Zweck und Ziel der Zuchtgenossenschaften, sowie über Zucht, Haltung und Aufzucht des Jungviehes (§ 20 d. S.),
6. die Mitwirkung bei den jährlichen Ausstellungen und Prämiirungen der Genossenschaften (§ 21 und 23 d. S.),
7. die alljährliche Berichterstattung mit statistischen Angaben über den Bestand der Genossenschaft, Zahl und Qualität der ausgestellten und prämiirten Thiere,

8. die Antragstellung zur Neugründung von Zuchtgenossenschaften in hiezu geeigneten Gemeinden und Gegenden.

§ 3

Bei der Aufnahme von Thieren in das Zucht-Register (§ 2 Ziff. 1 vorstehend) sind nachstehende Punkte zu berücksichtigen:

1. die Thiere müssen unbedingt dem Viehschlage angehören, der in der Genossenschaft gezüchtet werden soll und müssen deswegen auch alle Merkmale dieses Schlages an sich tragen.

   In solchen Genossenschaften, in welchen Simmenthaler-Kreuzungsprodukte oder Thiere des Land (Scheck-) Viehschlages zur Verwendung kommen, können auch noch Thiere in das Register eingetragen werden, welche kleine Abweichungen in Bezug auf Farbe, Pigmente zeigen, wenn sie im Körper entsprechend gebaut sind.
2. Die aufzunehmenden Thiere müssen ferner einen schönen, gut geformten Kopf, kräftigen gut auf- und angesetzten Hals, starcke und fleischige Schultern, lange Vorarme, kurze Schienen, breiten Bug, geraden und breiten Rücken, guten Schweifansatz, feinen Schweif, breites Becken, breite und tiefe Brust, regelmäßige Stellung der Gliedmaßen und gute Rippenwölbung besitzen; außerdem ist auch noch auf gute Milchzeichen und feine Haut Rücksicht zu nehmen.
3. Für männliche Thiere ist das Hervortreten der Männlichkeit in Bau und Habitus, für weibliche das der Weiblichkeit unbedingt zu fordern; bullenartig aussehende Kühe und kühisch aussehende Bullen sind nicht aufzunehmen. Ebenso sind Thiere mit unschönem oder zu langem Kopfe, schlechter Stellung der Gliedmaßen, Bugleere, Senkrücken, sehr flachen Rippen und mit Erbfehlern behaftete unbedingt auszuschließen.

§ 4.

Zur Anbahnung eines mehr wissenschaftlichen, auf mathematischer Grundlage beruhenden Verfahrens bei der Beurtheilung der auszuwählenden und zu prämiirenden Thiere sind von dem technischen Leiter der Genossenschaft alljährlich Messungen vorzunehmen (§ 2, Ziff. 4 vorst.). Zu diesem Behufe sind mehrere Zuchtthiere mit dem Dr. Lydtin'schen oder dem Kaltenegger'schen Meßstock auszumessen. (Lydtin'sche Meßstöcke sind zu beziehen von C. Sickler, großh. Hofmechaniker in Karlsruhe (Baden) und Kaltenegger'sche von dem k. k. landespriv. Mechaniker E. Kraft und Sohn in Wien-Wieden, Theresianumgasse Nr. 27).

Zum Eintrag der erzielten Maße wird der Einheitlichkeit halber das von dem Direktor der landw. Kreiswinterschule zu Langen in Hessen „Viktor Weitzel" herausgegebene Notizbuch empfohlen.

§ 5.

Die abzunehmenden Maße können auf folgende beschränkt bleiben:

1. Wideristhöhe (a)
2. Höhe der Mitte des Rückens (b)
3. Höhe der Kreuzspitze (c)
4. Höhe des Schwanzansatzes (d)
5. Länge des Thieres (e)
6. Rippenbrustweite (f)
7. Beckenbreite am Hüftgelenk (g)
8. Brusttiefe (h)

Bei dem Messen ist darauf zu achten, daß das Thier regelmäßig steht und daß der Kopf geradeaus in der Höhe der Rückenlinie gehalten wird.

Differiren die 4 Höhenmaße a, b, c und d nicht oder nur wenig, so wird ein solcher Rücken als vorzüglich bezeichnet und wird mit der besten Note, d. i. III belegt. Nach den in Baden an Simmenthaler Thieren ausgeführten Messungen soll die Kreuzspitze c höchstens um 4 cm, der Schweifansatz d höchstens 10 cm höher und der Mittelpunkt des Rückens b um 2—3 cm tiefer liegen als der Widerrist. Die Rückenbreite wird nach dem Augenmaße bestimmt und soll namentlich am Widerrist, in der Lende und im Kreuze am größten sein. Ebenso werden Rasse und Farbe, Haut, Milchzeichen (Euter),

Kopf und Hörner, Form und Stellung der Glieder, Bewegung und Gesammterscheinung der zu messenden Thiere frei beurtheilt.

Was die Länge des Thieres anbelangt, so muß dasselbe, wenn es noch nicht 3 Jahre alt ist, um $^1/_{10}$, bei einem Alter von 4 Jahren und darüber um $^2/_{10}$ länger sein, als es hoch ist. Die Bruftrippenbreite, sowie die Beckenbreite am Hüftgelenk muß mindestens $^1/_3$ der Widerristhöhe ausmachen, während die Brusttiefe wenigstens die Hälfte derselben betragen soll.

Das bis jetzt bei einer großen Zahl von Messungen am Glan-Donnersberger-Vieh erzielte Resultat stimmt mit den vorstehenden Aufstellungen im großen Ganzen überein, dieselben können deßhalb auch auf Thiere dieses Viehschlages Anwendung finden.

Im Anschlusse folgen die Durchschnittsmaße der in den Jahren 1890 und 1891 an Donnersberger Thieren ausgeführten Messungen.

Durchschnittsmaße	Widerristhöhe	Höhe d. Mitte des Rückens	Höhe der Kreuzspitze	Schwanzansatzhöhe	Länge des Thieres	Rippenbrustweite	Beckenbreite	Brusttiefe	Summe der Noten	Bemerkungen
bei $1^3/_4$—3 Jahr alten Bullen	135,1	132,7	38, 5	141,3	165,2	51,5	48,5	73,9	29,5	
bei $1^1/_4$—$1^1/_2$ Jahr alten Bullen	129,0	128,1	135,0	136,1	153,0	50,3	46,6	71,0	29,3	
bei Kühen	134,2	131,5	137,2	141,8	158,7	50,7	46,5	74,5	27,6	
bei trächtigen Kalbinnen	129,2	128,2	133,8	137,5	148,7	45,6	42,7	69,2	25,6	

§ 6.

Bei den nach § 21 der Satzungen alljährlich stattfindenden Ausstellungen, deren Termin den Genossenschaftsmitgliedern rechtzeitig bekannt zu geben ist, hat der Ausschuß dafür Sorge zu tragen, daß alle ausstellbaren Thiere zur bestimmten Stunde auf dem Ausstellungsplatze aufgestellt sind. Die Aufstellung hat in der Weise zu geschehen, daß jene

Thiere, die noch nicht prämiirt sind, in der Abtheilung I und diejenigen, die bereits im Vorjahre prämiirt wurden, in der Abtheilung II untergebracht werden.

Sämmtliche Thiere sind mit Nummern zu versehen.

§ 7.

Anspruch auf Preise hat Jungvieh männlichen und weiblichen Geschlechts bis zu 2 Jahren, welches nachweislich von eingetragenen Thieren abstammt und selbst in das Zuchtregister eingetragen ist. Den Nachweis hierüber hat der Besitzer durch den Registerauszug zu liefern.

Weibliche Thiere, die zu frühzeitig zur Begattung zugelassen wurden und trächtig geblieben sind, können nicht prämiirt werden.

§ 8.

Das Preisgericht bei diesen jährlichen Musterungen ist zusammengesetzt aus zwei von dem zuständigen Bezirkscomitee zu wählenden Viehzüchtern, die jedoch nicht Mitglieder der Genossenschaft sein dürfen, und dem Bezirks- oder Distriktsthierarzt als Vorstand. (§ 23 d. S.) Die Einladungen zum Zusammentritt des Preisgerichtes erfolgen durch den Bezirks-Ausschuß.

Fehlt ein Mitglied des Preisgerichtes, so hat der Vorstand das Recht, an Ort und Stelle eine andere hiezu geeignete Persönlichkeit hiefür zu bestimmen.

§ 9.

Die Einweisung des Preisgerichtes erfolgt durch den Kreisthierarzt und in dessen Verhinderung durch den anderweitig ernannten Sachverständigen des Kreis-Ausschusses (S. § 25 d. S.)

Ist auch der Letztere am Erscheinen gehindert, so erfolgt die Einweisung durch den Vorstand des Preisgerichtes selbst.

§ 10.

Die Prämiirung zerfällt in eine Vor- und eine Hauptprüfung.

Bei der Vorprüfung ist zunächst festzustellen, ob das ausgestellte Thier von einem eingetragenen Mutterthiere abstammt, ob es selbst in das Zuchtregister eingetragen und mit dem Genossenschaftszeichen versehen ist, weiterhin ob es gut genährt und gepflegt und seinem Alter entsprechend entwickelt und rasserein ist.

Hierauf wird zur Hauptprüfung, d. i. zur Beurtheilung der einzelnen Körpertheile geschritten und gelten hiefür die in § 3 Ziff. 2 und 3 vorstehend aufgestellten Grundsätze.

Schließlich werden die einzelnen Thiere nochmals in ihrer Gesammterscheinung beurtheilt und in 3 Klassen eingereiht; eine 4. Klasse soll nur in Ausnahmsfällen gebildet werden.

Sind auf diese Weise alle Thiere klassifizirt, so werden dieselben noch in der Bewegung im Kreise besichtigt, wobei Verstellungen vorgenommen werden können.

§ 11.

Die Festsetzung und Abstufung der Preise erfolgt durch den Kreisthierarzt oder seinen Vertreter und den Vertreter des Bezirks-Ausschusses im Einvernehmen mit den Preisrichtern. Die Vertheilung der Preise erfolgt durch den Vertreter des Bezirks-Ausschusses.

§ 12.

Die Oberaufsicht über sämmtliche Genossenschaften wird gemäß § 25 der Satzungen durch das Kreiskomitee und dessen Organe ausgeübt.

Der Kreis-Ausschuß entsendet zu diesem Zwecke zu den jährlichen Musterungen und Ausstellungen den jeweiligen Kreisthierarzt, welcher nach Maßgabe des § 2 Ziff. 7 Bericht zu erstatten hat.

§ 13.

Dem Kreisthierarzte obliegt insbesondere:

1. Die Feststellung des Standes und der Leistung jeder einzelnen Genossenschaft,
2. die Revision des Zuchtregisters,
3. die Einweisung des Preisgerichtes in seine Funktion,

4. die Ueberwachung der Prämiirung und Entscheidung streitiger Fragen bei derselben,
5. die Mitwirkung bei der Festsetzung der Höhe der Prämie für die einzelnen Klassen und
6. die Antragstellung zur Vertheilung der von dem Landrathe und dem landwirthschaftlichen Vereine speziell für diesen Zweck ausgesetzten Mittel nach Maßgabe der Zahl der eingetragenen Thiere und der Leistung der einzelnen Genossenschaft.

§ 14.

Der Kreis-Ausschuß stellt das für die Zuchtgenossenschaften nach § 13 d. S. vorgeschriebene Zuchtregister fest. Die nöthigen Formulare werden den Genossenschaften von den Bezirks-Ausschüssen ohne Vergütung geliefert.

Andere Formulare als die vorgeschriebenen dürfen für die Zuchtregister nicht verwendet werden.

Die Aufstellung eines pfälzischen Herdbuches behält sich der Kreis-Ausschuß vor.

Neben diesen Statuten über Zuchtgenossenschaften ist vom landwirthschaftlichen Kreis-Ausschusse der Pfalz eine Broschüre (Druck und Verlag bei Georg Kranzbühler, Speier 1895) erschienen, welche betitelt ist: **„Zuchtbezirk des Glan-Donnersberger Rindviehschlages“** und

I. **Satzungen** für den Zuchtbezirk des Glan-Donnersberger Rindviehschlages,

II. **Anweisung** der für die Preismärkte im Zuchtbezirk des Glan-Donnersberger Rindviehschlages ernannten Preisrichter,

III. **Anleitung** zur richtigen Beurtheilung der auf den Preis zuchtviehmärkten vorgeführten Thiere des Glan-Donners berger Rindviehschlages

enthält.

V.

Kurze Beschreibung

der einzelnen Rindviehschläge Bayerns.

Es ist eine feststehende Thatsache, daß die Viehzucht den wesentlichen Grundpfeiler des landwirthschaftlichen Betriebes bildet. Der Viehstand stellt nicht nur den werthvollsten, sondern auch den unentbehrlichsten Theil des landwirthschaftlichen Inventars dar. Und der wichtigste und rentabelste Zweig der gesammten Thierzucht ist wohl die Rindviehzucht, welche sowohl für den eigentlichen landwirthschaftlichen Betrieb als auch für die Volksernährung von der weittragendsten Bedeutung ist, daher den Wohlstand eines Landes am meisten zu begründen und fördern vermag, da solcher dazu bestimmt ist, in Bezug auf Fleisch- und Milchgewinnung, sowie auf Arbeitskraft und damit in Zusammenhang stehende Nebennutzungen Ertrag zu liefern. Das landwirthschaftliche Kapital erfährt also bei diesem Zweig der Thierzucht die mannigfaltigste Umsetzung und Ausnützung, so daß derselbe zu allen Zeiten und auch bei wirthschaftlich mißlicher Lage sich immer noch als der lohnendste erwiesen hat.

Bayern ist nun hauptsächlich ein Rindviehzucht treibendes Land. Die Viehzählung vom Jahre 1883 lieferte einen Stand von 3 037 098 Rindern, darunter 1 584 456 Kühe und 23 233 Zuchtstiere, welche mit einem auf 561 756 373 ℳ festzusetzenden Verkaufswerth angeschlagen werden können. Im Jahre 1892 betrug die Zahl 3 337 978 Stück, der Verkaufswerth des gesammten Rindviehstandes 665 519 702 ℳ, ist also in den 10 Jahren 1883—1892 um 103 763 329 ℳ gestiegen.

Die ungewöhnlich trockene Witterung des Jahres 1893 nun und der dadurch hervorgerufene Futtermangel hat einen bedeutenden Einfluß auf die Viehhaltung ausgeübt. Die aus Anlaß desselben in Bayern, wie in den anderen deutschen Bundesstaaten am 1. Dezember 1893 vorgenommene Viehzählung ergab eine Abnahme von 10,4 % = 348 025 Stück, welche indeß Dank der eingetretenen besseren Futter- und Ernteverhältnisse nunmehr ganz oder doch zum größten Theile wieder ersetzt sein dürfte.

Das Rind eignet sich sowohl zur Zucht des großen und größten Gutsbesitzers, wie des kleinen Mannes, des kleineren und mittleren Bauern, des Gewerbetreibenden, Taglöhners u. dgl., darauf ist seine starke Verbreitung in allen Ländern und Gauen basirt, die noch außerdem durch die Vielseitigkeit seiner Nutzungszwecke ihre Begründung findet. Im großen Ganzen ist denn auch die bayerische Rindviehzucht hauptsächlich in den Händen der kleineren und mittleren Besitzer, während die größeren Güter sich mehr mit dem Betriebe von Molkereien und mit Viehmästung als mit eigentlicher Zucht befassen.

Die Mannigfaltigkeit und Verschiedenheit der Formen und Eigenschaften der Natur spiegelt sich, wie im Thierleben überhaupt, so auch in der Rindviehzucht ab. Es gibt keine einheitliche Rinderrasse, sondern eine Unmasse von zum Theil vielleicht noch gar nicht völlig bekannten Rassen, Schlägen, Arten und Unterarten. Fast jedes Land, ja oft ganz engbegrenzte Territorien haben ihre besonderen, durch gewisse Merkmale und Eigenschaften ausgezeichneten, von anderen genau unterschiedenen Rinderrassen oder Rindertypen aufzuweisen. Klima, Boden, Futterverhältnisse, Gewohnheiten, Volkscharakter, Intelligenz u. A. spielen oftmals eine Rolle für die Züchtung der oder jener Viehrasse. Der Grundsatz „Eines schickt sich nicht für Alle" und der analoge „Alles schickt sich nicht für Einen" findet in dem Betrieb der Rindviehzucht und zwar ersterer in größerem, letzterer in geringerem Maßstabe, seine praktische Verwerthung. Demgemäß finden wir in den einzelnen Ländern und Landestheilen stets jene Viehschläge vor, welche den wirthschaftlichen und territorialen Verhältnissen entsprechen, und was die Hauptsache ist, durch ihr Zucht entsprechenden Nutzen und Ertrag gewähren. Diese Erscheinung tritt auch bei der Betrachtung der einzelnen Viehschläge Bayerns zu Tage.

Nach den Verhandlungen der Abgeordnetenkammer (Sten. Ber. N. 22 Bd. I S. 396) über das Körgesetz sind die in Bayern einheimischen Rindviehschläge erfahrungsgemäß den örtlichen Wirthschafts- und Futterverhältnissen entsprechend und haben sich in jeder Beziehung als geeignet und nutzbringend erwiesen; allein nicht überall würden dieselben mit der gleichen Sorgfalt zu einer möglichst hohen Entwicklung herangezüchtet. Das Bestreben, die fraglichen Landschläge durch Kreuzung und Einführung fremder Rassen zu verbessern, hat in einigen Gegenden sogar dahingeführt, die naturgemäße Forterhaltung und Verbesserung der vortrefflichen einheimischen Viehschläge auf dem Wege sorgfältiger In- und Aufzucht in den Hintergrund zu drängen.

Das Gesetz vom 5. April 1888 betreffend die Haltung und Körung der Zuchtstiere ist hauptsächlich dazu erlassen worden, um die eingebürgerten, so werthvollen bayerischen Viehschläge zu erhalten und weiter zu vervollkommnen, damit die bayerische Viehzucht gegenüber der Konkurrenz der Nachbarstaaten bestehen und allen wirthschaftlichen Anforderungen vollauf gerecht werden kann.

Nach den statistischen Ausweisen (XXXXVI. Heft der Beiträge zur Statistik des Königreichs Bayern, 1884) ist in Oberbayern und Niederbayern das Landvieh vorherrschend (60,4 bzw. 66,3 %), in der Pfalz das Simmenthalervieh (42,6 %), in der Oberpfalz das Fleckvieh (28,2 %), in Oberfranken das Scheckvieh (47,4 %), in Mittelfranken das Ansbach-Triesdorfer und Simmenthaler Kreuzung (61,1 %), in Unterfranken das Scheinfelder und einfarbige Landvieh (83,9 %), in Schwaben überwiegt das einfarbige Gebirgsvieh (53,5 %).

Man hat in Bayern folgende, hauptsächlich durch die Farbe unterschiedene Rindviehschläge zu verzeichnen:

I. Die graubraunen (Gebirgs-)Schläge.

Zu diesen gehören:

1. Der Algäuer Schlag,
2. das Nesselwanger Vieh,
3. das Dietmannsrieder Vieh,
4. das Murnau-Werdenfelser Vieh.

Diese sämmtlichen Schläge gehören ihrer naturgeschichtlichen Abstammung nach der Braunviehrasse (bos brachyceros) an.

Im Allgemeinen kann man den Typus dieser Schläge in Folgendem zusammenfassen:

Der Kopf ist kurz, Maul und Stirne breit, die kurzen, etwas nach aufwärts gebogenen Hörner stehen fast rechtwinklich vom Schädel ab, der gedrungene Hals hat eine starke Wanne, die Brust ist breit, der Leib rund und gedrungen, der Schweif ist sehr hoch angesetzt. Die Thiere sind meist überbaut, die kurzen Füße sind sehr stämmig, die Hautfarbe ist gleichmäßig dunkel, graubraun, auch hell- und dunkelbraun, das Flotzmaul schwarz oder grau, auch bleifarbig (so in der Hauptsache beim Algäuer, Nesselwanger und Dietmannsrieder Vieh) oder hellgelb und graugelb mit den sonstigen dunklen, schwarzen oder schwarzgrauen Abzeichen des Braunviehes (so beim Nesselwanger Vieh). Die Thiere sind mittelschwer bis sehr schwer, die Qualität und Quantität der Milch ist gut; in Mastfähigkeit und Zugtauglichkeit leisten sie jedoch nichts Hervorragendes mit Ausnahme des Murnau-Werdenfelser Schlages, der auch an Zugfähigkeit und Gängigkeit nichts zu wünschen übrig läßt.

Das Algäuer Vieh findet sich im Algäu d. i. dem Flußgebiete der Iller, das Nesselwanger in mehreren Bezirken an der oberen Wertach, bei Nesselwang und Umgebung, das Dietmannsrieder Vieh nördlich von Kempten an der Iller, bei Dietmannsried, Grönenbach, während das Murnau-Werdenfelser Vieh sich von dem ursprünglichen Züchtungsbezirk Garmisch in die Gegend von Schongau, Murnau, Weilheim, Landsberg bis an die Ufer des Starnberger Sees ausdehnt.

II. Die gelben Schläge.

1. Das einfarbig rothgelbe Frankenvieh,
2. das Scheinfelder Vieh,
3. das Ellinger Vieh,
4. der Donnersberger Schlag,
5. der Glan-Schlag.

Die gelben Viehschläge sind mit den graubraunen verwandt.

1. Hinsichtlich der Beurtheilung des einfarbig rothgelben Frankenviehes sind von der Regierung von Unterfranken auf das Gutachten des landw. Kreiskomitees hin zur Beachtung für die Körausschüsse folgende Vorschriften erlassen worden:

„Im Regierungsbezirke Unterfranken sind zwei Rindviehschläge vorhanden. Im westlichsten Theile des Kreises bis zur Mainlinie Wertheim-Gemünden und von da längs der Sinn bis zur Landgrenze bei Jossa ist das dort früher vorhanden gewesene deutsche Landvieh — hier auch Spessartvieh genannt — seit Jahren mit einfarbigen und gefleckten simmenthaler Bullen gekreuzt und dadurch theilweise ganz in die durch die örtlichen Verhältnisse etwas modificirte simmenthaler Rasse aufgegangen. Westlich der erwähnten Linie Wertheim-Gemünden-Jossa wird das rothgelbe einfarbige Frankenvieh gezogen. Es wären daher im Gebiete des gefleckten Rindviehschlages für die Folge lediglich Bullen simmenthaler Abstammung, sei es von rothweiß-gefleckter, sei es von rothgelber Farbe, dagegen im Gebiete des rothgelben Frankenviehes nur einfarbig gelbe Frankenbullen zu verwenden.

Im Sinne des § 8 Abs. 2 der kgl. allerh. Verordn. vom 16. Juni 1888 zum Körgesetze vom 5. April 1888, dann im Interesse unseres Handels wären demnach Bullen, welche die Zeichen anderer, den vorgenannten Rindviehschlägen nicht verwandter Rassen oder Rassen-Mischungen zeigen, von der Verwendung zur Deckung fremder Kühe auszuschließen.

Zu diesen Rassen gehört in erster Reihe das graue oder braunschwarze oder schwarze einfarbige Gebirgsvieh, welches unter dem Namen Algäuer-, Schwyzer-, Montafuner-Vieh bekannt ist, weil auch eine ganz geringfügige Verwendung desselben die Rassenmerkmale des Franken- und des simmenthaler Viehes auf lange Jahre hinaus in erheblicher Weise trübt und damit auch den Verkauf solcher Zuchtthiere beeinträchtigt. Es ist deshalb ganz im Sinne der allegirten Gesetzesbestimmung an die Rasse der in Unterfranken für fremde Kühe zu verwendenden Zuchtthiere bei der Körung die Anforderung zu stellen, daß sie die Merkmale algäuer Bluteinmischung, wie schwarzen oder gefleckten Nasenspiegel, dunklen Kopf, rußiges Gesicht, dunkle Färbung der inneren Fläche der Ohrmuscheln 2c. nicht erkennen lassen.

Hinsichtlich der Anforderungen, welche an die Körperbeschaffenheit der Zuchtstiere zu stellen sind, haben die Körausschüsse in erster Linie auf Schnellwüchsigkeit, in zweiter Linie auf gute Fußstellung und guten Gang ihr Augenmerk zu richten, weil gerade diese Eigenschaften den Ruf der unterfränkischen Züchtungen begründen und einen großen Absatz gewährleisten."

Das rothgelbe Frankenvieh jetziger Züchtung stellt eine durch Blutauffrischung mit Simmenthalern verbesserte Züchtung des altfränkischen rothen Originalrinderstammes dar, dessen Wiege in der Rhön und im Spessart zu suchen ist.

Die Verbesserung geht dahin, der wenigwüchsigen, durch den Mangel einer strafferen centralen Leitung in verschiedene Schläge zerfallenen Landrasse, die ursprünglich vorhanden gewesene, für die Dienstleistung im Mittelgebirge passenden Körperform zurückzugeben und derselben, unter Erhaltung ihrer als Fabrikmarke anzusehenden Einfarbigkeit, eine größere und damit lohnenderen Kapitalumsatz verbürgende Wüchsigkeit zu verleihen.

Die vollendeten Körperformen, besonders die Muskelfülle des Simmenthalers, sind am ehesten dazu geeignet, einen Ausgleich in den durch die zu weit getriebene Inzucht des Frankenviehes herbeizuführen.

Diese seit dem Jahre 1872 systematisch betriebene Züchtungsart soll, wie bereits erwähnt wurde, eine Regenerirung und Hebung des Viehschlages, also nicht etwa die Ausmerzung der bisherigen Rasse, im Gegentheile einen besseren Ertrag aus derselben anstreben. In Folge dessen wird in jenen Bezirken, in welchen dieses Ziel erreicht ist, die Kreuzung mehr und mehr aufgegeben und der frühere Weg der Inzucht wieder beschritten.

Eine besonders nachhaltige und den Erfolg der Zuchtrichtung eher bekräftigende Basis erhielt die Zucht des rothgelben Frankenviehes durch die mit derselben ins Leben getretenen Gründung von Musterzuchtstationen und Zuchtgenossenschaften. Es bestehen zur Zeit an 16 solcher züchterischer Vereinigungen, unter welchen besonders die Musterzuchtstationen Prosselsheim, Salz, Üttingen, Ebertshausen, sowie die Musterzuchtstation des Rittergutsbesitzers Prieger in Gereuth zu außerordentlicher Leistungsfähigkeit gelangt sind. (Vgl. die Unterfränkische Landwirthschaft 1868—1893, Würzburg, Verlag von H. Stürtz S. 53 u. f.)

2. Das Scheinfelder Vieh, welches auch Heilbronner, Langheimer, Schweinfurter und Frankenvieh genannt wird, gehört eigentlich dem letztgenannten an und stellt einen verbesserten Typus desselben insoferne vor, als die Reinheit desselben eher erhalten worden ist, als bei dem rothgelben Frankenvieh, das durch die fortgesetzte Kreuzung mit Simmenthalern den Charakter der Mittelgebirgsform zum großen Theile verloren hat. Aus diesem Grund legt man in den Züchtungsbezirken auf die Bezeichnung „Scheinfelder" zum Unterschied von dem rothgelben Frankenrind einen besonderen Werth.

Das Scheinfelder Vieh zeichnet sich hauptsächlich durch seine hervorragende Arbeitsleistung, welche dasselbe weit über die heimathlichen Grenzen hinaus beliebt macht, aus, aber auch die Milchergiebigkeit ist bei demselben eine sehr hohe und das

Scheinfelder Rind in gleicher Weise ein gesuchter Artikel für den Metzger.

Gezüchtet wird dieses Vieh hauptsächlich in Mittelfranken in der Gegend von Scheinfeld und den angrenzenden Verwaltungsbezirken, aber auch in Oberfranken in der Gegend von Bamberg, Forchheim rc. und geht dann in Unterfranken in die vielfach als gleichartig erachtetete rothgelbe Frankenrasse über. Für das Scheinfelder Vieh bestehen in Mittelfranken zu Bibart-Scheinfeld, Uffenheim und Windsheim Stammzuchtvereine; erstere haben ausschließlich die Zucht des Scheinfelder Schlages im Auge unter Verzeichnung der Zuchtthiere in einem eigenen Heerdebuch, während der Stammzuchtverein für den Distrikt Windsheim zum größeren Theile für das Scheinfelder, zum kleineren aber für das dort gleichfalls einheimische Ansbach-Triesdorfer Vieh gegründet ist.

Den Statuten des Stammzuchtvereins Bibart-Scheinfeld ist eine Geschichte der Scheinfelder Viehrasse als Vorwort beigegeben. In derselben wird der Behauptung entgegengetreten, daß dieselbe eine Kultur-Rasse, die erst in den letzten 30 Jahren entstanden, sei. Dieselbe wird widerlegt durch Verhandlungen (Vernehmungen hochbetagter Männer des Amtsbezirkes Scheinfeld), welche auf amtlichem Wege und unter Mitwirkung der kgl. Bezirksämter Scheinfeld und Neustadt a. A. gepflogen wurden. Die hierüber geführten Protokolle sind beim kgl. Bezirksamte Scheinfeld registrirt.

Aus diesen Vernehmungen zum ewigen Gedächtnisse geht nun hervor, daß zwischen 1794 und 1797 auf das Freiherrl. von Künsberg'sche Rittergut Obersteinbach ein Pächter mit Namen Michael Großenberger aus Baden kam, der in den 30er Jahren einem der Alterszeugen erzählte, er habe bei seiner Ankunft in Obersteinbach sehr schlechtes Vieh auf dem Pachthofe angetroffen, sei daher in seine Heimath in die Gegend von Karlsruhe gereist, wo er früher auf einer markgräflich badischen Domäne Pächter war, um Zuchtvieh der sogenannten Heilbronner Rasse zu kaufen. Einen Bullen, mehrere Kühe und Kalbinnen habe er angekauft und nach Obersteinbach gebracht.

Alterszeuge bestätigt, daß dieses eingeführte Vieh allmählig sich über die ganze Gegend verbreitet hat, wie er seit seiner Anstellung (1838) als Gutsverwalter in Obersteinbach sehr gut beobachten konnte.

Die Zeit der Einführung des Heilbronner Viehes in den Amtsbezirk Scheinfeld wäre demnach festgestellt und hat, wie der Alterszeuge bestätigt, dasselbe nach größerer Verbreitung den Namen Scheinfelder Vieh angenommen, weil es hauptsächlich auf dem Scheinfelder Viehmarkte gehandelt wurde.

Die Verbreitung mag zu Ende des vorigen und Anfangs dieses Jahrhunderts ziemlich langsam stattgefunden haben; die geringe Zahl der eingeführten Rinder läßt dieses einerseits voraussetzen, anderseits waren die damaligen Kriegszeiten wohl auch Ursache, daß in der ersten Zeit eine größere Einfuhr Heilbronner Viehes nicht stattgefunden hat.

Es sind jedoch Beweise vorhanden, daß gleich in den ersten Jahren dieses Jahrhunders die intelligenteren Viehzüchter der Umgebung sich für besseres Vieh interessirt haben.

Eine zweite Einfuhr von Heilbronner Vieh zu Anfang des Jahrhunderts hat nach dem Orte Possenheim stattgefunden.

Der Bezug von Heilbronner Vieh, namentlich Zuchtstiere, wurde von einigen Gemeinden mit größeren Unterbrechungen bis Anfangs der sechziger Jahre fortgesetzt, hörte jedoch auf, nachdem in der Heilbronner Gegend die Kreuzung mit Simmenthaler immer mehr überhand nahm und das ächte Heilbronner Vieh immer mehr verschwand. Schon Ende der vierziger Jahre, sagte ein Alterszeuge aus, seien die Kreuzungsprodukte zwischen der Simmenthaler und Heilbronner Rasse in der Gegend von Heilbronn sehr stark verbreitet gewesen.

Der erste Export von Scheinfelder Vieh nach anderen Bezirken und Ländern hat nachweislich zu Anfang der vierziger Jahre stattgefunden, und zwar kam zuerst eine Kuh nach Gersfeld i/Rhön. Von dort an erweiterte sich der Verbreitungsbezirk immer mehr, so daß der Export in das Ausland Ende der fünfziger und Anfangs der sechziger Jahre die Aufmerksamkeit der kgl. Staatsregierung und des landwirthschaftlichen Vereins erregte.

Auf eine Zuschrift des General-Komitees des landw. Vereins an sämmtliche Kreis-Komitees vom 10. Juli 1859 berichtete der damalige Obertaxator und Verwalter Martin von Obersteinbach (nach vorliegendem eigenhändigen Concepte): „Die in früheren Jahren allgemein eingeführte Landrasse rothbraun mit weißer Blässe ist durch das Heilbronner Vieh allmählig ganz verdrängt. Diese Heilbronner Rasse bedarf einer Kreuzung mit andern Rassen nicht, da es als Melk- und Schlachtvieh gleich vorzüglich ist.“

Der Vorstandschaft des Stammzucht-Vereins Bibart-Scheinfeld stehen verschiedene Aktenstücke zu Gebote, durch welche der Nachweis geliefert wird, daß die im Vorstehenden dargestellte Entstehung der Scheinfelder Rasse auf das vorige Jahrhundert zurückzuführen ist und daß schon vor mehr als 30 Jahren Export von solchem Vieh nach anderen Bezirken und Ländern stattgefunden hat. Als feststehend ist zu erachten, daß das Scheinfelder Vieh eingeführtes Heilbronner Vieh ist, welches theils rein fortgezüchtet wurde, theils durch Kreuzung dem einheimischen Vieh die konstanten Formen gegeben hat, die es dermalen besitzt.

3. Der Ellinger Schlag ist eine Kreuzung von gelbem Frankenvieh mit graubraunem Gebirgsvieh (Algäuern und Schwyzern). Die Körperfarbe ist hellgelb, das Flotzmaul schwarzgrau und die übrigen Farben-Nüancirungen ganz ähnlich denen der Allgäuer.

Die Ellinger gehören dem Mittelschlage an, der Milchertrag ist ein sehr hoher und die Zugleistung eine gute. Gezüchtet wird dieses Vieh hauptsächlich in der Gegend von Ellingen, in den Bezirken Gunzenhausen und Weissenburg.

Für diesen sehr gesuchten Viehschlag besteht im Distrikte Ellingen ein Stammzuchtverein. Nach dem Stande vom

1. Oktober 1895 gehören demselben 30 Gemeinden an, von welchen 10 Herdebücher besitzen.

4. Der Donnersberger und 5. der Glanschlag stellen einfarbig-gelbe Viehschläge von verschiedenen Nüancen dar, mit grober Haut und grobem Knochenbau; dieselben finden sich in der Rheinpfalz und zwar der Erstere in den Bezirksämtern Kirchheimbolanden und Kaiserslautern, wo der Schlag seit undenklichen Zeiten eingebürgert und rein gezüchtet wird, und der Letztere im Glanthale und dessen nächster Umgebung, über das ganze Westreich bis östlich an das Hardtgebirge verbreitet, vor.

Das Glanvieh unterscheidet sich durch Feinheit, einen leichteren Knochenbau und geringere Schwere von dem Donnersberger, die Farbe theilt es mit ihm.

Beide Schläge repräsentiren die Erfolge einer geordneten Reinzucht und zeichnen sich durch hohe Erträge der an die Viehzucht zu stellenden Anforderungen aus, weshalb dieselben auch von jeher sehr im Ausland gesucht waren.

Milchertrag ist gut, beim Glanvieh geradezu vorzüglich, Mastfähigkeit bei dem Donnersberger Schlag höher als bei dem Glanvieh, als Gangvieh können beide Schläge mit dem Franken- und Scheinfelder Schlage vollauf concurriren.

Die Verwaltungsbezirke Homburg, Kaiserslautern, Kirchheimbolanden, Kusel und Pirmasens bilden vom Jahre 1895 an einen einheitlichen Zuchtbezirk für den Glan-Donnersberger Rindviehschlag. Vgl. S. 213.

III. Rothes Vieh.

Der Voigtländer Schlag, auch Sechsämtervieh, Weidauer-Egerländervieh genannt, ist der einzige Repräsentant in Bayern und findet sich im Fichtelgebirge, in den sechs alten Aemtern Wunsiedel, Selb, Thierstein, Kirchenlamitz, Weißenstadt und Hohenberg, dann im nördlichen Theile der Oberpfalz in den Bezirksämtern Tirschenreuth, Neustadt a/W.N. und Vohenstrauß, auch vereinzelt in einigen diesen letzteren angrenzenden Bezirken vor. Dasselbe ist jedenfalls auf die Einführung von rothem Schweizervieh (Zillerthaler) zurückzuführen. Die Körperfarbe der Voigtländer ist dunkelkastanienbraun bis kirschroth, ohne Abzeichen, der Körperbau ist ebenmäßig, die Rumpfform sehr breit und tief und abgerundet.

Der Milchertrag ist nicht sehr bedeutend, hingegen die Mastfähigkeit und Zugleistung vorzüglich.

Man kann die Voigtländer, trotzdem jedenfalls lange Zeit keine Bluteinmischung mehr stattgefunden hat, dem Alpenvieh in gewissem Sinne beizählen.

Als Stammzuchtbezirk für das rothbraune Oberpfälzer (Voigtländer) Vieh im Regierungsbezirke Oberpfalz und von Regensburg sind die Sprengel der landwirthschaftlichen Bezirksvereine Erbendorf, Tirschenreuth-Waldsassen, Vohenstrauß, Weiden, Neustadt a. d. W.N. bestimmt und bildet der ganze Stammzuchtbezirk auf den einzelnen Bezirksthierschauen den Konkurrenzbezirk.

IV. Bunte fleckige Schläge.

1. Das Miesbacher Vieh,
2. der Pinzgauer und Pongauer Schlag,
3. die Bayreuther Schecken,
4. der Ansbach-Triesdorfer Schlag,
5. das Rieser Vieh,
6. das Kelheimer Vieh.

1. Das Miesbacher Vieh wird vornehmlich in den Bezirken Miesbach und Tölz gezüchtet. Das alte Miesbacher Rind trug die allgemeinen Charaktereigenschaften des Nordtiroler Schlages; dasselbe wurde ursprünglich aus dem benachbarten Tirol (den Märkten von Reith, Zell, Wörgel, Imbach) eingeführt. Das Miesbacher Rind war vor etwa 50 Jahren mehr einfarbig rothbraun oder semmelfarbig, den Zillerthalern Tirols zunächst entsprungen, theilte es mit diesen Kurzstämmigkeit, harte und leichte Mastfähigkeit.

In neuerer Zeit wird der ursprüngliche Miesbacher Viehschlag, ausgezeichnet neben seiner gesuchten Fleischergiebigkeit auch durch ebenso lohnenden Milchertrag, durch Einfuhr von

Simmenthaler Bullen und Kühen fortgesetzt gekreuzt. Die Thiere dieses vortrefflichen Schlages sind jetzt in der Regel roth mit weißem Streifen auf dem Kreuze, dem Euter, Mittelfleisch und zwar mehr von weißen Abzeichen gegen Rosenheim und und Reichenhall zu, mehr braun gegen Tölz und Miesbach.

Es treten hier je nach dem Grade der betriebenen Kreuzung verschiedene Farben-Nüancirungen zu Tage, so daß bald die helle bald auch die dunkle Farbe überwiegt. Das Miesbach-Simmenthaler Vieh neuerer Züchtung ist vorherrschend weiß, mit gelben oder rothen Flecken, der Körper sehr schön und kräftig entwickelt, Rücken eben, Brust tief, Rippen gut gewölbt, Kreuz sehr breit, Schenkel voll, Füße gut gestellt, Knochen und Haut etwas schwer, Hörner gelb und schön gestellt.

Es werden unter den Miesbacher oft noch schwerere Thiere als im Simmenthal angetroffen und der Milchertrag kann im Durchschnitte auf 15—1800 Liter pro Jahr mit einer Butterausbeute von einem Pfunde von 12 bis 13 Liter Milch angenommen werden.

2. Der Pinzgauer- oder Pongauer Schlag ist mit dem Miesbacher nahe verwandt, repräsentirt jedoch, was Knochenbau anlangt, einen größeren Schlag als der ursprüngliche Miesbacher. Die Heimath des Pinzgauer Viehes ist in der Hauptsache das österreichische Kronland Salzburg, das östliche bayerische Alpenland, die Bezirksämter Berchtesgaden, Traunstein und Laufen. Man unterscheidet einen großen und einen kleinen Pinzgauer Schlag; der Letztere wird gewöhnlich als Pongauer bezeichnet. Die beiden Schläge unterscheiden sich hauptsächlich durch die Größe; außerdem aber hat der Pongauer Schlag eine gedrungenere Körperform als der große Pinzgauer. Die Grundfarbe der Pinzgauer ist rothbraun, Kopf, Hals, Seitentheile und Extremitäten sind braun, Rücken und Schweif weiß, an den Hinterfüßen gewöhnlich ein weißer Querstreif (Fatschen), das Flotzmaul ist hell, öfters kommt auch ein schwarzer Ring um das Maul vor. Die Hörner sind fein und sanft seit- und aufwärts gekrümmt, die Augen licht eingefaßt (Brillen). Hals stark, Triel sehr ausgeprägt. Die Brust

ist weit, Füße kurz und gut gestellt, Schenkel gut mit Fleisch belegt. Die Haut ist häufig hart und das Haar grob.

Die Milchergiebigkeit ist verschieden, Mastfähigkeit gut und die Zugleistung, sowie die Widerstandsfähigkeit gegen die Unbilden der Witterung und des Klimas geradezu vorzüglich.

3. Die Bayreuther Schecken jetziger Züchtung sind in der Hauptsache aus einer Kreuzung des oberfränkischen Landviehes mit Original-Simmenthalern hervorgegangen. Dieselben finden sich in dem weitüberwiegenden Theile des Regierungsbezirkes Oberfranken vor, namentlich in den Verwaltungsbezirken Hof, Rehau, Naila, Münchberg, Teuschnitz, Kronach, Stadtsteinach, Kulmbach, Bayreuth, Ebermannstadt, Pegnitz, weniger in dem von Forchheim und den angrenzenden oberpfälzischen Bezirken. Die Einführung der Simmenthaler-Zucht ist besonders dem Herzog Alexander von Württemberg, welcher in der Nähe von Bayreuth eine solche Kreuzung auf seinem Gute Geigenreuth erstmals im Jahre 1842 inscenirte, zu danken. Im Laufe der Zeit fand dieselbe bei den größeren Oekonomen des oberfränkischen Regierungsbezirkes immer mehr Anklang, auch das landw. Kreiskomitee begünstigte solche durch ansehnliche Zuschüsse für Beischaffung von Original-Simmenthalerbullen. Manche Viehzüchter suchten insbesondere durch Einführung von Miesbach-Simmenthaler-Vieh die einheimischen Bestände zu verbessern, welche Zucht sich gleichfalls zum Vortheile erwiesen hat.

Der große Ruf, den die Bayreuther Schecken im Laufe der Zeit erlangt haben, ist also in der Hauptsache auf den Einfluß des Simmenthaler Blutes basirt. Das Gangvieh wird von den norddeutschen Händlern wegen seiner Ausdauer und guten Verwerthung zur Mast sehr gesucht.

4. Der Ansbach-Triesdorfer Schlag breitet sich über den größten Theil des Regierungsbezirkes von Mittelfranken aus und findet sich vornehmlich in den Bezirken Ansbach, Schwabach, Nürnberg, Hersbruck, Fürth, Erlangen, Rothenburg, Feuchtwangen, Dinkelsbühl und Gunzenhausen.

Die Begründung dieser Zucht wird auf die Jahre 1736 bis 1760 zurückgeführt und zwar auf eine Kreuzung rothscheckiger Ostfriesen mit Berner Vieh, welche zuerst auf der markgräflich ansbachischen Domäne Triesdorf betrieben wurde. Es wurden sowohl Berner Kühe mit ostfriesischen Stieren, wie auch ostfriesische Kühe mit Berner Stieren gekreuzt.

In neuerer Zeit machte sich auch bei diesem Viehschlage immer mehr die Verwendung von Simmenthaler Blut bemerkbar, so daß dieser Schlag allmählich mehr den Gebiegscharakter angenommen und das Berner Blut gegenüber der Friesenrasse in der Oberhand geblieben ist. Wie es scheint, wurden aber die Hochlandsformen nicht so allgemein beliebt, wie angenommen werden sollte, es wurde allmählich in neuester Zeit auf manchen mittelfränkischen Gütern und besonders in Triesdorf der Schlag seiner ursprünglichen Züchtung zuzuführen gesucht; insbesondere geschieht dies durch Verwendung von Marsch- und Niederungsvieh und hat sich in dieser Hinsicht die Verwendung von Breitenburger Kühen, welche einem der vorzüglichsten Marschschläge angehören und in Triesdorf mit einheimischen Bullen gekreuzt wurden, vorzüglich bewährt.

Die Ansbach-Triesdorfer der gewöhnlichen Rasse, im Gegensatze zu der veredelten, gehören dem mittelgroßen und schweren Schlage an, die Farbe ist rothbraun oder gelbbunt, häufig getiegert und gesprenkelt. Das Vieh ist besonders als Arbeitsvieh sehr gesucht, daher auch diese Zuchtrichtung besonders ausgenützt wird; aber auch als Milchvieh genießt dieser Schlag einen guten Ruf. So werden die Kühe wegen ihrer großen Milchergiebigkeit und Mastfähigkeit in neuerer Zeit mit Vorliebe in den Abmelkwirthschaften, namentlich in und bei München, mit Vorliebe eingestellt.

5. Das Rieser Vieh kann als eine Unterart des vorigen angesehen werden. Es wird vorzugsweise in dem fruchtbaren Gebiete des schwäbischen Ries bei Oettingen und Nördlingen gezüchtet, ist anzusehen als eine Kreuzung des alten rothen Landviehes im Ries, das dem Donauschlag angehörte, mit Ansbach-Triesdorfer, in neuerer Zeit aber mehr mit Sim-

menthaler Bullen. Die Farbe ist weiß mit rothgelben, rothen oder gelben Flecken oder getiegert. Das Vieh ist in Bezug auf Zug und Mast gleich vorzüglich, im Milchertrag jedoch weniger ergiebig.

6. Das Kelheimer Vieh findet sich im Bezirke Kelheim und den benachbarten oberpfälzischen und mittelfränkischen Verwaltungsbezirken vor, also namentlich in den Bezirken von Parsberg, Burglengenfeld, Neumarkt, Beilngries, Hilpoltstein, Eichstätt, Weißenburg a/S. und in mehreren angrenzenden Distrikten.

Der Kelheimer Schlag soll einer der ältesten deutschen Rinderschläge sein und bildet derselbe das eigentliche Gebirgsvieh Mittel-Deutschlands, das in den Resten seiner alten Hercynien, im Odenwald, Spessart, der Röhn und dem Thüringer Wald den Grundtypus liefert.

Die Farbe ist braunroth mit weißer Kopfblässe — daher auch Kelheimer- oder Rothblässen genannt —, außerdem werden auch weiße Unterbrust, weiße Schwanzquaste, weiße Abzeichen an den Extremitäten oder auch schwarze braune Unterfüße angetroffen; die Lippen sind immer dunkelbraun. Die dunkleren Thiere, welche auf eine Einführung von schwarzem oder grauem Gebirgsvieh schließen lassen, sind in der Regel schwerer und besser gebaut. Man rühmt dem Kelheimer Vieh Genügsamkeit nach; dasselbe wächst langsam, daher für die Mast weniger geeignet, liefert aber ein vorzügliches Fleisch.

Außer diesen Hauptschlägen wären in Bayern noch eine Reihe sogenannter **Nebenschläge** zu verzeichnen, welche oft in mehr oder weniger scharf abgegrenzten Farben- und Formennüancirungen nach der territorialen Lage in einen der genannten Rinderschläge übergehen.

Das alte bayerische Landvieh ist meistens schmal im Körper, flach- oder hohlrippig, scharf im Widerrist, abfallend im Kreuz und hoch- oder säbelbeinig, die Beine sind meist nicht kräftig, oft kuhhässig, die Milchzeichen unbedeutend; die Nutzungseigenschaften sind mittelmäßig oder gering, die Farbe ist roth oder weiß, auch roth-bunt, es finden sich weiße, braune, zuweilen auch schwarze Abzeichen. Das Vieh ist vielfach gekreuzt und je nach der Einführung des verbessernden Blutes, der Haltung und Fütterung verschieden im Körperbau und im Nutzen. Dieses Vieh erstreckt sich vom nördlichen Abhang der Alpen bzw. von den Ausläufern bis nach Niederbayern. Im südlichen Theile von Oberbayern findet sich dieses Vieh bei noch guten Futterverhältnissen und stark beeinflußt vom Pinzgauer und Pongauer Blute, sowie im westlichen Theile, in ziemlich schwerer Form.

Der Donau entlang über Straubing und Deggendorf zieht sich ein sog. Landschlag, der roth wie die Kelheimer, aber meist ohne Blässe ist und meist als Donauvieh bezeichnet wird. Nordöstlich von dort, zwischen Donau und Regen, bis zum Böhmer Walde findet sich das Waldlervieh. Im Nordwesten des bayerischen Waldes bei Cham und Roding das gelbe, feinknochige, milchreiche Chamauervieh, das dem Scheinfelder ähnelt und auch vielfach mit Scheinfelder Zuchtstieren gekreuzt wird.

Südöstlich vom bayerischen Walde, bei Passau, Wegscheid ꝛc. findet man Gelbschecken, Fahlschecken oder ganz fahles, auch ganz gelbes Vieh, welches unter dem Namen „Bisthumervieh" bekannt ist. Im Gebiete des ehemaligen Fürstbisthums Passau, dann in den angrenzenden böhmischen Grenzdistrikten findet sich ein durch seine Gleichförmigkeit ausgezeichneter Viehschlag, der unter dem Namen Kampeten oder Kampeln, auch Rückeln bekannt ist und sich sehr konstant erhält.

In dem östlichen Theil der Oberpfalz, in der Gegend von Furth, Waldmünchen trifft man ein recht gut entwickeltes Scheckvieh, welches unter dem Namen „Vollmauervieh" bekannt ist, an.

Im Itzgrunde (auch dem Baunachgrunde), namentlich in den nördlicheren vom Main mehr entfernten Theilen ist das alte, gelbe Langheimer Vieh noch theilweise vorhanden und bis Koburg hin als Itzgründer Schlag bekannt.

Der Rhönschlag ist wie der Spessartschlag als ein Abkömmling der alten braunen deutschen Rasse zu betrachten. Ersterer charakterisirt sich durch eine kaum mittlere Größe, durch einen mehr gedrungenen als gestreckten Körperbau, durch aufwärts gekrümmte stark entwickelte Hörner, rothe Farbe.

Aehnlich ist das Spessartvieh, nur ist solches noch kleiner im Bau und sind hier mehr weiße Abzeichen, namentlich Kopf- und Rückenblässe vorherrschend. Letztere sind auf Einwirkung Simmenthaler Blutes zurückzuführen; allein bei der kümmerlichen Haltung und Pflege konnte sich dieser Viehschlag niemals in dem Maaße entwickeln, als es die Einfuhr solchen Blutes hätte erwarten lassen sollen. Die Thiere wachsen langsam, sind jedoch sehr ausdauernd im Zuge, Milch- und Mastnutzung mittelmäßig, das Fleisch aber fein und schmackhaft. Durch die rationelle Kreuzung mit guten Simmenthalern oder einfarbig rothgelben Frankenstieren hat sich der Viehschlag des Spessarts und der Rhön ganz bedeutend vervollkommnet und kann derselben in der Hauptsache der rothgelben Frankenrasse, zu welcher derselbe ohnedies gehört, als vollkommen ebenbürtig angeschlossen werden.

Der Vogelsberger Schlag findet sich nur vereinzelt in Unterfranken, in manchen Gemeinden des Spessarts und den gegen Kurhessen angrenzenden Distrikten vor.

In den Amtsbezirken Memmingen, Mindelheim, Illertissen, Neu-Ulm, Augsburg, Krumbach, Zusmarshausen und Wertingen ist das schwäbische Landvieh verbreitet. Dasselbe gehört dem Mittelschlage an, hat feine Knochen und eine verschiedene Färbung, es gibt weiße, gelbe, rothe, braune und fahle Farben, Mischungen und Schecken aus diesen 2c., doch waltet im Ganzen die rothe Färbung vor.

Das Donauvieh des schwäbischen Regierungsbezirkes schließt sich dem von Ober- und Niederbayern als verwandt an.

Eingehenderes über die bayerischen Rinderrassen wäre noch zu erfahren in dem Werke „Die Landwirthschaft in Bayern, Denkschrift, nach amtlichen Quellen bearbeitet, München, Verlag v. R. Oldenbourg 1890", welchem zum Theile auch vorstehende Mittheilungen entnommen sind und welches jeder Bibliothek der landw. Bezirksvereine einverleibt sein wird, sowie in dem bei P. Parey in Berlin erschienenen Buche „Die Rinderhaltung von Professor Steuert in Weihenstephan mit 24 farbigen Rassebildern ꝛc."

Es verdient noch erwähnt zu werden, daß seit dem 1. Juli 1894 in Bayern ein eigener Landesinspektor für Thierzucht aufgestellt worden ist. Vgl. K.-A.-B. vom 21. Juni 1894, Gesetz- u. Verordn.-Bl. S. 317. Nach dessen Dienstesinstruktion (vgl. dieselbe S. 539 u. ff. in der Zeitschrift des landw. Vereins in Bayern 1894) obliegt demselben u. A. die Entwicklung und Vervollkommnung der Thierzucht in Bayern zunächst durch Wanderlehrthätigkeit zu fördern und in enger Fühlung mit den Organen des landw. Vereines und den Landwirthen darauf hinzuwirken, daß der in dem Viehstande des Landes ruhende Kapitalwerth durch fortschreitende Verbesserung der Züchtung und Haltung möglichst gehoben wird.

Außerdem ist bis jetzt im Regierungsbezirk Oberbayern und in dem von Schwaben und Neuburg je ein eigener Viehzucht-Inspektor für einen bestimmten Wirkungskreis aufgestellt, deren Aufgabe es gleichfalls ist, mit allen Kräften für die Hebung und Förderung der Viehzucht nach Maßgabe ihrer Dienstes-Instruktion für den zugewiesenen Bezirk thätig zu sein. Die Aufstellung weiterer Zuchtinspektoren für die Regierungsbezirke Ober- und Niederbayern, sowie im Gebiete des rothgelben Frankenviehes ist in Aussicht genommen.

Endlich weist das bayerische Budget erhebliche Positionen für die Förderung des landw. Wanderunterrichts, namentlich auf dem Gebiete der Thierzucht, für die einzelnen Regierungsbezirke auf, welche gleichfalls in der Hauptsache der Förderung und Hebung der Rindviehzucht zu Gute kommen.

VI.

Maßregeln gegen die Tuberkulose (Perlsucht) des Rindes.

Min.-Amtsblatt Nr. 8 vom 23. Februar 1895.

Nr. 22651.

An die k. Regierungen, Kammern des Innern, die Distriktsverwaltungs- und Gemeindebehörden, dann an die amtlichen Thierärzte.

Kgl. Staatsministerium des Innern.

In landwirthschaftlichen Kreisen sind seit geraumer Zeit erhebliche Klagen über die großen Schädigungen laut geworden, welche durch die unter den Rindviehbeständen weit verbreitete Tuberkulose (Perlsucht) verursacht werden.

Durch diese Krankheit wird nicht nur die Entwicklung und der Erfolg der Viehzucht, sondern auch das Erträgniß der Viehhaltung ganz bedeutend beeinträchtigt; außerdem entstehen auch häufig bei Verkäufen in Folge der Gewährleistung für die Perlsucht Verluste und Unannehmlichkeiten für den Thiereigenthümer.

Einer erfolgreichen Bekämpfung dieser Thierkrankheit standen bisher große Schwierigkeiten entgegen, da die Tuberkulose (Perlsucht) im Anfangsstadium nicht zu erkennen ist, dieselbe langwierig und schleichend verläuft und vielfach auch von kranken Thieren auf gesunde übertragen bezw. vererbt wird. Selbst durch die Darreichung ungekochter Milch tuberkulöser Thiere werden Kälber, sogar Schweine, nicht selten angesteckt. Selbst in den vorgerückteren Stadien zeigt die Tuberkulose vielfach keine charakteristischen Erscheinungen, welche mit voller Sicherheit auf das Vorhandensein der Krankheit schließen lassen.

Die Schwierigkeit in der Erkennung der Tuberkulose führt aber dazu, daß kranke Thiere meistens unbeanstandet in den Zucht- und Nutzviehstallungen belassen werden und hiedurch die Ansteckung gesunder Thiere erfolgt.

Auch in Verdachtsfällen wird beim Mangel an sicheren Anhaltspunkten öfters nicht mit der entsprechenden Vorsicht verfahren.

In neuester Zeit haben nun wissenschaftliche Forschungen in Verbindung mit zahlreichen praktischen Versuchen beachtenswerthe Ergebnisse geliefert, welche von den Viehbesitzern behufs Erkennung und Bekämpfung der Tuberkulose (Perlsucht) verwerthet werden können.

Bei einer Reihe von in den letzten Jahren vorgenommenen Impfversuchen hat sich herausgestellt, daß die Tuberkulinprobe zur Erlangung der wünschenswerthen Anhaltspunkte bezüglich des Vorhandenseins der Tuberkulose (Perlsucht) bei Rindern dient.

Einer allgemeineren Anwendung des Tuberkulins stand bisher hauptsächlich der hohe Preis und die Umständlichkeit des Bezugs entgegen.

Um diesen Schwierigkeiten zu begegnen und den Landwirthen in der Fürsorge für Erhaltung und Verbesserung ihrer Rindviehbestände förderlich an die Hand zu gehen, hat das k. Staatsministerium des Innern im Einverständnisse mit dem k. Staatsministerium des Innern für Kirchen- und Schulangelegenheiten die Einrichtung getroffen, daß von nun an zur Impfung von Thieren das Tuberkulin seitens der Thierärzte von der Seuchenversuchstation der k. thierärztlichen Hochschule in München (Vorstand k. ordentlicher

Professor Kitt) um den Selbstkostenpreis, der sich vorerst auf circa 35 Pfennig per Portion (ausschließlich Porto) stellen wird, sohin in thunlichst billiger Weise bezogen werden kann.

Indem Sorge zu tragen ist, die Landwirthe von dieser Einrichtung entsprechend zu verständigen, wird weiter bemerkt:

Das Tuberkulin kann von Seite der Viehbesitzer nur durch Vermittlung eines Thierarztes bezogen und in Anwendung gebracht werden.

Ueber die Anwendung des Tuberkulins gibt die Anlage A An
nähere Aufschlüsse.

Mit der Möglichkeit, feststellen zu können, ob ein Thier an Tuberkulose erkrankt ist, ergibt sich auch die Grundlage für eine sachgemäße Verhütung und Bekämpfung der Krankheit selbst. Die hier in Betracht kommenden Maßnahmen bestehen in der sorgfältigen Trennung der gesund befundenen von den kranken Thieren, in der allmählichen, den Wirthschaftsbedürfnissen entsprechenden, Beseitigung der kranken Viehstücke, sowie in einer sachgemäßen Desinfection der von letzteren benützten Stallungen.

Bezüglich dieser Maßnahmen enthält die Anlage B die An
entsprechenden Anleitungen. Selbstverständlich hängt die Anwendung der Tuberkulinprobe sowie die Anwendung weiterer Maßnahmen von dem freien Ermessen der Viehbesitzer ab und erfolgt auf deren Wag und Gefahr.

Um über die Ergebnisse der Tuberkulin-Impfungen fortdauernd genaue Aufschlüsse zu erlangen, hat bis auf Weiteres jeder Bezirksthierarzt bis zum 1. März jeden Jahres über die im Bezirke während des abgelaufenen Jahres vorgenommenen Tuberkulinimpfungen unter Benützung der von den übrigen Thierärzten des Bezirkes einzuholenden Impfberichte einen tabellarischen Bericht nach Anlage C anzufertigen und der Distrikts- An
Verwaltungsbehörde behufs Einsendung an die k. Regierung, Kammer des Innern, vorzulegen.

Die k. Regierungen, Kammern des Innern, haben diese Berichte mit einer Zusammenstellung und einem Gutachten des Kreisthierarztes hierüber dem k. Staatsministerium des Innern bis 31. März in Vorlage zu bringen.

München, den 12. Februar 1895.

Frhr. v. Feilitzsch.

Maßregeln gegen die Tuberkulose (Perlsucht) des Rindes, hier den Bezug und die Anwendung des Tuberkulins zu Impfzwecken behufs Erkennung der Krankheit betr.

Der Generalsekretär:
von Kopplstätter,
Ministerialrath.

Anlage A.

Gutachten

über

die Anwendung der Tuberkulinprobe an Rindern.

Verfaßt von dem o. Professor der königl. thierärztlichen Hochschule, Theodor Kitt in München.

Tuberkulin ist das sterilisirte Dekokt von Reinkulturen des Tuberkelbacillus. Dieses von Rob. Koch entdeckte Mittel bietet einen Behelf zur Erkennung der Tuberkulose des Rindes, indem es nach Einspritzung unter die Haut bei tuberkulösen Thieren eine fieberhafte Temperatursteigerung herbeiführt, während nicht tuberkulöse Thiere in keiner oder nur geringfügiger Weise davon beeinflußt werden.

Die Einspritzung des Tuberkulins kann einem gesunden Thiere niemals Ansteckung oder irgendwelche Gefahr bringen, da das Mittel keine lebenden Tuberkelbacillen oder schädlichen Stoffe enthält. Nur bei schon tuberkulösen Thieren ist es möglich, daß der Krankheitsprozeß durch die Einspritzung gesteigert wird, solche Fälle sind indeß Ausnahmen.

Das Mittel wird von der Seuchenversuchsstation der thierärztlichen Hochschule in München zum Selbstkostenpreis und gegen Ersatz der Verpackung und des Portos an die Thierärzte in Bayern abgegeben. Die Sendungen geschehen gegen Nachnahme. An Sonn- und Feiertagen, sowie während der Monate August und September erfolgt kein Versandt.

Das Tuberkulin wird in zwei Sorten abgegeben:

1. als concentrirtes Tuberkulin, welches sich mehrere Monate hält (kühl und dunkel aufzubewahren). Zum

Gebrauch ist dasselbe mit $1/_2\%$ igem Carbolwasser zu verdünnen und zwar kommt 1 ccm Tuberkulin zu 9 ccm $1/_2\%$ igem Carbolwasser, welch letzteres zweckmäßig in einem Reagensglase mit frisch abgekochtem Wasser hergestellt wird. Concentrirtes Tuberkulin wird nicht unter 5 ccm abgegeben.

2. Verdünntes Tuberkulin, fertig zur Injektion, hält sich nur etwa 14 Tage wirksam.

Dasselbe wird in Portionen à 5 ccm, enthaltend 0,5 ccm Rohtuberkulin, abgegeben. Dies ist die Dosis für ein erwachsenes Rind; kleinen Kühen applicirt man 3 ccm, Kälbern 1 ccm der verdünnten Lösung. — Zur Einspritzung des Mittels ist jede gute Pravatz'sche Spritze dienlich.*) Man desinfizirt derartige Spritzen, indem man sie und die Canüle mit absolutem Alkohol ausspült, darnach ebenso mit frischem Brunnenwasser, oder besser mit frisch abgekochtem Wasser nachspült.

Oder man füllt die Spritze mit 5% igem Carbolwasser, läßt sie einige Stunden liegen, spritzt die Carbollösung aus und spült mit kochend heißem Wasser oder mit frisch abgekochtem, wieder erkaltetem Wasser nach. Zur Erhaltung guten Stempelschlusses ist es vortheilhaft, die Spritzen mit dem abgekocht gewesenen Wasser gefüllt aufzubewahren; die Canülen müssen jedoch trocken mit geöltem Drahteinzug aufgehoben und jedesmal kurz vor der Impfung in kochendem Wasser, oder absolutem Alkohol, oder 5% igem Carbolwasser desinfizirt werden.

Als Impfstelle wählt man die Haut einer Halsseite oder der Schulter-Ellenbogengegend (Region des vierköpfigen Ellenbogenstreckers), woselbst sich leicht eine Falte aufziehen läßt. Man lasse diese Impfstelle durch Abreiben mit einem reinen trockenen Handtuche von Staub und Schmutz frei machen und vollziehe dann die Einspritzung. (Auch kann man die Haare der Impfstelle abscheeren und den Hautfleck mit 5 % igem Carbolwasser waschen lassen, ehe man einspritzt.) Bevor man die Injektion macht, ist die normale Temperatur des Thieres zu

*) Zweckmäßig die bei Instrumentenmacher Katsch in München erhältlichen 5 g Spritzen.

ermitteln. Es empfiehlt sich, mehrere Tage hindurch, mindestens einen Tag unmittelbar vor der Impfung Morgens und Abends Messungen anzustellen, da die Körperwärme des Rindes individuell Schwankungen unterworfen ist. Die Normaltemperatur beträgt 37,8—39,0 Celsius; nicht selten machen sich längere oder kürzere Temperatursteigerungen und individuelle Eigenwärme von 39,5, sogar 40 Grad an gesunden Rindern bemerkbar, was von der Fütterung, momentaner Verdauungsthätigkeit, Muskelarbeit und Stalltemperatur abhängig scheint. Zur Zeit des Rinderigseins erfährt die Eigenwärme der Kühe oft 1 Grad Steigerung.

Man benütze immer den nämlichen Thermometer, resp. halte einen geprüften, gleichwerthigen Thermometer, oder einen solchen, dessen Differenzen von dem erstgebrauchten sicher notirt wurden, für den Fall des Zerbrechens vorräthig. Die kurzen (10 cm) Maxim. Thermometer sind besser, man schiebt sie ganz in das Rectum ein (eventuell an einen Faden angebunden) und läßt sie genau 5 Minuten daselbst liegen; gleich nach der Herausnahme ist an dem horizontal gehaltenen Instrument der Wärmegrad abzulesen. Nach W. Ebers' Prüfungen geben die langen Thermometer unzuverlässigere Resultate und ist das wiederholte partielle Herausziehen und Verschieben des Thermometers geeignet, künstliche Temperatursteigerung zu bewirken.

Die Einspritzung wird zweckmäßig Abends zwischen 8 bis 10 Uhr vorgenommen. Am andern Morgen zwischen 6 bis 10 Uhr beginnt man wieder mit genauen Temperaturmessungen, welche alle 2 Stunden bis zum Abend fortgesetzt werden müssen. Besser noch ist es, jede Stunde die Temperatur zu prüfen.

Bei tuberkulösen Rindern tritt die febrile Reaktion in der Regel nach 8—15 Stunden ein und hält sich die Temperatursteigerung 5—11 Stunden hindurch. Wenn also Abends 8 Uhr geimpft wurde, ist die Reaktion erst Morgens etwa um 6 Uhr beginnend und von da ab einige Stunden dauernd zu erwarten. Nicht selten beginnt sie jedoch schon in der 6. Stunde oder erst in der 18. und dauert nur 3 Stunden, andererseits selbst einen Tag lang. Die Temperatursteigerung beträgt 1—3,4° Cels. Gerade bei Rindern, welche nur diskrete, sehr occulte Tuberkel, z. B. der Bronchiallymphknoten haben, ist die Reaktion oft sehr stark, während entgegengesetzt Rinder, die im letzten Stadium ausgebreiteter Tuberkulose sich befinden, meist nur schwach und minimal (0,7--0,9 Steigerung) reagiren.

Die Reaktion tritt auch ein, wenn die Thiere neben der Tuberkulose noch ein anderes Leiden z. B. Aktinomykose haben, oder schon etwas erhöhte Eigenwärme besitzen, z. B. reagiren Rinder, welche bereits 39—40⁰ aufweisen, häufig noch durch weitere Steigerung.

Unter Umständen, welche eine sorgfältige Durchführung vieler Messungen nicht gestatten, kann man sich auch begnügen, einmal unmittelbar vor der Impfung, sodann noch dreimal, nämlich nach 12, 15 und 18 Stunden die Temperatur zu prüfen, natürlich ist aber das ersterwähnte Verfahren sicherer.

Bei nicht tuberkulösen Rindern kommt nach der Einspritzung im angegebenen Zeitraum entweder gar keine Steigerung oder eine solche von nur 0,1—0,6 zu Stande. Ausnahmsweise kann indeß eine plötzliche nur ganz kurz (1 Stunde) dauernde starke Temperaturerhöhung bei nicht tuberkulösem Rinde zu beobachten sein. Das diagnostische Hauptgewicht liegt in der progressiven, stufenweise erfolgenden und mehrere Stunden anhaltenden thermischen Reaktion und können als typische Reaktionen nur diejenigen bezeichnet werden, bei welchen die höchste vor der Impfung bestandene Tagestemperatur um mindestens 1 Grad überstiegen wird und mindestens über 40 geht. Alle anderen sind irreguläre, zweifelhafte Reaktionen, welche zwar auch das Vorhandensein der Tuberkulose vermuthen lassen, aber nicht zu bestimmten Aussprüchen berechtigen; dahin gehören Reaktionen an bereits fiebernden, mit Temperaturen über 40 behafteten Rindern, ferner die Reaktionen von 0,5—0,9 und die zu kurzen Reaktionen. (In einzelnen Fällen macht sich sogar eine abnorme Erniedrigung der Temperatur, eine geradezu subnormale Eigenwärme als reaktive Erscheinung kund.)

Oertlich, an der Einimpfungsstelle ist gewöhnlich keinerlei Veränderung zu gewärtigen, höchstens bedingt der Glyceringehalt des Mittels Juckreiz und ein bald vorübergehendes leicht entzündliches Oedem. Heftigere Entzündung und Abscesßbildung erfolgt nur bei unreinlicher Handhabung der Einspritzung. — Andere Erscheinungen einer allgemeinen Reaktion als die Hyperthermie sind diagnostisch werthlos, selbstverständlich erhöht sich bei febriler Reaktion auch die Zahl der Pulse und Athemzüge und können temporäre Traurigkeit, vorübergehende Appetitstörung und Schüttelfröste, sowie geringer Nachlaß der Milchsekretion sich einstellen.

Eine Wiederholung der Tuberkulinprobe an ein und demselben Thier ist erst nach längerer Zeit (14 Tage bis 4 Wochen), bei jenen Viehstücken, welche zunächst zweifelhaft reagirten, angezeigt; würde sie nach zu kurzer Pause (4—8 Tage) vorgenommen, so kann nämlich die Reaktion der 2. Impfung ausbleiben oder nur abgeschwächt hervortreten. — Wird durch Sektion das Resultat der Tuberkulinprobe kontrolirt, so muß man sehr sorgfältig alle Organe durchmustern, insbesondere die im Fett verborgenen Lymphknoten aufsuchen, da eine entschiedene Reaktion schon bei Anwesenheit diskreter kleiner Tuberkel, z. B. der retropharyngealen Lymphknoten, des Darmes, Gekröses, Tragsackes zu Stande kommen kann.*)

Anlage B.

Gutachten

über

die Verwerthung der Ergebnisse der Tuberkulinprobe.

Verfaßt von dem o. Professor der königl. thierärztlichen Hochschule Johann Feser in München.

Das Ergebniß der Tuberkulinprobe am einzelnen Thiere ist nach der Wirkung zu beurtheilen wie folgt:

*) Die hier gegebene Gebrauchsanweisung ist nach Versuchsergebnissen zusammengestellt, über welche verschiedenen Ortes von Bang, Nocard, Röckl, Schütz, Hutyra, Eber, dem Referenten und noch vielen anderen Autoren Berichte geliefert wurden.

a) Die Probe ist verneinend (negativ) geblieben. Zeigt das Thier auch keine klinischen Symptome für Tuberkulose, so ist es als unverdächtig zu betrachten.

b) Die Probe ist zweifelhaft ausgefallen. In diesem Falle ist das Thier bis zur weiteren Entscheidung durch den Verlauf oder nach dem Resultate einer wiederholten Tuberkulinprobe als tuberkuloseverdächtig anzusehen. Dasselbe gilt für jene Thiere, bei welchen die Tuberkulinprobe zwar negativ verlaufen ist, jedoch klinische Symptome für Tuberkulose nachgewiesen werden können.

c) Die Probe ist positiv verlaufen. Das betreffende Thier erweist sich entweder frei von allen sonstigen verdächtigen Erscheinungen oder es läßt gleichzeitig neben dem positiven Proberesultat mehr oder weniger Krankheitserscheinungen nachweisen, welche auf das Vorhandensein der Tuberkulose schließen lassen. Die Sicherheit der Diagnose wird durch letzteres Verhältniß erhöht.

Die Tuberkulinprobe in größeren Viehbeständen ergibt unter Beachtung der in Anlage A gegebenen Normen in der Regel sämmtliche Arten der Tuberkulin-Wirkung — (negative, zweifelhafte, positive Resultate) — und es lassen sich hiernach die geprüften Thiere in folgende drei Gruppen scheiden:

1. Gruppe: Thiere, welche nicht reagirt haben, auch keine weiteren tuberkulösen Krankheits-Erscheinungen zeigen. Diese sind unverdächtig und ohne Bedenken für jede wirthschaftliche Benützung verwendbar.

Um ihre Ansteckung zu vermeiden, ist es geboten, dieselben von den verdächtigen und krank befundenen Thieren zu trennen.

2. Gruppe: Thiere, welche eine zweifelhafte Wirkung der Tuberkulinprobe ergeben haben oder trotz negativen Resultates der Tuberkulinprobe nachweisbare klinische Erscheinungen für Tuberkulose darbieten. Sie müssen als tuberkuloseverdächtig gelten. Es empfiehlt sich, dieselben bezüglich ihres Gesundheitszustandes weiter zu beobachten und der in Anlage A erwähnten Wiederholung der Tuberkulinprobe zu unterwerfen. Von den

gesund befundenen und deutlich erkannten sind sie so lange getrennt zu halten, als sie verdächtig bleiben; ihre wirthschaftliche Benützung ist zulässig, doch sind ihre Kälber wie die der 3. Gruppe zu behandeln.

3. Gruppe: Thiere, welche eine positive Wirkung der Tuberkulinprobe nachgewiesen haben. Sie gelten als der Tuberkulose (Perlsucht) in hohem Grade verdächtig, auch wenn sie keine weiteren nachweisbaren Erscheinungen dieser Krankheit zeigen. Sind jedoch letztere gleichzeitig vorhanden, so sind diese Thiere als unzweifelhaft tuberkulös zu erachten und zu behandeln.

Bezüglich des weiteren Vorgehens mit den Viehstücken der dritten Gruppe ist ein wesentlicher Unterschied zu ziehen zwischen jenen, welche bloß die typische Tuberkulinwirkung ergeben haben, und denen, welche außerdem noch weitere deutliche Krankheitserscheinungen der Tuberkulose aufweisen: die letzteren sind unzweifelhaft die gefährlichsten Stücke des vorhandenen Viehstandes, sie vermitteln in erster Reihe die Ansteckung und leisten damit der weiteren Verbreitung der Krankheit im Stalle den größten Vorschub; sie sind für die Nutzung insbesonders Nachzucht am unbrauchbarsten und es empfiehlt sich daher dringend für den Eigenthümer, sie unter Umständen sofort von allen übrigen Thieren getrennt zu halten und so bald, als es die wirthschaftlichen Verhältnisse gestatten, zur Schlachtung zu bestimmen.

Langes Zuwarten mit der Ausmerzung der kranken Thiere erhöht durch das Fortschreiten des Krankheitsprozesses die Ansteckungsgefahr und Werthminderung der betroffenen Thiere.

Mit der Schlachtung der letzteren erhält der Besitzer stets genügenden Aufschluß über die Richtigkeit der im Leben der Thiere gestellten Diagnose und es sollte daher in keinem Falle unterlassen werden, sich über das Schlachtresultat zu unterrichten. Damit werden die Tuberkulinproben am sichersten kontrolirt und die verlässigsten Anhaltspunkte für die Fortführung des angewandten Tilgungsverfahrens gewonnen.

Jene Thiere der 3. Gruppe, welche sich noch in guter Nutzungseigenschaft befinden und außer der positiven Probereaktion nichts Krankhaftes zeigen, ebenso die in der Gruppe 2 ausgeschiedenen Stücke aus dem Stallbestande auszumerzen, ist besonders in größeren Wirthschaften undurchführbar und, wie die Versuche in Dänemark nachgewiesen haben, auch unnöthig.

Es muß erstrebt werden, alle diese Thiere zu erhalten und selbst ihre Kälber aufzuziehen; man muß sie aber mit ihrer Nachzucht von den gesunden und deutlich Erkrankten trennen, jede Berührung derselben mit den kranken vermeiden, und ihre Kälber schon vom zweiten Lebenstage an nur mit gut gekochter Milch ernähren.

Um dies richtig durchzuführen, ist nach Feststellung des Tuberkulinproberesultates und nach der Abtheilung in die beschriebenen drei Gruppen zunächst erforderlich, den Stall sorgfältig zu reinigen, die Standorte (Barren, Raufen) der verdächtigen und kranken Thiere mit heißer Waschlauge gründlich zu desinficiren und dort, wo es aus Mangel an Platz unmöglich ist, die einzelnen Gruppen gesondert in eigenen Stallabtheilungen aufzustellen, in geeigneter Weise z. B. durch Bretterverschläge im selben Stall Vorkehrungen zu treffen, welche die getrennte Aufstellung und Verpflegung der gesunden, der verdächtigen und der kranken (bis zu ihrer Abkehrung) ausreichend ermöglichen.

Die zur Aufzucht bestimmten Kälber sind bereits in einem Alter von circa sechs Wochen einer Tuberkulinprobe zu unterwerfen, um zu erfahren, ob sie frei von Tuberkulose sind.

Der ganze übrige, für die Forterhaltung bestimmte Viehstand ist genau zu beobachten und einmal jährlich einer Nachprüfung mit Tuberkulin zu unterziehen, um nach deren Ergebniß, wie aus der anderweitigen Beobachtung den Gesundheitszustand eines jeden Viehstückes im Verlaufe des Tilgungsverfahrens fortdauernd beurtheilen zu können. Die bereits durchgeführte Separirung der einzelnen Stallgruppen ist hiernach von Zeit zu Zeit zu revidiren und die etwa nöthige Ausscheidung neu aufgefundener kranker Thiere zu veranlassen.

Werden neben diesen die Tuberkulinprobe begleitenden Vorsichts- und Tilgungsmaßregeln gleichzeitig die Existenzverhältnisse des betroffenen Viehstandes nach Möglichkeit gebessert, namentlich eine naturgemäße, kräftige, der verlangten Leistung entsprechende Ernährung und Haltung der Thiere — (ausreichende Licht- und Luftzufuhr im Stalle, öfter wiederholte Reinigung und Desinfektion der Stallabtheilungen, hinreichende Bewegung der Thiere im Freien), beobachtet, sodann der Zukauf von verdächtigen und kranken Thieren vermieden, tuberkulöse (lungenschwindsüchtige) Wärter ausgeschlossen, so steht zu erwarten, daß die völlige Ausrottung der Krankheit auch in stark verseuchten Beständen nach und nach vollständig gelingt.

Ganz besonders sind die Züchter darauf aufmerksam zu machen, daß die Seuche von gesunden Beständen vor allem durch Vermeidung der Ansteckungsgelegenheiten wirksam abgehalten werden kann, daß jedes Zusammentreffen des gesunden Viehes mit fremdem Vieh z. B. beim Verkehr auf Märkten, in Einstellstallungen, beim Transport, auf Weiden rc. sorgfältigst überwacht und nach Umständen verhindert werden muß, daß man ferner keine ungekochten Molkereiprodukte z. B. Magermilch aus fremden Stallungen und Molkereien zur Ernährung seines Viehes verwende und bei Neuanschaffungen von Nutz- und Zuchtthieren vorzugsweise auf kräftige Konstitution, Gesundheit und reine, verlässige Abstammung aus tuberkulosefreien Bezugsorten achte.

Wer in letzterer Beziehung völlig sicher sein will, verlange von dem Verkäufer schon durch eine kurz vor dem Verkaufe ausgeführte Tuberkulinprobe Gewähr für tuberkulosefreie Waare oder sorge sofort nach dem Ankaufe neuer Thiere, sich durch separirte Aufstellung während einiger Wochen, ständige Beobachtung ihres Gesundheitszustandes und die Vornahme einer Tuberkulinprobe zu vergewissern, daß man völlig unverdächtige Thiere erworben hat und selbe seinem gesunden Viehbestande ohne Bedenken zutheilen darf.

Die letzterwähnte Vorsicht ist in züchterischer Beziehung außerordentlich wichtig und verdient sowohl von Seite der Verkäufer als der Käufer insbesonders von edlen Zuchtthieren die höchste Beachtung: der Verkäufer biete mit nachgewiesener Tuberkulinprobe den unverdächtigen Körperzustand seiner Zuchtwaare, der Käufer verlange dieselbe zu seiner Sicherung oder bedinge sich die Rückgabe bei nachträglich erwiesener positiver Tuberkulinreaktion innerhalb bestimmter Gewährszeit.

Aber auch beim An- und Verkauf von anderem Nutzvieh empfiehlt sich die Anwendung von Tuberkulinproben als Vertragsbedingung, welche beiden Verkaufsbetheiligten nur zum Vortheil gereichen kann und bei der allgemeinen Verbreitung der Tuberkulose unter unsern einheimischen Viehbeständen sich immer mehr einzubürgern verdient.

Anlage C.

Tabellarischer Bericht

des . . . . . . Thierarztes . . . . . .

zu . . . . . .

über die Tuberkulinimpfung bei Rindern

im Jahre 189 .

Laufende Nummer	Ort der Tuberkulinimpfung	Gesamt-Rindviehbestand des Besitzers															Besteht in der Wirthschaft			der Thiere		
		Viehgattung					Geschlecht		Alter				Rasse oder Schlag									
		Stiere (Bullen)	Ochsen	Kühe	Jungrinder	Kälber	männlich	weiblich	unter 1 Jahr	von 1 bis 3 Jahren	von 3 bis 6 Jahren	über 6 Jahre	Landschlag	Gebirgsvieh	fremdes Vieh	Kreuzungen	Zuchtbetrieb	Zukauf	Häufiger Viehwechsel	Ernährungszustand	Gesundheit	Hauptnutzung
1	2	3	4	5	6	7	8	9	10	11	12	13	14	15	16	17	18	19	20	21	22	23

Vor der Impfung bestanden klinische Erscheinungen der Tuberkulose bei					Geimpft wurden:					Ergebnis der I. Impfung			Ergebnis der II. Impfung			Wurden nach der Impfung Tiere geschlachtet	Welche Schlachtresultate sind bekannt geworden	Bemerkungen, insbesondere Angaben: über spezielle Veranlassung zur Tuberkulinprobe; über wirtschaftliche und hygienische Verhältnisse; über etwaige disponierende Momente; über Entstehung u. Weiterverbreitung der Tuberkulose in der Wirtschaft; über die in Anwendung gekommenen Tilgungsmaßnahmen; über den Gesamterfolg des Verfahrens
Stieren (Bullen)	Ochsen	Kühen	Jungrindern	Kälbern	Stiere (Bullen)	Ochsen	Kühe	Jungrinder	Kälber	Negativ	Zweifelhaft	Positiv	Negativ	Zweifelhaft	Positiv			
24	25	26	27	28	29	30	31	32	33	34	35	36	37	38	39	40	41	42
																		Die Rückseite kann noch zu Bemerkungen benützt werden.

In einer Entschließung des kgl. Staatsministeriums des Innern vom 16. December 1895 Nr. 23 335, Min.-Amtsblatt Nr. 57 S. 649, wird unter Bezugnahme auf die Ministerial-Entschließung vom 12. Februar desselben Jahres Nr. 22 651 bekannt gegeben, daß von nun an zur Impfung von Thieren das Tuberkulin seitens der Thierärzte von der Seuchenversuchstation der kgl. thierärztlichen Hochschule in München in Einzeldosen (fertig zur Injektion) oder grammweise nunmehr um den Preis von 15 Pfennig pro Portion 0,5 g (ausschließlich Packung und Porto) bezogen werden kann.

Erläuterungen: Die Tuberkulose ist eine meist chronisch verlaufende Infektionskrankheit, welche durch den im Jahre 1882 von Robert Koch entdeckten Tuberkelbacillus hervorgerufen wird. Dieselbe ist die gefährlichste und wichtigste Krankheit der Menschen und Thiere. Man nimmt an, daß ein Siebentel aller Menschen an Tuberkulose zu Grunde gehen. Bei den Thieren kommt dieselbe am häufigsten unter den Rindern, in den meisten Gegenden Deutschlands zwischen 6 bis 20 Prozent derselben, vor; nach den statistischen Angaben der Schlachthäuser ist in einzelnen Bezirken das Prozentverhältniß sogar noch größer. Seit der Entdeckung Kochs ist festgestellt, daß die Tuberkulose des Menschen und die Tuberkulose (Lungen- oder Perlsucht) des Rindes ihrem Wesen nach die gleiche ansteckende Krankheit darstellen, weil beide durch den gleichen Krankheitserreger, den Tuberkelpilz, veranlaßt oder unterhalten werden und daher auch eine gegenseitige Ansteckung vom Rind auf den Menschen und umgekehrt möglich ist.

Der Tuberkelbacillus veranlaßt nach seiner Einwanderung in den Organismus einen Entzündungsproceß in den verschiedensten Organen, auf Schleimhäuten und serösen Häuten, seltener im Muskelfleische, unter Bildung von Knötchen von verschiedener Größe, welche wiederum eitrig und käsig zerfallen und so die Zerstörung der ergriffenen Organe herbeiführen.

Am häufigsten wird von dem Krankheitsproceß der Athmungsapparat ergriffen und wird, wenn die Lunge davon betroffen ist, das Uebel als „Lungensucht“ und wenn die Tuberkelbildung hauptsächlich oder ausschließlich auf den serösen Häuten sich vorfindet, als „Perlsucht“ bezeichnet.

Die Krankheit ist unheilbar und führt nach mehr oder weniger langer Dauer — Monate und selbst Jahre lang kann das Leiden bestehen — in jedem Fall sicher zum Tode.

Hinsichtlich des Vorkommens der Rindertuberkulose ist zu bemerken, daß dieselbe eine in keinem Bezirke fehlende Krankheit und nach den vom landw. Verein in Bayern im Jahre 1893 gepflogenen Erhebungen in Zunahme begriffen ist. Nach dem vom kaiserlichen Gesundheitsamt zusammengestellten ungefähren Ermittelungen über die Verbreitung der Tuberkulose im Deutschen Reiche während der Zeit vom Oktober 1888 bis Oktober 1889 waren etwa 50 Prozent aller tuberkulösen Rinder über 6 Jahre alt; 33 Procent waren im Alter von 3—6 Jahren, 11 Procent im Alter von 1—3 Jahren, 1 Procent nur unter 1 Jahr alt und 0,4 – 0,1 Procent unter 6 Wochen. Ferner waren unter 81 265 (1888/89) in den Schlachthäusern des Deutschen Reiches geschlachteten Bullen 2155 tuberkulös, unter 141 291 Ochsen 5410, unter 218 570 Kühen 17 080 und unter 43 740 geschlachteten Rindern 705 tuberkulös. Von 51 377 Fällen von Tuberkulose bei Kühen waren 22 279 im Alter von 6 Jahren und darüber, 16 993 waren im Alter von 3—6 Jahren und 5852 im Alter von 1—3 Jahren.

Stallvieh erkrankt ungleich öfter als das Weidevieh; von den verschiedenen Rinderrassen erkranken Niederungsrassen viel häufiger als Gebirgsrassen, welche eine kräftigere Körperconstitution besitzen; allein wenn letztere in Gegenden mit ausschließlicher oder vorwiegender Stallhaltung kommen und somit des Charakters der Gebirgshaltung entkleidet werden, erkranken dieselben häufiger als das einheimische Niederungsvieh.

Bezüglich des Geschlechtes stellen weibliche Thiere das Hauptcontingent, bei männlichen Thieren, Zuchtstieren und Ochsen, ist die Tuberkulose viel seltener. Am meisten ist die Krankheit unter den Milchkühen der Milchwirthschaften, Branntweinbrennereien, Brauereien, Zuckerfabriken u. s. w. verbreitet. Aeltere Thiere sind häufiger tuberkulös als jüngere.

Die Ursache der Tuberkulose ist ausschließlich in dem Eindringen des Tuberkelbacillus in die Gewebe des Körpers zu suchen; die Art und Weise der Infektion kann jedoch eine verschiedene sein. Am häufigsten wird der Ansteckungsstoff durch die gemeinsame Stallhaltung von Rindern übertragen; so sind Fälle beobachtet worden, in welchen durch ein neu eingestelltes tuberkulöses Rind die Krankheit der Reihe nach auf sämmtliche übrigen Insassen des Stalles verbreitet wurde; hierbei kann die Infektion entweder durch die ausgeathmete Luft oder durch ausgehustete tuberkulöse Massen vermittelt werden. Auf dem Wege der Einathmung erfolgt überhaupt am häufigsten die Ansteckung. Auf Kälber wird die Tuberkulose sehr häufig durch die Milch erkrankter Kühe übertragen, namentlich wenn eine tuberkulöse Erkrankung des Euters vorliegt. Außerdem gibt es angeborene oder ererbte Tuberkulose; ferner kann solche durch den Begattungsakt, auch durch tuberkulöse Menschen (schwindsüchtige Wärter) auf Viehstücke übertragen werden.

Ferner käme noch für die Entstehung der Tuberkulose eine gewisse Disposition mancher Rinder in Betracht. Hierher gehört vor allem eine schlechte, unrationelle Fütterung mit gehaltloser Nahrung, wie Schlempe, eiweißarmes, wasserreiches Futter, sowie anhaltender Aufenthalt in schlecht ventilirten und mit Vieh übersetzten Stallungen. Sodann leisten Erkrankungen (Catarrhe) der Schleimhäute der Athmungsorgane dem Eindringen des Tuberkelbacillus Vorschub. Nicht überall, wo dieser Pilz eindringt, ruft er auch eine Erkrankung hervor, mancher abgehärtete, kräftig gebaute Organismus vermag dem Krankheitserreger zu widerstehen, wohl aber stets da, wo er in Folge unzweckmäßiger Zucht, Haltung eine verminderte Widerstandskraft der Thiere antrifft. Man will eine solche Verminderung der Widerstandskraft, in Folge dessen ein häufigeres Vorkommen der Tuberkulose sogar auf die Einfuhr fremder und zu den einheimischen Schlägen nicht passender Rassen zurückführen, indem alle Einflüsse, welche die Konstitutionsfestigkeit der Thiere, ihre gewohnte vererbte Widerstandskraft gegen Schädlichkeiten, hier speziell gegen den Tuberkelbacillus zu schwächen vermögen, beitragen werden, eine erhöhte Disposition auch an Tuberkulose zu erkranken herbeizuführen. Außerdem wird die Disposition für die Krankheit erhöht durch ausgiebige Milchproduktion und zahlreiche, rasch aufeinanderfolgende Geburten.

Eine Selbstentwicklung der Tuberkulose ist ausgeschlossen, auch ist übermäßige Fütterung von Viehsalz oder Anwendung von künstlichem Dung, wie solche mit Unrecht oft als Ursache der Krankheit beschuldigt wird, ohne jeden Einfluß auf den Ausbruch. Dieselbe entsteht vielmehr einzig und allein nur durch Ansteckung, wenn es auch gar oft nicht möglich ist, gerade wie bei anderen Seuchen, die Art der Ansteckung mit Sicherheit ausfindig zu machen.

Beim lebenden Thier ist die Erkennung und der sichere Nachweis der Tuberkulose, namentlich im Beginne der Krankheit sehr schwer und oft geradezu unmöglich. Dieselbe kann daher oft lange Zeit bestehen, ohne äußerlich wahrnehmbare oder durch die Untersuchung nachweisbare Erscheinungen hervorzurufen; andrerseits befindet sich unter den im Verlaufe der Krankheit bemerkbaren Symptomen kein einziges, aus dessen Nachweis mit Sicherheit auf das Vorhandensein von Tuberkulose geschlossen werden kann. Im Beginne der Krankheit, welcher sich meist der Beobachtung entzieht, fehlen nachweisbare Störungen der Gesundheit der Thiere meist vollständig. Selbst bei hochgradiger Tuberkulose und besonders beim Sitze derselben in den serösen Häuten (Perlsucht) bleiben die Thiere oft nicht allein gut genährt, sondern erreichen vielfach sogar einen guten Mastzustand (daher der Name „fette Franzosen"). Erst in vorgeschrittenem Stadium stellen sich Erscheinungen ein, welche auf die Krankheit schließen lassen; die Thiere nehmen trotz reger Freßlust nicht entsprechend zu, magern vielmehr allmählich ab, die Haut liegt hart auf, das Haar wird glanzlos, in seltenen Fällen kann man in der Flankengegend durch die Haut oder bei innerlicher Untersuchung vom Mastdarm aus die Tuberkelknoten von der Größe einer Wallnuß und darüber durchfühlen. Sehr häufig kann man auch durch Befühlung der Lympfdrüsen, welche bei der Tuberkulose stets vergrößert oder geschwellt sind, auf das Leiden schließen.

Ist die Lunge erkrankt (Lungentuberkulose oder Lungensucht), so läßt sich in der Regel schon frühzeitig ein kurzer, trockener, matter, später mehr quälender Husten vernehmen, welcher am stärksten in der Frühe, nach dem Aufstehen, nach der Bewegung und nach dem Tränken auftritt.

Mit Auswurf ist derselbe im Anfange nicht begleitet, später kann sich solcher dazugesellen. Macht man auf dem Rücken, in der Höhe des Widerrists, mit der Hand eine Hautfalte, dann biegen die erkrankten Thiere sich tief ein, stürzen auch wohl zu Boden und lassen, namentlich wenn man gleichzeitig die Nasenlöcher zuhalten läßt, den charakteristischen schwachen und matten Husten vernehmen. Husten tritt außerdem auch auf, wenn man die Thiere in kurzem Trabe einigemal auf und ab führt oder wenn man auf die seitliche Brustwandung mit der geballten Hand einen mäßigen Schlag ausführt. Hält dieser Husten monatelang an, dann besteht immer Verdacht auf Tuberkulose. Legt man das Ohr an die Rippenwandungen oder an die Brustspitze, dann hört man häufig, aber nicht immer, rasselnde, später mehr pfeifende Geräusche.

Bei längerer Dauer wird der Ernährungszustand ein schlechter, zu dem sich auch Verdauungsstörungen, Nachlassen in der Milchnutzung gesellen können.

Finden sich die Tuberkelknoten hauptsächlich auf den serösen Häuten (Perlsucht), dann in den Geschlechtsorganen, den Eierstöcken, oder auch im Euter vor — die Eutertuberkulose ist durch harte, kalte, schmerzlose Anschwellungen, die allmählich ohne Entzündungsvorgänge entstehen und durch kein Mittel zu vertreiben sind —, dann ist in der Regel ein häufiges Rindrigwerden (Stiersucht) bei Kühen zu beobachten, welche, zum Bullen geführt, nicht aufnehmen und immer bald wieder brünstig werden.

„Nach der K. A. V. v. 25. Juni 1892 (Gesetz- u. Verordn.-Bl. S. 277) betr. die Fleischbeschau der mit Erscheinungen von Tuberkulose (Perlsucht und Lungensucht) behafteten Rinder und Schweine wird hinsichtlich der Beurtheilung der Genießbarkeit des Fleisches zwischen lokaler und allgemeiner oder generalisirter Tuberkulose unterschieden. Bei lokalisirter Tuberkulose, welche nur ein einzelnes Organ, einen Bestandtheil eines solchen oder der Schleimhaut ergriffen hat und das erste Stadium der Entwicklung darstellt, darf das Fleisch, sobald die kranken Organe entfernt und beseitigt sind, dem freien Verkehr überlassen und als bankwürdiges verkauft werden. Bei generalisirter und vorgeschrittener Tuberkulose und gleichzeitiger Abmagerung ist solches Fleisch als gesundheitsschädlich vom menschlichen Genusse auszuschließen.

In zweifelhaften Fällen, ob Tuberkulose der Organe einer oder mehrerer Körperhöhlen, Uebergangsformen zwischen lokaler und allgemeiner Tuberkulose vorliegen, ist hinsichtlich der Verwendung des Fleisches die Entscheidung eines approbirten Thierarztes zu erholen."

Bei Schlachtungen, sowie bei Todesfällen findet man am häufigsten die Tuberkel-Processe in den Lungen und den dazu gehörigen Lymphdrüsen, sowie im Brust- und Bauchfell. In den Lungen findet man zahlreiche Knötchen und Knoten von der Größe eines Hirsekorns bis zur Faustgröße. Die Knoten sind derb, mit einem eiterigen Inhalt gefüllt oder auch verkalkt. Die Schleimhaut befindet sich im Zustande catarrhalischer Schwellung; mitunter bemerkt man auch kleine Geschwürchen auf derselben. In den übrigen Organen findet man ebenfalls Knoten und mit Eiter gefüllte Hohlräume.

Nachdem die Erkennung der Tuberkulose am lebenden Thiere mit Schwierigkeiten verknüpft ist, die oftmals hiefür sprechenden Erscheinungen auch eine Verwechslung mit einer Reihe von anderen Krankheiten zulassen, muß zur Zeit das Tuberkulin als das sicherste Mittel erklärt werden, um tuberkulöse Thiere ausfindig zu machen und sich Gewißheit über den Zustand verdächtiger Thiere zu verschaffen.

Der im Jahre 1895 zu Bern abgehaltene internationale thierärztliche Kongreß, welcher von einer sehr großen Zahl von Thierärzten aus allen Ländern, nämlich von 685 Theilnehmern besucht war, und in welchem von einer Seite der Werth des Tuberkulins Mangels genügender Anhaltspunkte für dessen Brauchbarkeit bezweifelt worden war, faßte in seiner Sitzung vom 18. September 1895 mit allen gegen 3 Stimmen eine Resolution, wonach das Tuberkulin als ein sehr schätzenswerthes Diagnostikum zu bezeichnen ist und kein Grund besteht, vor seiner Anwendung irgend wie zu warnen. Die Tuberkulinimpfung bürgert sich auch immer mehr ein und wurden in Bayern im Jahre 1895 allein über 7000 Stück Rindvieh damit geimpft. Es dürfte jedoch zu erwähnen sein, daß das Mittel, wie irriger Weise oft angenommen wird, kein Heilmittel ist, sondern lediglich dazu bestimmt ist, die Seuchenheerde ausfindig zu machen und dadurch eine wirksamere Bekämpfung dieser weitverbreiteten und perniciösen Krankheit zu ermöglichen.

Auf die Anfrage eines Abgeordneten im bayerischen Landtage, ob Schlachtungen, welche in Folge von Tuberkulinimpfungen, beziehungsweise in Folge der dadurch veranlaßten Fiebererscheinungen vorkommen, abgesehen davon, ob Tuberkulose konstatirt wurde, oder nicht, zu den Nothschlachtungen gehören, ob hier im Vollzuge des staatlichen Viehversicherungsgesetzes nach § 24 des Normalstatuts zu demselben Entschädigung eintritt, und ob § 21 desselben in dem Sinne auszulegen ist, daß als Basis des Entschädigungsansatzes der Zuchtwerth des Stieres angenommen wird, erwiderte die k. Staatsregierung Folgendes: Die Anfrage beantwortet sich einfach nach § 20 des Normalstatuts. Es heißt dort: „Erweisen sich Thiere einer unheilbaren oder schwer heilbaren Krankheit verdächtig, so kann durch den Vereinsausschuß die alsbaldige Schlachtung des Thieres angeordnet werden (Nothschlachtung).

Der Besitzer des Thieres darf eine Nothschlachtung nur mit Genehmigung des Vereinsausschusses vornehmen, dringende Fälle ausgenommen, bei welchen der Vereinsausschuß die Nothwendigkeit der Nothschlachtung nachträglich anerkennt.“ Hiedurch ist ganz klar ausgesprochen, wann eine Nothschlachtung stattfinden muß und beziehungsweise stattfinden darf, und wenn auf Grund dieser Bestimmung eine Nothschlachtung vorgenommen wird, so kommt es auf die ursprüngliche Veranlassung derselben gar nicht weiter an. Wenn der Vereinsausschuß eine Nothschlachtung als veranlaßt anerkennt, ist die Sache dadurch bereinigt.“ (Sten. Ber. Verh. d. bayer. Abg.-Kammer Nr. 191, VI. Bd. 1895 S. 56.) Demnach ist auch im Vollzuge des bayerischen Viehversicherungsgesetzes kein Hinderniß für die Ausführung der Tuberkulinimpfung und der sich daran anschließenden Konsequenzen gegeben, im Gegentheil wird bei der staatlichen Viehversicherung der Viehstände noch mehr als bisher von dieser Impfung Gebrauch gemacht werden, da allenfallsige Verluste im Sinne des Gesetzes entschädigungspflichtig wären. Es wird also diese Institution ganz wesentlich zur Tilgung der Tuberkulose beitragen.

Nachdem eine Behandlung tuberkulöser Thiere — und zwar in jedem Stadium der Krankheit — erfolglos ist, kann die Bekämpfung der Tuberkulose, neben der Ausfindigmachung der erkrankten und verdächtigen Thiere, sich nur auf die Vorbauung und Verhütung des Uebels erstrecken. „Krankheiten verhüten ist leichter als Krankheiten zu heilen“; dieser Grundsatz kommt hier in seiner ganzen Wahrheit zur Geltung.

Die Vorbauung hat den Zweck, die Bacillen, welche sich in sehr vielen Stallräumlichkeiten befinden, in denen tuberkulöse Thiere sich aufhalten, von dem Eindringen in den Körper abzuhalten oder die bereits eingedrungenen zu vernichten oder wieder aus dem Körper hinaus zu schaffen. Das erstere kann geschehen, indem man die Produktionsstätten der Tuberkelbacillen, die an Tuberkulose erkrankten Viehstücke, sobald als möglich beseitigt. Zur Ausfindigmachung derselben dient die Impfung mittels Tuberkulin. Nachweislich kranke und verdächtige Thiere sollen von den übrigen Viehstücken isolirt, von eigenen Wärtern, welche mit den gesunden Thieren nicht in Verkehr kommen sollen, behandelt werden, außerdem ist eine möglichst baldige Schlachtung derselben angezeigt, da sie eine fortgesetzte Produktionsstätte des Tuberkelgiftes bilden. Ist eine Separation in einem eigenen Stalle nicht angängig, so soll man die kranken und verdächtigen Thiere wenigstens in einer Entfernung von 5—6 Meter von den gesunden Thieren aufstellen und womöglich in der Weise, daß solche in entgegengesetzter Richtung von einander, außerdem durch Lattenverschläge getrennt, von einander zu stehen kommen.

Nach der Ueberführung der kranken und verdächtigen Thiere in einen anderen Stall, sowie nach der Beseitigung (Abschlachtung) überhaupt, müssen die Standplätze einer sehr gründlichen Desinfektion unterstellt werden, ehe dieselben wieder von anderen Rindern bezogen werden. Zu diesem Zwecke muß der Fußboden, wenn durchlässig, mangelhaft gefügt, auch der Untergrund desselben nach vorheriger Aushebung und Ausgrabung, dann die Krippen, Raufen, Wände, Decken, Lattenverschläge, soweit solche vom Nasenschleim besudelt werden konnten, mit heißer Aschenlauge abgeschwemmt und hernach mit 22%iger wässeriger Lysollösung oder einer Sublimatlösung im Verhältniß von 1 : 400 gewaschen werden. Alle hölzerne Gegenstände sollen verbrannt, Eisentheile ausgeglüht werden. Der ganze Stall, namentlich aber das Mauerwerk des inficirten Standes soll ausgetüncht werden. Die Anwendung von Sublimat, welche stets unter sachkundiger Aufsicht geschehen soll, erfordert eine gewisse Vorsicht; nach dem Abwaschen soll noch eine Nachspülung mit lauwarmem Wasser erfolgen, um dieses sehr giftige Desinfektionsmittel wieder vollständig zu entfernen und Gefahren für das Vieh, welche durch Ablecken entstehen könnten, zu begegnen.

Kranke Thiere sollen bis zu ihrer Abschlachtung in gut ventilirten Stallungen gehalten, nahrkräftiges und leicht verdauliches Futter, am besten mit Verwendung von doppelphosphorsauerem Kalke erhalten. Bewegung im Freien, bei niederem Grade des Leidens mäßiges Einspannen ist denselben gleichfalls förderlich.

Ein Hauptaugenmerk ist auch auf die Schlachtung der kranken Thiere zu richten; alle kranken Theile, Auswurfsstoffe, Excremente, sowie die bei der Fleischbeschau als ungenießbar befundenen tuberkulösen Viehstücke, sollen unschädlich beseitigt, am besten auf thermotechnischem Wege vernichtet werden, die Haut soll, soferne nicht die unmittelbare Abgabe an eine Gerberei erfolgt, eine Zeit lang in Chlorkalk- oder 2%iger Lysollösung gelegt werden. Die Nachkommen von tuberkulösen Viehstücken sollen frühzeitig der Schlachtung unterstellt werden, da solche als ansteckungsverdächtig gelten und sowohl selbst dem

Leiden anheimfallen als auch zur Weiterverbreitung desselben beitragen können.

Die Milch von kranken oder verdächtigen Thieren soll den Kälbern niemals roh, sondern stets gut abgekocht gereicht werden. Damit aber die jungen Thiere gegen die Einwirkung der Bacillen widerstandsfähig werden, ist eine rationelle Aufzucht derselben, wie die Anleitung hiezu auf Seite 132 gegeben wurde, dringend nothwendig. Ueberhaupt kann nicht genug betont werden, daß zweckentsprechende Haltung und Fütterung, Vermeidung aller die Gesundheit schwächender Einflüsse, besonders auch eine gehörige Ventilation des Stalles, welche für genügenden Luftwechsel sorgt und nicht nur die Anhäufung des Ansteckungsstoffes in der Stallluft verhütet, sondern auch eine normale, kräftige Athmung begünstigt und anregt, hierdurch die Lunge gesund und widerstandsfähig erhält, als die wirksamsten Faktoren zur Verhütung der Krankheit angesehen werden müssen.

Eingehenderes über die Tuberkulose des Rindviehes und deren Bekämpfung ist zu erfahren in den vortrefflichen Referaten von Professor Feser, „Zeitschrift des landw. Vereins in Bayern", 1892 S. 332, in dem Gutachten desselben über das Ergebniß der bei den landw. Bezirks- und Kreisvereinen im Königreiche Bayern 1893 gepflogenen Erhebungen betreffend „Die zur Bekämpfung der Tuberkulose unserer Hausthiere nothwendigen Maßnahmen", ferner in Bd. III, Heft 8/10 der thiermedicinischen Vorträge „Die Tuberkulose der Menschen und der Thiere vom sanitäts- und veterinärpolizeilichen Standpunkt, erörtert von Dr. Georg Schneidemühl, Leipzig, Verlag von Arthur Felix 1895," sowie in den thierärztlichen Lehrbüchern über spezielle Pathologie und Therapie der Hausthiere von Friedberger und Fröhner, Dieckerhoff, Haubner u. a. m.

Alphabetisches Sachregister.

(Die Zahlen bedeuten die Seiten.)

C.

D.

L.

M.

FSC
www.fsc.org
MIX
Papier | Fördert
gute Waldnutzung
FSC® C083411

Kolibri 360 GmbH
Ferdinand-Jühlke-Straße 7
99095 Erfurt, Deutschland
produktsicherheit@kolibri360.de